DA   TIMA   MOGLI   YASHODA

Karl Kock

ELEFANTEN MEIN LEBEN

Aufgezeichnet von Burghard Bartos

Rasch und Röhring Verlag

Abbildungsnachweis: Seite 1: Siefried Mehrens, Seite 2 oben: Friedhelm von Estorff, Seite 2 unten: Archiv Hagenbeck, Seite 3 oben: Archiv Hagenbeck, Seite 3 unten: Siegfried Mehrens, Seite 5 oben: Siegfried Mehrens, Seite 6 oben: Archiv Hagenbeck, Seite 6 unten: Bernhard Rudolph, Seite 10 oben: Gerckens, Seite 14: Bernhard Rudolph, Seite 15 oben: Siegfried Mehrens, Seite 16: Bernhard Rudolph. Alle anderen Abbildungen: Archiv Karl Kock

Die Deutsche Bibliothek — CIP-Einheitsaufnahme

Kock, Karl:
Elefanten — mein Leben / Karl Kock.
Aufgezeichn. von Burghard Bartos. — Hamburg:
Rasch und Röhring, 1994
ISBN 3-89136-498-9
NE: Bartos, Burghard [Bearb.]

Copyright © 1994 by Rasch und Röhring Verlag, Hamburg
Großer Burstah 42, 20457 Hamburg, Fax: 040/37 13 89
Umschlaggestaltung: Peter Albers
unter Verwendung eines Fotos von Burghard Bartos
Satzherstellung: KCS GmbH, Buchholz
Druck- und Bindearbeiten: Ebner Ulm
Printed in Germany

INHALT

Illustration: Wilhelm Eigener

GELEITWORT

Ein ganzes Leben mit Elefanten, ein ganzes Leben für Elefanten.
Nur wenig Menschen haben so viel Erfahrung mit Elefanten wie
Karl Kock. Seit mehr als 40 Jahren beschäftigt er sich mit Elefanten, praktisch und theoretisch. Sein Leben spiegelt in eindrucks-
voller Weise die Entwicklung der Elefantenhaltung in Europa
wider. Diese Entwicklung, die er nachhaltig mitbestimmt hat,
von der Nutzung − in Zirkus und Zoo − dieser herrlichen Tiere,
über die Erkenntnisse zur verbesserten Haltung hin zur systema-
tischen Zucht, die hoffentlich einmal zur selbsterhaltenden
Population in menschlicher Obhub führen wird.
Karl Kock hat sein ganzes Leben den Elefanten gewidmet, eine
Woche ohne Elefanten war für ihn undenkbar. Jeder Urlaub
wurde genutzt, um Elefanten zu studieren. Seine abenteuerli-
chen Reisen führten ihn nach Indien und Afrika − zu den Elefanten. Aus Gesprächen mit Mahouts, Tierärzten und Elefantenspe-
zialisten hat er sich mosaikartig sein Bild vom Elefanten, von der
Zukunft des Elefanten gemacht. Der profunde Schatz seiner
Erfahrung und seines Wissens ist in diesem Buch ausgebreitet.
Vorschläge zur Rettung des Elefanten werden gemacht. Die Entwicklung ist längst nicht abgeschlossen. Karl Kock wird dabei
sein, hoffentlich noch viele, viele Jahre!

Hagenbeck

*In Liebe danke ich meiner Frau Irene,
die mir immer verständnisvoll mit Rat und Tat
zur Seite steht.*

Gerade komme ich mit Tura ins Elefantenhaus zurück und führe sie wieder in ihre Box. Wir haben einen kleinen Spaziergang gemacht. Tura geht langsam und vorsichtig, das Baby wird nicht mehr lange auf sich warten lassen.

Tura hat wenig gefressen und getrunken. Nur ein paar Leckerbissen nimmt sie jetzt von mir. Wir werden zusammenbleiben in diesen schweren Stunden.

Ich rücke mir einen Stuhl heran, setze mich zu ihr und sehe auf die Uhr. Es ist früher Abend, und ich mache mich auf eine lange Nacht gefaßt.

Wie viele Jahre habe ich auf diesen Augenblick, auf dieses Baby gewartet? Wie oft bin ich in Asien gewesen, wie viele Stunden habe ich mit den Mahouts zusammengesessen, um hinter die Geheimnisse der Elefantenzucht zu kommen? Wie lange ist das eigentlich alles her, seit ich den Bullen Hussein aus Indien geholt habe? Wie viele Jahre sind seit meiner Zirkuszeit vergangen? Und überhaupt, ist es denn wirklich vierzig Jahre her, seit ich als Junge hier im Tierpark angefangen habe? Es kommt mir vor, als sei es gestern gewesen . . .

DAS ERSTE HALBE JAHR

Manchmal kommt alles ganz anders. Ich wußte selbst nicht wie, aber jetzt hing ich schon mit einem Bein über dem Zaun, das andere noch draußen auf dem Fahrradsattel, guckte kurz, ob jemand kam, und schwang mich auf die andere Seite. Stacheldraht, knapp an der Hose vorbei.

Ich stand in Hagenbecks Tierpark. Tiere hat jeder Junge gern. Was ich nicht hatte, war Eintrittsgeld und Arbeit. Mit der Schule war ich gerade fertig. Landschaftsgärtner wollte ich werden, das hatte ich mir so ausgedacht. Weite Wiesen mit süß duftenden Linden und ein Teich, wo hübsche Enten gründelten. Aber wer brauchte 1950 in Hamburg schon einen Landschaftsgärtner? Die Leute machten ja ihre Gärten alle selber.

Also zockelte ich durch den Park, an alten Bäumen vorbei und weiten Rasenflächen. Landschaft gab es genug in Hagenbecks Tierpark. Ob die noch einen Gärtner brauchten? Dann sah ich die Tiere! Löwen, Giraffen, Zebras, Gazellen, Elefanten. Das war ja alles viel aufregender als Buchsbaum und Platanen. Und – Tiere machten Arbeit, das wußte ich von meinen Zwerghühnern hinten im Garten. Und zur Arbeit brauchte man Leute.

Die Sache mit dem Landschaftsgärtner ging mir immer mehr aus dem Kopf. Als ich am Büro vorbeikam, stand bereits alles für mich fest.

»Guten Tag, ich such' Arbeit.«

»Schule fertig?«

»Letzte Woche.«

»Kannst wiederkommen, morgen früh im Ponyhof.«

Meinem Vater abends war das gar nicht recht: Bloß Ponyjunge? Pferdeknecht? Zu popelig für seinen Zweiten. Mir war das egal. Hauptsache, etwas mit Tieren.

Einen Tag vor meinem 15. Geburtstag stand ich im Dunkeln vor dem Ponystall. »Luisenhof« stand eingeschnitzt in den Balken über der Stalltür, so hieß der Ponystall von Hagenbeck.

Ich machte die Tür auf. Ein ewig langer Stallgang lag vor mir, wo es in Reihen schnaubte und scharrte, wieherte und prustete. Fast zweihundert Ponys. Der warme Dunst nahm mir den Atem, fremd und aufregend. Hier würde ich also arbeiten? Na, dann los!

Der Stallmeister Emil Köhrmann kam und wies mich ein: ausmisten, putzen, füttern. Vier Shetlandponys mußte jeder von uns Jungen versorgen. Besonders beim Putzen hatte Emil Köhrmann den Daumen drauf. Von jeder Seite des Ponys sechs Striche mit der Kardätsche, einen Kopfstrich extra. Den Schinn mußten wir in Reihe hinter jedem Pony auf die Stallgasse klopfen, Emil Köhrmann kontrollierte das gewissenhaft. Groß und breit war er und in allem sehr genau, was seinen Stall betraf. Manchmal, wenn wir spät dran waren, haben wir auch den Kalk von der Wand geputzt, das ging schneller. Dann mußten wir noch Gras und Heu und Hafer vorwerfen.

Nach einer Viertelstunde Frühstück teilte er uns seine Zettel aus. Da standen die Touren drauf, die jeder fahren mußte. Sechs bis sieben Gespanne gingen jeden Morgen zur Arbeit raus. Gras mußte geholt werden, Heu und Stroh, Fisch aus dem Hafen, Fleisch vom Schlachthof und altes Brot von der Heidebäckerei, alles Futter für die Tiere. Fleisch und Brot wurde zugedeckt.

Aber wir wußten ja, was geladen war. Jungens haben immer Hunger.

Den Schrebergärtnern fuhren wir Mist bis vor die Gartenpforte. Manchmal machten wir auch Tiertransporte, meistens zum Güterbahnhof in Eidelstedt. Alles, aber wirklich alles, wurde bei Hagenbeck mit Ponys gefahren, selbst die Eintrittskarten von der Druckerei am Bahnhof Hasselbrook bis ins Tierparkbüro.

Am meisten Spaß machte das Heu- und Strohfahren. Denn in jeder Heukammer stand ein kleiner Schnaps. Wir Jungens bekamen nichts, aber der Inspektor Heini Steinhoff und die Pfleger begossen jede Fuhre. Montags war Stimmung im Park.

Bei Emil Köhrmann lernte ich kutschieren; zweispännig erst, dann vierspännig. Gar nicht einfach, zum ersten Mal die Zügel in der Hand zu halten. Ich zickzackte über den Weg, daß ich schon dachte, wir würden umschmeißen.

Als ich sicher geradeaus fahren konnte und, noch wichtiger, links oder rechts abbiegen, wo ich es wollte und nicht die Ponys, durfte ich durch Hamburg Reklame fahren. Mein Beifahrer war Heino Susott, der heute Antje betreut, das Walroß, Wahrzeichen vom Norddeutschen Rundfunk. Wer kennt die Dicke nicht, wenn sie prustend aus dem Wasser auftaucht?

Unsere vier schicken Ponys gingen vor einem knallbunten Bus, aus jedem Fenster guckte eine himmellange Giraffe, ein Elefant, ein Nilpferd, Zebras, Affen, eine ganze Menagerie aus Holz und Pappmaché. Oben auf unserem Bus thronte ein riesiger Papagei. So gondelten wir gemütlich durch Hamburg, drei bis vier Stunden, wir sollten uns ja sehen lassen. Ja, so sah 1950 die Werbung aus.

Heino Susott wohnte in Berne, das war vom Tierpark aus ein ganzes Stück. Die Leute in Berne sollten ruhig mal unseren schönen Wagen sehen und in den Tierpark kommen, sagten wir uns und fuhren los. Über Ohlsdorf und Wellingsbüttel ging die Tour, bis wir stolz wie die Spanier in Berne einfuhren. Wir stellten den Wagen gut sichtbar vor die Tür und gingen Heinos Mutter besuchen. Als wir mit Kaffee und Wurstbroten versorgt waren, stand um unseren bunten Wagen längst ein Pulk staunender Kinder.

Inzwischen war die Zeit vergangen. Wir hatten uns schwer verkalkuliert.»Das schaffen wir nie«, sagte ich.»Wir kommen bestimmt zu spät zum Füttern. Und Emil Köhrmann macht uns zur Schnecke.«

»Aber nur, wenn wir unsere Kiste außen um den riesigen Ohlsdorfer Friedhof rumfahren«, sagte Heino Susott. Er kannte die Strecke.

»Wie denn sonst?« fragte ich.»Wie willst du denn abkürzen?«

»Mittendurch«, sagte Heino Susott. Mehr sagte er nicht. Und ich bog ein.

Die Ponys waren kaum zu hören auf dem weichen Boden. Kein Mensch weit und breit. Nur unser lustiger bunter Wagen schwebte über den Taxushecken dahin, zog lautlos an Gräberzeilen vorbei. Es muß ausgesehen haben wie ein Zirkusumzug mit Giraffen und Zebras, nur eben feierlich still.

Die Ponys gingen in schlankem Trab, wir kamen ordentlich voran.»Das klappt«, sagte ich und nickte Heino Susott zu.

»Da vorne rechts ab«, sagte Heino gedämpft und zeigte auf einen umfangreichen Rhododendron. Plötzlich wurde es hinter dem Rhododendron lebendig. Zwei Leichenträger erschienen gemessenen Schrittes, dann noch zwei. Dazwischen ein Sarg, gefolgt von der Trauergemeinde.

»Oha«, sagte Heino Susott gedämpft, und ich zackte mit dem bunten Reklamebus nach links, vierspännig, nicht so einfach auf den engen Wegen. Kaum hatte ich die Kurve genommen, erkannte ich meinen Fehler: Sackgasse. Vierspännig umkehren? Hinter uns kam die Trauergemeinde. Was die wohl dachten? Trauer im Hause Hagenbeck?

14

Aber da hing auch schon der Totengräber im Zügel, schiß uns mit dumpfer Stimme zusammen, wir waren schließlich in eine Beerdigung geraten, und führte die vier Ponys und unseren Reklamewagen beiseite. Dann jagte er uns vom Friedhof. Wir haben nie erfahren, wie groß die Werbewirkung dieser Fahrt gewesen ist.

Zwölf Uhr mittags trudelten wir normalerweise im Tierpark ein und brachten unsere Ponys auf die Weiden hinter dem Luisenhof. Um halb eins holten wir uns andere Tiere, denn nachmittags war Ponyreiten für die Besucher. Nachmittags wurde Geld verdient. Abends noch das Revier fegen und die Kutschen waschen. Fast zweihundert Shetlandponys, die machten Arbeit. Feierabend war zwischen halb acht und acht. So spät schloß im Sommer der Tierpark, auch die letzte Mark sollte mitgenommen werden. Wir Jungens bekamen zwölf Mark die Woche.

Dann kam das Rosenfest in Rellingen. Natürlich war Hagenbeck mit dabei. Ich fuhr unsere Postkutsche, von oben bis unten mit gelben und roten Rosen geschmückt, die vier Rappen gingen unter rosengeschmückten Decken. Es sah wunderschön aus, und beim Umzug waren wir die große Attraktion. Der erste Preis für den schönsten Festwagen war uns sicher, so etwas wie wir hatte nicht einer zu bieten.

Nur unser Gärtner kämpfte mit seinem Lampenfieber, er sollte nämlich vor der Preisjury auf der Tribüne in sein Posthorn stoßen. Damit war uns, hieß es, der Sieg sicher. Aber unser Gärtner war so aufgeregt, er hatte die Kömbuddel deshalb öfter an den Mund gesetzt als sein Posthorn.

Dann trabten wir vor die Festtribüne, der Gärtner setzte sich steif in Positur, hob das Horn an den Mund, holte Luft und − nichts. Stille.

»Nun mach doch, Mensch«, flüsterte ich aus dem Mundwinkel.

15

»Blamier uns nicht. Du kannst doch nicht die Nummer schmeißen.«

Der Gärtner setzte wieder an, ein ganz gemeiner Ton hallte über den Festplatz hin. Dann kippte der Kerl besoffen vom Bock. Mit dem achten Platz waren wir noch gut bedient.

Damals fing Hagenbeck mit dem Kinderzirkus an, drüben auf dem Spielplatz. Emil Köhrmann dressierte nämlich; Emil Köhrmann dressierte fast alles, was zwei oder vier Beine hatte, Zebus und Watussirinder, Kamele, Dromedare, Lamas, Guanakos, Affen, Hunde und Papageien, vor allem aber Seelöwen und Ponys. Emil Köhrmann war meine erste Begegnung mit der Dressur. Ich hatte vorher nicht gewußt, wie geduldig und geschickt ein Mensch mit Tieren umgehen kann.

Einer unserer Pfleger im Stall war Willi. Willi hatte immer Hunger, ging den ganzen Tag rum und bettelte um Brot. Ich selber hatte immer gut geschmiert, oft sogar Corned beef auf den Scheiben, ich weiß bis heute nicht, wie meine Mutter das damals hingekriegt hat. Sonntagmittag, Willi war wieder hinter Brot her, tropften wir ihm Rizinusöl aus der Ponyapotheke zwischen mein Corned beef. Dieses Brot spendierte ich Willi. »Weil Sonntag ist.«

Nachmittags war Kinderzirkus. Willi mußte strammstehen am Manegenrand in seiner frischgebügelten Uniform, Hände auf dem Rücken, richtig zackig, beim Zirkus ist das so. Oder er mußte Ponys abnehmen, raus- und reinführen. Wir warteten ungeduldig.

Mitten in der Vorstellung raste Willi plötzlich vom Platz. Auf halber Strecke schon hielt er sich die Hose. Und ward an diesem Nachmittag nicht mehr gesehen.

Rausgekommen ist das nie.

Noch im selben Jahr gaben wir die Revue »Hein und Fietje auf Weltreise«. Ein großes Schiff auf Rädern fuhr um den Festplatz, und bei jeder Runde wurde die Kulisse gewechselt. Wir spielten alle Stationen des Circus Hagenbeck nach. Spanien mit komischem Stierkampf, Athen mit griechischer Post, römisches Wagenrennen in Italien, argentinische Viehhirten mit Lassodrehen auf dem Pferderücken und so weiter. Zum Schluß kam der Zirkus zurück nach Hamburg. Ich steckte in Hamburgs Wahrzeichen, dem Michel, einen Riesenturm aus Pappmaché hatte man mir übergestülpt.

Plötzlich briste es auf, der Abendwind kam. Mitten in die Nummer fegte ein Windstoß, und ich knallte mit meinem Michel quer über die Bühne. Die Leute johlten. Aber ich im Michel drinnen dachte, Emil Köhrmann wird mich erschlagen.

Emil Köhrmann hatte so seine Methoden, uns fünfundzwanzig Ponyjungen im Zaum zu halten. Neben dem Ponystall stand die Sattelkammer, sie wurde im Winter mit Koks geheizt. Der Koks mußte alle paar Tage geholt werden, hinten vom Känguruh-Haus, wie alles bei Hagenbeck mit dem Ponywagen. Aber bis zum Känguruh-Haus, das war mir zu weit, ich fuhr schnell um die Ecke zur großen Dschungelanlage und holte dort meinen Koks.

Der Koks beim Dschungelhaus war aber viel größer. Als Emil Köhrmann mich mit den dicken Brocken ankommen sah, schickte er mich nicht etwa zurück. Er ließ mich einen Hammer holen und die ganze Wagenladung Koks auf die bestellte Körnung kleinhauen. Er redete auch nicht viel, aber »Rausschmiß« war dabei.

Daran muß ich immer denken, wenn ich das Wort »Azubi« höre.

Wir hatten im Tierpark oft hohen Besuch. Dann führte Lorenz Hagenbeck, der freundliche alte Herr, seinen Gästen den Tierpark im Ponywagen vor. Wir brachten das Gespann zu seiner Villa und durften hinten aufsitzen, wenn die Gäste Platz genommen hatten. Denn bei solchen Gelegenheiten kutschierte Lorenz Hagenbeck behäbig selbst. Nur konnte er nicht fahren. Eines Tages gingen ihm die Ponys tatsächlich durch, und er landete mitsamt Kutsche und Gästen im japanischen Teich.

Das Ende vom Lied war, daß Lorenz Hagenbeck mit nasser Hose durch die Stallgasse im Ponyhof rannte, »Emil! Emil!« schrie und mit seinem Spazierstock herumfuchtelte. »Emil, du hast mir die verkehrten Ponys angespannt. Emil, wie konntest du . . .« Chefs haben immer recht.

Oft fuhren wir zu Kinderfesten und Vereinsfeiern, denn bei Hagenbeck konnten die Leute Ponys und Kutschen mieten. Das machte Spaß, meistens durften wir nämlich mitfeiern.

Die Adventszeit brachte jede Menge Weihnachtsfeiern mit sich. Im Dezember mußte ich mit meinem Pony an den Siemersplatz. Klock fünf hatte ich mich einzufinden, damit irgend so ein Nikolaus von unserem Wagen herunter seine Weihnachtsgeschenke verteilen konnte; Rentiere hätten wir haben sollen. Abends um halb neun kamen wir beide, Pony und ich, wieder nach Hause getrabt. Da stand Emil Köhrmann in der Stalltür und fragte: »Karl, hast du Lust zu den Elefanten?«

Mir saß der Schreck vom Koksklopfen und vom »Rausschmeißen« noch in den Knochen. Ich sagte sofort ja.

»Na«, sagte Emil Köhrmann, »dann fängst du morgen da an.«

Ich freute mich sehr, rannte nach Hause und rauf zu meinem Vater, der schon im Bett lag: »Du, Papa, ab morgen bin ich bei den Elefanten.«

»So?« sagte mein Vater. »Für die Ponys bist du wohl zu blöd.«

18

LEHRZEIT

Fünf Zirkuselefanten hatte Hagenbeck vor Kriegsende nach Schweden vermietet. Nach der Kapitulation im Mai 1945 sah Schweden die Elefanten plötzlich als »deutsches Fluchtkapital« an, das zu Reparationszwecken verkauft werden dürfte. Hagenbecks großer Elefantentrainer Hugo Schmitt war darüber so erbost, daß er »seine« Elefanten aus dem Stall holte und mitten hinein nach Malmö führte. Dort gab er dem erstbesten Polizisten seine Peitsche in die Hand. »So, jetzt gehören sie euch!« sagte er und ging weiter. Die Elefanten scheuerten sich an Malmös Häuserecken, drückten Laternenpfähle krumm und besahen sich die Innenstadt. Als ein Streifenwagen Hugo Schmitt wieder einfing und zurückbrachte, verschanzte er sich hinter den Elefanten gegen die schwedische Polizei. Hagenbeck hatte eine fabelhafte Presse. Trotzdem verkaufte Schweden Hagenbecks Elefanten an den Zirkus Ringling. Und Hugo Schmitt ließ sich erweichen und brachte »seine« Elefanten selbst nach Amerika.
So kam es, daß nach Kriegsende nur noch vier Elefanten bei Hagenbeck standen.

Am 15. Dezember stand ich morgens vor dem Elefantenhaus. Ein Tierpfleger, der gerade vorbeikam, fragte mich: »Bei Theisinger sollst du anfangen? Oh, oh, oh.« Mehr sagte er nicht. Das Herz rutschte mir fast in die Hose. Fritz Theisinger sollte freundlicher zu seinen Elefanten sein als zu seinen Jungs, das hatte ich oft genug gehört.

Fritz Theisinger kam, unscheinbar wie er war, aus dem Dezemberdunkel gestiefelt: »Bist du Kock?«

»Ja.«

»Komm mit rein.«

Drinnen im Elefantenhaus sagte er: »Da ist die Karre. Da ist die Schaufel. Und da ist die Scheiße. Die muß raus. Wo der Misthof ist, hast du ja wohl gesehen.«

Ich karrte also Mist, den ganzen langen Vormittag. Und immer hieß es aufpassen, sobald irgendwo ein Kötel plumpste, sauste ich sofort mit der Schaufel los.

Mittags brachte Fritz Theisinger die Elefanten ins Gehege. Im Rausgehen zeigte er auf die Boxen: »Heu rein, Stroh rein.«

Abends sagte er: »Na, hier sind die Kötel 'n bißchen größer als im Ponystall, was?«

»Ja«, sagte ich und dachte: Kein Vergleich mit dem, was meine vier Ponys abgeworfen hatten.

Das war mein erster Tag im Elefantenhaus.

Am zweiten Tag sollte ich die Elefanten waschen, das muß sein. Denn nachts haben die Elefanten in ihrem Mist gelegen, der sitzt morgens tief in der Haut. Dampfstrahler gab es ja noch keine, das Elefantenhaus hatte nicht einmal eine Mischbatterie. Also füllte Fritz Theisinger mit dem Schlauch kaltes Wasser in eine Tonne, und ich mußte das heiße Wasser eimerweise aus dem Keller holen, wo der Boiler stand. In der Tonne wurde das gemischt. »Heiß Wasser!« rief Fritz Theisinger durchs Elefantenhaus, bis ich keuchte.

Dann drückte er mir eine Wurzelbürste in die Hand, die war mit Draht etwas verstärkt. »Da ist die Bürste«, sagte Fritz Theisinger, »da ist warmes Wasser, und da ist der dreckige Elefant.« Ich schrubbte also los, nur mit der Bürste und klarem Wasser. Ich war damals nicht sehr groß, stand auf einer umgedrehten Tonne und angelte an der drei Meter hohen Meni hinauf. Vor mir der dreckige Elefant, hinter mir Fritz Theisinger.

Als ich endlich fertig war mit allen vier Elefanten, dachte ich: Das schaffst du nie. Waschen, waschen war härteste Arbeit, und Fritz Theisinger duldete auf seinen Elefanten keinen Schatten. Er bläute mir die Sauberkeit so ein, daß ich abends, kurz bevor es nach Hause ging, schnell noch durch die Ställe lief, die Kötel beiseite schmiß und den Elefanten das Bett aufschüttelte, damit sie, hoffte ich, am nächsten Morgen nicht ganz so dreckig waren. Kaum war das Waschen vorbei, brauchten die Elefanten Wasser zum Trinken. Gerade im Winter, wenn sie viel Heu bekommen, trinken Elefanten 200 Liter jeden Tag, handwarm. »Heiß Wasser!« rief Fritz Theisinger wieder. Ich rannte mit meinen Eimern also wieder in den Keller. Nach dem Waschen, Tränken und Füttern sagte Fritz Theisinger beim Frühstück: »Viel erzählen tu ich nicht. Du hast ja Augen im Kopf.« Wortkarg war er, solange ich ihn kannte, wer bei ihm etwas lernen wollte, der mußte hinsehen können.

An meinem dritten Tag im Elefantenhaus kamen vier Elefanten aus Indien. Das waren die vier, für die das Elefantenhaus den neuen Jungen brauchte, also mich. Zum erstenmal sah ich junge Elefanten: Kanaudi, Letchemi, Chandra und Manjula. Schöne Elefanten waren das, zwischen zwei und zweieinhalb Jahre alt. Abholen durfte ich sie nicht; erst als die vier bei Hagenbeck aus den Kisten stiegen, stand ich daneben. Die Kisten, ja, die durfte ich saubermachen. Im Elefantenhaus ging es genauso zu wie im Ponystall. Ich mußte arbeiten von morgens halb acht bis abends um neun, und meistens war es Dreck wegmachen. Die Leute glauben ja, ein Tierpfleger muß nur gut zu den Tieren sein, dann kann er sie knutschen und den lieben langen Tag mit ihnen herumspielen. Aber Spielen ist eben das Wenigste, meistens ist es Saubermachen. Frei hatte ich jeden Montag nachmittag, das war alles. Wenn meine Freunde samstags und sonntags ausgingen, stieg ich aufs Fahrrad und fuhr zum Tierpark.

Fußpflege

Schon ein kleiner Elefant muß lernen, jeden einzelnen Fuß auf Kommando anzuheben oder auf ein Postament zu stellen und beim Abtasten stillzuhalten.

Ist ein Elefant etwa fünf Jahre alt, beginnt die Pflege der Füße. Trockene und lose Nagelhaut wird mit dem Hufmesser abgeschnitten, unebene Nägel werden mit der Feile geglättet. Das muß schnell gehen, denn ein kleiner Elefant hat noch nicht viel Geduld.

Allen Elefanten werden die Füße täglich mit warmem Wasser gewaschen. Fehlt im Gehege eine Lehmsuhle, müssen die Füße täglich mit Lehm eingerieben werden, damit die Haut geschmeidig bleibt. Fett oder Öle sind unbedingt zu vermeiden, weil sie die Haut nicht atmen lassen und Fäulnis fördern. Und sie kühlen den Fuß im Winter stark aus.

Bei erwachsenen Elefanten müssen die Füße vierteljährlich ausgeschnitten werden. Mit der Hufraspel wird zwischen die Zehennägel ein fingerbreiter Spalt gefeilt, damit die Nägel einander nicht berühren. Alte Haut und dunkle Stellen werden aus dem Spalt herausgeschnitten. Danach wird die spröde Nagelhaut entfernt, und zwar immer mit dem Hufmesser, niemals mit der Feile, die das Nagelbett aufrauht und Keime eindringen läßt.

Dann werden die Nägel mit der feinen Seite der Feile rund geformt. Erst auf dem hellgefeilten Nagel sind alle Risse oder Faulstellen festzustellen und mit dem Hufmesser auszuschneiden.

Sind die Faulstellen zu tief und weich, um sie auf einmal zu sanieren, wird rundherum vom gesunden Nagel etwas mehr entfernt, um die Faulstelle abzutrocknen. Dieser Fuß wird täglich mit Desinfektionsmittel gewaschen. Niemals darf die Faulstelle mit Holzteer abgedeckt werden. Unter dem Teer würde es weiterfaulen.

Die gefürchteten Spaltnägel entstehen, wenn Nägel an der Unterseite nicht weit genug zurückgeschnitten werden und zuviel Kontakt mit dem Boden bekommen. Dann müssen einmal im Monat die Faulstellen herausgeschnitten und der Nagel gekürzt werden. Das entlastet den Nagel, der Spalt wird in einem halben Jahr herauswachsen. Schon bei jungen Elefanten spalten die mittleren Nägel am Hinterfuß besonders leicht und müssen sorgfältig kurzgeschnitten werden.

Wurden einem Elefanten bisher nur selten die Nägel geschnitten, müssen sie einmal im Monat vorsichtig gekürzt werden, damit der Nerv genug Zeit hat, sich zurückzuziehen.

Die Fußsohle braucht bei genügend Auslauf nicht gepflegt zu werden. Nur schiefgelaufene Sohlen werden begradigt. Hat der Elefant aber zuwenig Auslauf, muß die Sohle einmal im Jahr geschält — und der Elefant muß mehr bewegt werden. Da die Fußsohle auch Fußpolster ist, muß sie stets so dick bleiben, daß die Zehennägel nur bei voller Belastung den Boden berühren, sonst spalten sie.

Einmal alle Vierteljahre war Fußpflege bei den Elefanten, und die war gerade wieder dran.

»Meni, lift!« Meni stellte einen Fuß aufs Postament. Fritz Theisinger schnitt die lose Nagelhaut mit dem Hufmesser weg und glättete den Fußnagel mit der Feile. »In Busch und Lehm erledigt sich so was von allein«, sagte er, »aber im Tierpark werden die Füße ja nicht so stark beansprucht.«

Die erste Zeit stand ich neben Fritz Theisinger, wenn er Füße schnitt. »Wer keine Füße schneiden kann, ist auch kein Elefantenmann«, war einer seiner häufigsten Sätze. Nach einem Vierteljahr drückte er mir das Hufmesser in die Hand und sagte: »So, diesen Fuß machst du.« Der Stoß ins kalte Wasser! Das war so seine Art.

Wie wichtig diese Pflege ist, wußte ich damals noch nicht. Aber später, nachdem ich viele tausend Nägel geschnitten hatten, wußte ich es besser. Ich habe Elefanten in Zoos und Zirkussen gesehen, die tief gespaltene, faulige Nägel hatten, die auf ihren ungepflegten Füßen vor Schmerzen kaum mehr gehen konnten. Ja, da dachte ich an meine Lehrzeit bei Fritz Theisinger.

Wenn Elefanten sehr wenig Bewegung haben, müssen auch die Sohlen geschnitten werden. Das brauchten wir bei unseren Elefanten nie zu tun. Aber wir hatten ja auch Afrikaner, auf Durchreise, und bei denen wachsen die Sohlen sehr schnell. Wir kamen mit Spazierengehen nicht dagegen an. Manche Elefanten stiegen auch schon mit schiefgelatschten Sohlen bei uns aus der Transportkiste.

»Tembo, lift!« Fritz Theisinger ließ die Elefanten dazu mit einem Bein auf dem Postament knien. Und schnitt mit einem scharfen Messer die äußere schmutzige Schicht von der Sohle. Darunter kam saubere Hornhaut zum Vorschein, die holte er scheibchenweise herunter. Er war ein Fußpfleger par exellence.

Die Scheiben sahen Schnittkäse zum Verwechseln ähnlich. Ich hatte gerade eine Hilfskraft bekommen zum Ausmisten. Gleich am zweiten Tag klappte es, denn Freddy hatte Käse auf seinem Mittagsbrot. Als Fritz Theisinger mit den Elefanten draußen im Gehege stand und Freddy die Boxen ausmistete, tauschte ich seinen Käse auf dem Brot gegen eine Scheibe Elefantenfußsohle aus. Als Junge war man ja zu so was aufgelegt.

Jetzt kam Freddy zum Mittagessen. Ich guckte möglichst unverfänglich und wartete ab. Es dauerte auch, denn Freddy nahm sich nicht nur bei der Arbeit Zeit. Endlich holte er sein Brot aus der Aludose. Freddy biß ab, kaute, kaute stärker, stutzte kurz und kaute mit solcher Gewalt, daß sich sein Blick nach innen richtete. Dann pulte er sich das Stück »Käse« aus dem Mund, beguckte es und biß noch einmal drauf.

Freddy war ganz empört: »So viel Kostgeld muß ich abgeben. Und dafür packt meine Mutter mir Käserinde aufs Brot.« Ich bestärkte ihn noch: Das sei nicht schön von seiner Mutter.

Freddy nahm zum Beweis die »Käserinde« mit nach Hause. Seine Mutter hatte sich fürchterlich aufgeregt, erzählte er am nächsten Tag, und beim Käsehöker Krach geschlagen.

Wenn Alfred Kaden mit den Zirkuselefanten proben wollte, mußte er mit Mogli und Nepal vom Elefantenhaus hinüber zur Dressurhalle gehen. Täglich band er die beiden dazu aneinander. Während ich hinter den dreien herging, überlegte ich immer, warum er das tat. Eines Tages, als wir am Bärengehege vorbeikamen, war unser Gärtner Erich Löbel dabei, eine verdorrte Birke zu fällen.

»Hör auf zu sägen«, rief ihm Alfred Kaden zu, »und laß uns erst vorbei.« Das tat der Gärtner auch, aber haarscharf hinter den Elefanten ließ er die Birke auf den Weg krachen. Mogli und Nepal gingen sofort durch und rasten in Richtung Haupteingang. Gott sei Dank rannte Mogli durch das große, Nepal durch das kleine Tor. So liefen sie sich fest; ich wundere mich bis heute, wie das Tau solch eine Belastung aushielt. So lernte ich gleich im ersten Winter, daß Elefantenkühe durchgehen können; jeder denkt doch, so große Tiere stehen über den Dingen.

Tagsüber stand Fritz Theisinger mit den Elefanten draußen im Gehege. »Elefanten dürfen im Gehege nie allein sein«, hatte er mir erklärt. »Denn Streitereien gibt's überall.« Aber in der Wildbahn können Elefanten einander ausweichen, können sich von der Familie abspalten und so eine neue Herde bilden. Das ist im Tierpark nicht möglich.

Nur wenn Fritz Theisinger Mittag machte, kam meine große halbe Stunde. Dann durfte ich im Gehege zwischen unseren acht Elefanten stehen und mich bewundern lassen. Es passierte nie etwas, die Elefanten wußten ganz genau, daß Fritz Theisinger hinten zwischen den Büschen saß, eine Scheibe Brot in der Hand, und alles im Blick hatte.

Später, im Sommer, ging Fritz Theisinger nachmittags mit einer Elefantenkuh zum Reiten, da stand ich dann allein im Gehege und hatte die Aufsicht. Eines Tages kriegte die Kiri den Rappel. Sie schmiß mit allem, was sie kriegen konnte, Äste krachten und Steine flogen, daß der Dreck spritzte.

Carl-Heinrich Hagenbeck kam angerannt: »Wenn die Kiri noch mehr tobt«, sagte er, »dann mußt du sie anbinden.« Anbinden, der hatte leicht reden draußen hinter dem Graben. Das muß man hautnah erlebt haben, wenn vier Tonnen Elefant anfangen zu toben; ich ging vor Angst nicht dazwischen. Es war einer der Tage, an denen ich mich fragte, ob Elefantenmann der richtige Beruf für mich wäre.

Was ich damals noch nicht wußte: Kiri war gar nicht ernsthaft böse gewesen, sie wollte nur bei ihrer Freundin Meni sein. Aber Meni war ja mit Fritz Theisinger zum Reiten unterwegs.

Im zweiten Jahr lernte ich selber reiten. Zuerst auf der alten Meni, die war absolut parksicher und besonders menschenfreundlich wie viele Leitkühe. Ich mußte meinen linken Fuß auf Menis linken Fuß stellen: »Meni, lift!« Meni hob den Fuß an, aber ich hatte den Schwung nicht richtig ausgenutzt. Ich rutschte wie ein nasser Sack an Meni herunter und ritt auf ihrem linken Bein. Nach dem dritten Versuch klappte es endlich, ich saß zum ersten Mal einem Elefanten im Nacken.

Eine Viertelstunde ging Meni neben Fritz Theisinger her durch den Park. Ich hielt mich krampfhaft an dem Gurt fest, den Meni um den Hals trug. Dann waren wir wieder beim Elefantenhaus. Absteigen: »Meni, lift!« Vorsichtig hob ich das rechte Bein und rutschte langsam abwärts.

»Na«, fragte Fritz Theisinger und lachte sein verschmitztes Lachen, »wackeln dir jetzt die Knie?« Die wackelten nicht nur, mir schlotterten die Beine so sehr, daß ich kaum stehen konnte. Schließlich war Meni am Hals ihre 80 Zentimeter breit.

Eine Reithose hatte Fritz Theisinger mir auch nicht gegeben, und Menis kurze Borsten waren mir durch Hose und Haut gegangen. Das entwickelte sich, abends sah mein Hintern aus wie ein Streuselkuchen. »Na«, fragte mein Vater, weil ich so unruhig am Tisch saß, »haben sie dich heut' versohlt?«

Acht Wochen lang ging Fritz Theisinger beim Reiten vorneweg. Dann blieb er nur noch in der Nähe. Zum Linksabbiegen brauchte ich nur mit dem rechten Fuß hinter Menis Ohr zu tippen, zum Rechtsabbiegen mit dem linken. Sollte Meni schneller gehen, tippte ich mit beiden Füßen zugleich. Für den Rückwärtsgang sagte ich leise: »Meni, zurück«, und drückte die Hacken nach hinten.

Ich mußte wohl übertrieben haben, denn Fritz Theisinger sagte: »Mach nicht so viel mit den Füßen. Das geht mit dem Hintern genauso gut.«

Eines Tages ließ Fritz Theisinger den Sattel auflegen und sagte: »So, nu geh mal zum Kinderreiten.« Natürlich stand er in der Nähe. Und hinterher sagte er zu mir: »Meni mag dich.«

»Wieso?«

»Ja«, sagte er, »ich merk' das.« So machte Fritz Theisinger seine raren Komplimente. Und damit ich begriff, wie er das meinte, erzählte er mir dann, wie der Raubtierdresseur Walter Kaden zusammen mit seinem Bruder Alfred im Wirtschaftshof einen Heuwagen mit der Meni in die Scheune schieben sollten. Vor ein paar Jahren war das gewesen. Bis zum Nebeneingang des Zoos waren die drei gekommen, über die Straße aber hatten sie Meni nicht mehr gebracht. Ohne sich um die beiden auf ihrem Rücken zu kümmern, drehte sie um und ging gelassen zum Elefantenhaus zurück. Dort ließ Meni die beiden nicht einmal absteigen: »Meni, lift!« Nichts. »Meni, lift!!!« Wieder nichts.

Fritz Theisinger hatte hinter dem Fenster gestanden, sich gehögt und die beiden eine halbe Stunde lang dort oben schmoren lassen. »Na, seid ihr schon wieder da?« hatte er dann scheinheilig gefragt.

Ich kam also mit Meni gut aus, was nicht die Regel ist zwischen alten Elefanten und jungen Pflegern. Denn seinen Pfleger sucht der Elefant sich selber aus, niemals der Herr Direktor. Und alte Elefanten werden eben wählerisch. Ideal ist es, wenn der Elefant mit seinem Elefantenmann zusammen alt wird.

Damals durften Hagenbecks Elefanten noch draußen arbeiten, außerhalb des Parks. Jetzt fuhren wir den Mist nicht mehr mit kleinen Ponywagen zu den Schrebern, wir fuhren den Bauern große Blockwagen voller Elefantenmist aufs Feld. Unser Heu holten wir selbst vom Bahnhof ab. Fast ein ganzer Eisenbahnwaggon voll Heu paßte auf unseren Plattenwagen. Meni und Kiri, die viele Menschen in Westdeutschland als Hamburgs dickste Trümmerfrauen in »Fox tönender Wochenschau« gesehen hatten, zogen den bepackten Heuwagen dann zum Park.

Mit ihrem Zuggeschirr konnten die Elefanten den Wagen nicht anhalten, deshalb mußte ich hinten die Bremse drehen, fest oder lose, je nachdem.

28

Eines Tages kamen wir wieder vollgepackt vom Bahnhof. Meni war guter Laune und ging zu scharf in die Kurve, ich kurbelte hinten noch schnell an der Bremse, aber es war schon zu spät. Mitten auf der Kieler Straße legte sich unser Wagen behutsam über, kippte zur Seite und begrub das Kopfsteinpflaster unter einem Berg von frischem Heu. Die paar Autofahrer damals, Anfang der fünfziger Jahre, lachten zwar, aber unsere Gärtner, die das Heu zum zweitenmal aufladen mußten, die fluchten noch drei Tage lang.

Meni kam auf Hagenbecks Ackerland sogar vor den Pflug. Ich lief neben ihr und führte, Fritz Theisinger ging hinter der Pflugschar. Für die Meni war unser Pflug eher ein Spielzeug, mit Meni konnte Fritz Theisinger doppelt so tief pflügen wie mit schweren Holsteinern.

Eines Tages klingelte das Telefon im Elefantenhaus. In Stellingen hatte eine Baufirma beim Schachten einen Riesenfindling gefunden. Hagenbeck sammelte so etwas, das war bekannt. »Geht mal mit den Elefanten los und holt das Ding her«, sagte unser Inspektor Heini Steinhoff.

Wir machten unseren großen Blockwagen klar und gingen mit Kiri und Meni los. Als wir auf der Baustelle ankamen, war der Stein schon freigeschaufelt und mit Seilen unterbuddelt. Es war ein Riesending.

Fritz Theisinger schirrte die Meni aus und band ihr den Brocken ans Zuggeschirr. »Meni, komm her!« Meni legte sich ins Geschirr, ruckte kurz, um den Brocken zu lockern, und zog ihn aus der Kuhle herauf.

Dann schirrte Fritz Theisinger die Kiri aus. »Kiri, djuk!« Denn Kiri konnte besonders gut mit den Zähnen heben. »Kiri, diri! Kiri, heb an!« Kiri nahm das Hebegeschirr mit dem Rüssel auf, kniete sich hin und steckte die Seile zwischen ihre vier Backenzähne.

Was jetzt kam, hätte ich nicht für möglich gehalten. »Kiri, diri!« Kiri hob den Stein vorsichtig an, kam wieder hoch auf die Vorderfüße und setzte den Brocken langsam auf unseren großen Wagen. Es war einfach unglaublich. Dabei sah sie gar nicht angestrengt aus, sie schnaufte nur vor Begeisterung, als Fritz Theisinger ihr lächelnd zwei Brote zur Belohnung hinstreckte. »Ja, brav, Kiri, brav!« Wir legten den Stein im Park sofort auf die Waage. Er wog genau 26 Zentner und liegt seitdem gegenüber dem Bärengehege.

Im Frühjahr 1952 kam unsere Birka mit dem Schiff aus Bangkok. Sie war schon auf der Überfahrt so schwach, daß unser Inspektor Heini Steinhoff ihr nach Genua entgegenfuhr. Dort wurde Birka »gelöscht« und auf die Bahn gesetzt. Den weiten Weg über Gibraltar, durch Atlantik und Nordsee die Elbe hinauf bis in den Hamburger Hafen wollten wir ihr nicht zumuten.

In Eidelstedt holten wir sie vom Bahnhof ab. Die arme Birka sah uralt aus und war so schwach, daß wir fürchteten, sie könne uns jeden Augenblick umfallen. Vorsichtig luden wir sie aus und banden sie kurz an Meni fest. Trotzdem mußten wir alle paar Meter eine Pause machen und brauchten den ganzen Tag für die acht Kilometer vom Güterbahnhof bis zum Tierpark.

Fritz Theisinger untersuchte im Tierpark gleich Birkas Mist. Sie war fürchterlich verwurmt. »Karl, behalt den Kötel im Auge«, sagte Fritz Theisinger, »sonst kriecht er vom Hof.« Keine Woche hätte Birka mehr ohne Hilfe gelebt.

Wir mußten Birka ganz vorsichtig entwurmen, in kleinen Schüben, damit das Leichengift der Würmer sie nicht umbrachte. Dazu ließ ich Blockschokolade über dem Ofen zergehen, rührte das Wurmpulver hinein und ließ die Schokolade wieder fest werden. Birka aß Schokolade sehr gern. Aber noch bis zum Herbst, ein halbes Jahr lang, war Birka kränklich. Für eine Achtzehnjährige waren 2,31 Meter Rückenhöhe nicht viel, sie wurde auch nie sehr groß.

Endlich war Birka entwurmt, aber sie hatte immer noch rissige Haut. Deshalb bestellte Fritz Theisinger beim Schlachter einen Pferdekamm, also ein ganzes Nackenstück. Das Fett mußte ich im Hof auslassen. »Heute die linke Seite, in vier Wochen die rechte«, sagte Fritz Theisinger. Also schmierte ich die Birka mit dem Kammfett vom Rüssel bis zum Schwanz halbseitig ein. Das machte die Haut schön geschmeidig, ließ sie aber nicht richtig atmen. Birka stand halb glänzend, halb rissig im Stall.

Am nächsten Morgen lag Reif über dem Gehege. »Die Birka können wir heute nicht rauslassen«, sagte Fritz Theisinger am nächsten Morgen, »die erkältet sich mit ihrer fettigen Haut.«

Birka blieb also angebunden stehen, als wir die Elefanten hinaus ins Gehege brachten. Dann ritt ich wie jeden Tag die Meni durch den Park spazieren, Fritz Theisinger sah von ferne zu. Als wir wieder aufs Elefantenhaus zugingen, kam uns plötzlich Birka entgegengelaufen, frei im Park.

Birka hatte ihre Ketten gesprengt, war durch das offene Tor aus dem Elefantenhaus in den Park gelaufen. Dort hatte sie zwischen Schulkindern und all den anderen Leuten ihre Herde gesucht, hatte schon das ganze Gehege umrundet, ohne eine Furt über den Elefantengraben zu finden. Als sie uns sah, trompetete sie beruhigt und kam friedlich mit uns mit.

Seitdem weiß ich, wie stark der Herdentrieb bei Elefanten ist. Und ich weiß, daß ein Elefant nicht allein gehalten werden darf. Auch drei Elefanten lassen sich nicht halten, denn zwei von dreien schließen sich immer zusammen und machen dem dritten das Leben schwer.

Seit dem Marsch vom Bahnhof zum Tierpark kümmerte Meni sich sehr um die kleine Birka. Leitkühe suchen sich ihre Nach-folgerin rechtzeitig aus, und Meni hatte sich eben Birka ausgesucht. Die beiden waren später ein perfekt eingespieltes Team. Wenn es Ärger gab im Gehege, Meni und Birka regelten das allein. Und als Meni starb, wurde Birka tatsächlich die neue Leitkuh.

Birka sollte zum Reitelefanten ausgebildet werden, sie war ja ruhig und brav und selbstbewußt. So muß ein Reitelefant sein. Um Birka an den Sattel zu gewöhnen, legten wir ihr jeden Tag eine Decke auf den Rücken, höchstens für eine Minute. Natürlich versuchte Birka, die Decke abzuschütteln. Fritz Theisinger erzählte ihr so lange irgend etwas, bis sie beruhigt war. Nach einer Woche schnallten wir ihr die Decke mit Bauchgurten fest. Das mag kein Pferd und kein Kamel, und auch Elefanten machen da keine Ausnahme. »Brav, Birka. Kriegst auch eine Mohrrübe.«

Nach einer Woche klappte das, und wir führten Birka mit ihrer Decke ins Gehege, kurz angebunden an Meni. Falls Birka in Panik geriet, durfte sie nicht wegrennen und vielleicht in den Graben ums Gehege stürzen. »Birka, guck mal, Äpfel.«

Wieder eine Woche später führte ich Birka unter dem Sattel durch, der hing an einem Flaschenzug im Hof. Dann band ich sie unter dem Flaschenzug an einen Baum, ließ den Sattel vorsichtig auf ihren Rücken herunter und gleich wieder hochziehen. »Brav, Birka. Komm, da hast du ein Brot.« Nach einer Woche wurde am aufgelegten Sattel gerüttelt und geklappert. »Brav, Birka, brav.« Und der Sattel wurde festgeschnallt.

Birka bekam ein langes Tau um den Hals und mußte unter dem Sattel laufen. Zuerst band ich das Tau um einen Baum, dann hielten es nur noch ein paar Männer.

Alles ging gut. Und deshalb schlich sich Routine ein. Wir hatten Birka gerade den Sattel aufgelegt, da zündete ein Klempner hinter uns im Hof seinen Schweißbrenner an. Es knallte! Zischte! Birka drehte blitzschnell um und raste verschreckt zurück in den Stall an ihren Platz. Die geschlossene massive Stalltür zersplitterte unter ihrer Stirn wie Sperrholz. Nur der Sattel blieb in den krachenden Bohlen hängen.

Es dauerte volle acht Wochen, bis Birka diesen Schock überwunden hatte. Später ging sie gern unter dem Sattel zur Arbeit. Vom Publikum bekam sie Leckerbissen, die ihr keiner streitig machte. Im allgemeinen verläßt eine Elefantenkuh ihre Herde nur ungern, sie muß schon sehr selbstbewußt sein, wenn sie lieber zur Arbeit geht, als bei der Herde zu bleiben.

Niemals haben Hagenbecks Reitelefanten einen Unfall mit dem Publikum gehabt. Allerdings fressen sie gern aus dem Sattel gefallene Holzlatschen oder Kunststofftaschen; was ihnen nicht schmeckt, das spucken sie wieder aus. Mogli nimmt Kindern so geschickt das Eis aus der Hand, daß die Kinder erst heulen, wenn ihr Eis längst verschwunden ist.

Sobald wir neue Elefanten bekamen, mußten wir sie straßensicher machen. Singora, unsere Neue, bekam also Hamburg gezeigt. Singora ging mit Fritz Theisinger vorneweg, hinterher kam ich mit Meni. Beide Elefanten waren mit einem dicken Tau verbunden. Es war Singoras erste Tour, wir gingen nur stille Nebenstraßen.

Wir hatten es nicht mehr weit bis zum Tierpark, als wir Pferdegetrappel hinter uns hörten. Zwei berittene Polizisten kamen uns nach. Fritz Theisinger machte Zeichen, die Polizisten sollten zurückbleiben. Denn Meni hatte vor Pferden Angst, und das Hufgetrappel hinter uns machte sie nervös. Aber die Polizisten kümmerten sich nicht um Fritz Theisingers Handzeichen, sie kamen näher − und näher − und näher.

Jetzt merkte Fritz Theisinger, wie sich Singora von Menis Unruhe anstecken ließ. Er rief mir zu: »Karl, wir gehen zum Nebeneingang − halb rein. Wenn die Pferde kommen, drehen wir die Elefanten um.«

Also los, es klappte. Kaum waren die Polizisten auf gleicher

Höhe, riefen wir: »Meni, rum! Singora, rum!« Die Elefanten drehten sich so ruckartig zur Straße, daß die beiden Polizeipferde verrückt spielten. Sie gingen über den Straßengraben und rasten in den Apfelgarten gegenüber. Es dauerte nur Sekunden, und die Polizisten lagen zwischen den heruntergefallenen Äpfeln. Ihre Pferde waren nicht mehr zu sehen. Meni und Singora waren schnell wieder ruhig.

So habe ich gelernt, daß ein Elefant immer sehen muß, was ihn ängstigt. Dann läßt er sich beruhigen. Aber alles, was hinter seinem breiten Rücken passiert, das ist ihm nicht geheuer.

Wenn wir unsere Elefanten straßensicher haben wollten, mußten wir drei-, viermal die Woche mit ihnen spazierengehen. Dann gewöhnten sich die Elefanten an Passanten und Hunde, an Busse und Bahnen und Autos. Mit unseren Elefanten konnten wir vom Tierpark bis zum Hamburger Hafen laufen, rund zehn Kilometer durch die Straßen, ein ganz schönes Stück.

Einmal allerdings ging sogar die ruhige, selbstsichere Meni durch. Unser Zwergesel Fridolin war wieder einmal ausgerissen, lief zu Meni hin und wollte sie, frech wie er war, ins Bein beißen. Meni kriegte einen solchen Schreck, daß sie nach Hause raste, aufs Elefantenhaus zu. Weil dort die Tür geschlossen war, raste Meni weiter und kam erst wieder in Fritz Theisingers kleinem Garten zum Stehen. Da beruhigte sie sich und fraß, was sie kriegen konnte. Bis ich die vier Tonnen schwere Meni zwischen den Blumenrabatten, den Mohrrüben und Stangenbohnen rausbugsiert hatte, war der Garten restlos abgeerntet. Dem Eselspfleger standen ein paar schwere Tage bevor.

Fritz Theisinger dressierte alle unsere Elefanten. Im zweiten Jahr durfte ich bei der Dressur mithelfen. Ein paar Monate ging das so. Bis Fritz Theisinger, als wieder neue Elefanten kamen, zu mir sagte: »So, das ist deiner. Den dressierst du. Lange genug zugeguckt hast du ja.« Heute bin ich sicher, er hat mir den Elefanten zugeschoben, der am leichtesten zu dressieren war. Aber damals?

Ich hatte ja wirklich aufgepaßt, und meine Dressur ging so lange gut voran, bis ich die Kleine rüsselzahm machen sollte. Was denn, ihren Rüssel wollte ich plötzlich anfassen? Und das mit der Hand? Die Kleine warf sich vor Schreck auf den Boden und versteckte ihren Rüssel unter dem Bauch. Eine geschlagene Stunde saß ich vor ihr auf dem Boden, streichelte sie und versuchte, ihr ein Stück Brot unter dem Bauch zuzustecken. Endlich kam die kleine Rüsselspitze zum Vorschein, das Eis war gebrochen.

Fritz Theisinger und die Hagenbecks brachten mir von Anfang an bei, daß eine Dressur niemals erzwungen werden darf, auch wenn sie ein halbes Jahr länger dauert. Schläge und Härte sind grundfalsch. Der junge Elefant muß merken, daß er keine Angst zu haben braucht. Bei einem guten Elefantenmann suchen die Elefanten sogar Schutz. Denn von Haus aus sind sie ängstlich, manche fürchten sich schon vor einer Parkbank oder einem freilaufenden Pfau. Deshalb rennen bei Hagenbeck immer Hühner durchs Elefantenhaus und prüfen, ob in den Köteln noch was Gutes ist. Auch ein Hund gehört ins Elefantenhaus, damit der Elefant vor kleinen Tieren im Park nicht scheut. Und die Besucher kennt er sowieso, von denen wird er ja gefüttert.

Im Herbst sagte Carl-Heinrich Hagenbeck zu Fritz Theisinger: »Jetzt hast du den Jungen schon zwei Jahre. Mit Elefanten kann er ja wohl gut umgehen, aber ein bißchen was anderes muß er doch auch lernen. Jetzt geht der Junge die Runde im Park.« Ich mußte also von Revier zu Revier, so war das bei Hagenbeck üblich.

Gleich am ersten Tag kam ich zu den Pavianen. Hagenbeck hatte einen neuen Pascha in München bestellt, der sollte frisches Blut in unsere Herde bringen. Kam auch an, der Pascha, und wir packten ihn aus. Carl-Heinrich Hagenbeck guckte den Affen eine Zeitlang an, mehr sprachlos als wortlos. Dann sagte er: »Der Pavian kommt in ein Extragehege und wird gut gefüttert.« Und zu unserem Zimmermann sagte er: »Hinnerk, du baust 'ne schicke Kiste für den Affen. Und außen an die Kiste nagelst du ein paar Krücken. Und dann schicken wir den Tattergreis wieder nach München zurück.« Und das machten wir.

Meine nächste Station waren die Menschenaffen. Aber ein Affenfreund wurde ich nie, wir hatten keinen Draht zueinander. Die Schimpansen zerrissen mir nur das Hemd und pinkelten mir von ihren Kletterbäumen herunter auf den Rücken. Nee.

Viel lieber war ich im Vogelhaus. Aber meine Runde ging bald weiter zu den Bären und Löwen und Exoten. In allen neuen Stationen war ich nur Lehrling, und für Lehrlinge hieß es vor allem: Saubermachen. So war das damals.

Aber wenigstens abends durfte ich zurück zu meinen Elefanten, damit wir den Kontakt nicht verloren. Und als eines Abends Fritz Theisinger sagte: »Karl, wir kriegen wieder neue Elefanten«, da war ich aber froh. Jetzt brauchte ich nicht mehr auf Tour, ich war wieder zu Hause.

In diesem Jahr wurde unsere Kiri nach Leipzig verkauft. Leipzig brauchte für den großen Bullen Omar eine Kuh, und der Bulle durfte nicht nach Hamburg. Erst wollten wir die Kiri gar nicht weggeben. Aber Leipzig tauschte andere Tiere für die Kiri ein. Nicht einmal ihr neuer Pfleger durfte in den Westen, um sie abzuholen.

Kiri kam also nach Leipzig und sollte ihre alten Kunststücke vorführen. Aber sie akzeptierte ihren neuen Pfleger nicht. Gleich beim ersten Orgeldrehen trat sie die nagelneue Elefantenorgel in Klump. Kiri drehte nie wieder die Orgel. Sie war der einzige erwachsene Zooelefant, der zu meiner Zeit von Hagenbeck verkauft worden ist. Und ich habe gelernt, daß es nicht gut ist, eine Elefantenherde auseinanderzureißen.

36

1953 kam eine neue Kiri aus Ceylon, gerade 20 Jahre alt. Sie kam zusammen mit einem Wärter. Ich durfte zum Abholen in den Hamburger Hafen. Die Kiste wurde auf unseren Tieflader gesetzt, dann ging es im Schrittempo nach Stellingen. Auf einmal fing die neue Kiri drinnen an zu toben, haute die Vorderwand aus ihrer Kiste heraus und stieg vom Wagen. Kaum draußen, war sie schon beruhigt, ließ sich an den Tieflader binden und trottete friedlich mit durch die Stadt bis zum Tierpark.

Unsere Kiri sollte Reitelefant werden. Dietrich Hagenbeck machte 1954 gerade seine Lehrlingsrunde durch den Park, bevor er in die Geschäftsleitung ging; bei Hagenbeck legten die Väter immer großen Wert auf die praktische Erfahrung ihrer Söhne. Kiri ließ sich bereits von Theisinger reiten und ging auch unter dem Sattel schon kleine Runden durch den Park. Wir drehten also eine Übungsrunde, Fritz Theisinger saß Kiri im Nacken, Horst Brüggmann, Dietrich Hagenbeck und ich auf dem Sattel.
Je weiter wir vom Elefantenhaus fortgingen, desto nervöser wurde Kiri. Fritz Theisinger drehte zwar um, aber Kiri ging immer schneller. Ich sah, wie Fritz Theisinger die Schweißperlen auf die Stirn traten. Als Kiri endlich wieder ihren Stall sah, war sie nicht mehr zu halten. Auch Elefanten laufen nach Hause, wenn sie Angst haben.
Aber wenn Elefanten Angst haben, gehen sie auch durch geschlossene Türen. Fritz Theisinger rief uns zu: »Runter vom Sattel! Beruhigen!«
Horst Brüggmann und ich sprangen in voller Fahrt ab. Und wirklich konnten wir Kiri kurz vor dem Tor beruhigen. »Warum seid ihr denn abgesprungen?« fragte Dietrich Hagenbeck entgeistert, als Kiri stand. Fritz Theisinger erklärte es ihm: »Kurz vor dem Tor wär' ich auch abgesprungen. Wenn die Kiri durch die Tür rast, übernimmt der Türbalken das Absatteln.«
Sie hatte einfach Angst gehabt und blieb ängstlich bis heute.

Parksicher wurde sie nie, war auch nicht zu reiten. Wollte man mit ihr aus dem Gehege, mußte sie an Meni oder Birka festgebunden werden. »Ängstlich ist ängstlich«, sagte Fritz Theisinger, »das gibt's bei Menschen auch.«

Es war um Neujahr herum, da sagte Fritz Theisinger eines Abends zu mir: »Nächstes Jahr gehst du mit vier Elefanten nach Norwegen zum Zirkus. Jetzt mußt du vorführen lernen.« Er hatte mich wieder ins kalte Wasser geworfen.

»Du, Papa«, erzählte ich abends, »ich komme mit den Elefanten zum Zirkus.«

»So?« sagte mein Vater. »Nu will er noch zu den Zigeunern!«

ZIRKUSZEIT

Die fünfziger Jahre waren keine gute Zeit für einen deutschen Zirkus. Allein in Westdeutschland machten sich rund 25 Unternehmen das Publikum streitig. Die Schiffs- und Bahnfrachten für Menschen und Tiere wurden unerschwinglich. Aber ein Zirkus muß reisen! Und vom Circus Carl Hagenbeck verlangten die Leute überall mehr als von anderen: mehr Sensationen, mehr Artisten und vor allem mehr Tiere.

Wenn der Zirkus den Tierpark nicht finanziell auffressen sollte, mußte ein Schlußstrich gezogen werden. Der große Zirkusmann Lorenz Hagenbeck zog ihn im Herbst 1953. Was nicht niet- und nagelfest war, und das ist bei einem Zirkus viel, wurde verkauft. Nur die Tiger und Elefanten kamen nach Stellingen ins Winterquartier. Im Frühjahr sollten sie wieder auf Tournee gehen, vermietet an einen Zirkus.

Am Silvestermorgen 1953 stürmte Carl-Heinrich Hagenbeck in ganz unhanseatischer Hast ins Elefantenhaus.

»Theisinger!« rief er. »Theisinger! Vor vierzehn Tagen erst hab' ich die Elefanten an den Circus Arnado nach Norwegen vermietet. Und was macht Alfred Kaden? Statt nach Norwegen zu fahren und unsere Elefanten vorzuführen, haut er in den Sack. Ist schon weg, übernimmt irgendwo eine Raubtiergruppe. Was machen wir, Theisinger? Wer führt unsere Elefanten vor?«

»Vertrag ist Vertrag«, sagte Fritz Theisinger.

»Mensch, Theisinger, das weiß ich auch«, schnauzte Carl-Heinrich Hagenbeck. »Aber wer geht nach Norwegen?«

»Ich nicht«, sagte Fritz Theisinger, »das hab' ich oft genug gesagt, Herr Hagenbeck.«

»So? Und wo krieg' ich bis April einen Elefanten-Dompteur her?«

»Dann schicken wir eben den Kock.«

»Der Bengel ist doch erst achtzehn.«

»Wir versuchen das eben«, sagte Fritz Theisinger.

Vor drei Tagen war das gewesen, und jetzt stand ich mit Nepal, Mogli, Letchemi und Chandra in der Dressurhalle. Zugeguckt hatte ich oft genug, wenn Alfred Kaden die Elefanten vorführte, hatte Requisiten geschoben und Postamente geschleppt und immer gedacht: »Dompteur? Das kannst du auch.«

Hatte ich gedacht. Aber hier in der Manege kam ich mir vor wie ein Idiot, weil ich nicht wußte, was ich tun sollte. Sofort nutzten die Elefanten meine Unsicherheit nach Kräften aus. Versuchte ich vorn die Nepal auf ein Postament zu setzen, lief hinter mir die Letchemi vom Platz, scheuerte Mogli sich in aller Ruhe die Schwarte, und Chandra ging betteln.

Fritz Theisinger sah sich das eine Weile an. Dann kam er in die Manege. »Ich zeig' es dir nur einmal«, sagte er. Und dann führte er mir die Elefanten vor, stellte die gewohnte Nummer aus dem Stegreif um, und die Elefanten folgten ihm wie die Lämmer.

»So, jetzt du«, sagte Fritz Theisinger und ging an den Manegenrand. Ich brachte die Nummer mehr schlecht als recht über die Bühne. »Heut' nachmittag noch mal«, war Fritz Theisingers ganzer Kommentar. Drei Monate lang arbeitete ich vormittags und nachmittags mit den Elefanten in der Manege. Fritz Theisinger stand am Manegenrand, die Peitsche in der Hand. Machte ich etwas falsch, zuckte sein Handgelenk, und ich hatte die Peitsche im Nacken. Manchen Abend wollte ich aufgeben, so zerbleut kam ich aus der Manege. Dompteur, nee, das war wohl nichts für mich.

Manchmal besuchte Carl-Heinrich Hagenbeck die Proben und sagte:»Komm, mein Junge, das mußt du so machen.« Auch unser Inspektor Heini Steinhoff, der lange in Afrika gelebt, viele Tiere in Indien für Hagenbeck gefangen und den Stand auf der Weltausstellung in Brüssel organisiert hatte, Heini Steinhoff zeigte mir auch ein paar Kniffe. Erst Jahre später erfuhr ich, wie er sich mit seinem Organisationstalent in den schlechten Nachkriegsjahren um den Tierpark verdient gemacht hatte. Er war ein Haudegen und beschaffte noch Futter für die Tiere, wenn andere längst aufgaben. Carl-Heinrich Hagenbeck und Heini Steinhoff waren meine Gönner, damals und später auch.

Fritz Theisinger sagte höchstens:»Du mußt auch mal mit der Peitsche knallen.« Nicht einmal das konnte ich. Und als ich es gerade konnte, daß es krachte, kam Lorenz Hagenbeck in die Manege. Der große, alte Zirkusmann ging ein paar Schritte auf mich zu und sagte:»Komm mal her, mein Junge, und zeig mir deine Peitsche«, holte sein Taschenmesser aus der Jacke und schnitt von meinem Peitschenschlag die Spitze ab.»Junge Leute«, sagte er,»brauchen noch nicht mit der Peitsche zu knallen.« Na, was sollte ich da machen?

Von Januar bis März hatte ich Zeit zum Üben. So nach und nach kam ich mit den Elefanten ganz gut zurecht. Um sie besser kennenzulernen, ging ich viel mit den vieren spazieren. Meine Elefanten liebten diese Spaziergänge, sie konnten gar nicht schnell genug aus dem Haus kommen.

Allen voran die ausgeglichene, verspielte 24jährige Leitkuh Nepal. Die 18jährige Mogli war ein bißchen ängstlich und ein Pummel, sie wurde von Stroh dick. Letchemi war sechs Jahre alt, hübsch und gutmütig, aber leider nicht sehr helle. Und als letzte kam die siebenjährige Chandra, selbstsicher und quirlig, sie brauchte eine feste Hand.

Und erst jetzt, als wir aufeinander angewiesen waren, kamen wir richtig auf Tuchfühlung. Ich merkte, wie dankbar sie für jede Stunde waren, die ich nur ihnen widmete. Ich merkte, wie zärtlich und liebebedürftig Elefanten sind, und manchmal dachte ich, wenn sie nicht so groß wären, würden sie mir auf den Schoß kriechen.

Anfang April ging die große Reise los. Einen Kutscher kriegte ich mit; Kutscher werden beim Zirkus die Arbeitsleute genannt. Mein Kutscher hieß Werner Lost. Heute ist er Affenmann im Tierpark, versorgt die Orang-Utans.

Werner und ich brachten also die Elefanten nach Eidelstedt zum Verladen. Wir hatten zwei Waggons, einen für die Requisiten und das Stallzelt, den anderen für uns sechs. Zwei Elefanten links, zwei Elefanten rechts, wir beide warfen unseren Kram in die Mitte.

Unsere Mütter reichten Freßpakete herauf, Decken und Seesack. Und obwohl mein Vater noch am Abend vorher gesagt hatte: »Zigeuner! Ut di ward gornix«, weinte er auch, als der Güterzug anruckte und uns mitnahm für die nächsten fünf Monate. »Paß auf deine neue Jacke auf«, rief meine Mutter und: »Schreib mal!«

Noch nie war ich weggewesen, aber dafür neugierig. Mal gucken, was in Norwegen so los war. Wir ließen die Waggontüren einen Spalt offenstehen und sahen hinaus, einer nach Westen, der andere nach Osten.

»Mönsch, guck mal, der Kaiser-Wilhelm-Kanal da unten.«

»Du, das muß Rendsburg sein. Ziemlich lütte Häuser von hier oben, nich?«

Als wir die Plätze tauschen wollten, West gegen Ost, erstarrten wir vor Schreck. Letchemi hing mein halber Schlafsack aus dem Maul, die andere Hälfte hatte sie schon gefressen. Und Chandra überprüfte Werners Provianttasche. Sie biß gerade eine Büchse Dosenmilch platt, so daß ihr die weiße Soße übers Kinn spritzte. Wir retteten, was noch zu retten war. Ein ganz schöner Flurschaden für die erste Stunde Fahrt.

Beim nächsten Halt brachten wir alle Sachen in den Requisitenwagen. Als wir Hunger bekamen, so nach drei Stunden, lagen die Brote nebenan, dort konnten wir nur bei Aufenthalt hin, und unser Zug hielt nicht an jeder Station. Dann kam unsere erste Nacht. Wir richteten uns ein, Werner mit Schlafsack, ich mit viel Stroh.

Der kalte Aprilmorgen pfiff durch alle Ritzen in den ungeheizten Wagen, da konnte ich meinen halben Schlafsack ziehen, wohin ich wollte. Ich setzte mich auf und pulte mir die Strohhalme aus den Haaren. Als Werner wach wurde, fing er auch an, Strohhalme zu pulen.

»Sag mal, hast du gestern nicht ein Kopfkissen gehabt?«

»Na klar«, sagte Werner. »Echte Seegrasfüllung. Hat mir Mutter mitgegeben. Bist wohl neidisch, was?«

»Und wieso schläfst du dann nicht auf dem Ding?«

Werner stutzte, suchte umständlich und fluchte: »Diese Biester haben mir das Kissen unterm Kopf weggeklaut.«

»Seegrasfüllung, was? Mensch, Elefanten sind Pflanzenfresser.«

Ich lachte nur so lange, bis in der dritten Nacht meine neue Manchesterjacke samt echtem Kunstlederbesatz verschwunden war. Zur Sicherheit, wie ich dachte, hatte ich mir die Jacke unter den Kopf gelegt. Nie wieder hat mich jemand so sauber beklaut wie unsere Zirkuselefanten.

Am fünften Tag, es wurde immer kälter, kamen wir in Oslo an. Fritz Theisinger holte uns am Bahnhof ab, er war hergeflogen und sollte uns beaufsichtigen. Er brachte uns 60 Kilometer weiter nordöstlich nach Kløfta ins Winterquartier. Es war eisig kalt, Oslo und unser Zirkusplatz steckten noch tief im Schnee.

In Kløfta kamen wir aus dem zugigen Waggon endlich in einen

warmen Stall. Ich brachte die Elefanten unter. Während Werner fütterte, klappte ich mein neues Feldbett im Stall auseinander. Decken hatte ich mir schon zurechtgelegt. In der Vorfreude auf mein warmes Bett ging ich noch ein Stück in die Nacht. Die kleinen Holzhäuser von Kløfta lagen vor mir, hier und da ein Licht, der Rauch stieg kerzengerade aus jedem Schornstein. Nie hatte ich den Sternenhimmel so durchsichtig gesehen. Das konnte nicht derselbe wie in Hamburg sein. Hamburg? Ach, Hamburg lag so weit.

Als ich durchgefroren in den Stall zurückkam, hatten die Elefanten mein Feldbett zerschlagen und sämtliche Holzstreben aufgefressen. »Zigeuner«, hatte mein Vater gesagt und zum Abschied geweint. Jetzt war ich beim Zirkus.

Vierzehn Tage später fuhren wir nach Oslo zurück. Das Hauptzelt mit 1500 Plätzen stand schon fertig da. Direktor Arnado, selber imposant und mit ebensolchem Kalabreser auf dem Kopf, wies uns den Platz für das Stallzelt an. Wir luden aus und bauten auf, mitten zwischen bunten Wohnwagen und fremden Zelten, zwischen Kraftmenschen in Ringerleibchen, zwischen Affen und Pferden, zwischen Lichterketten und Plakaten, zwischen Kutschern und Strippenziehern, zwischen Bratkartoffelgeruch und gewaschenen Unterhosen, zwischen Ziegenmeckern und Gekeife. Mädchen lachten uns zu. Zigeuner? Es war herrlich.
Bei der Generalprobe ging mir alles daneben. Genauso muß es sein, wenn die Premiere klappen soll, hatte ich gehört.
Norwegen hat keinen Zoo, bis heute nicht. Und unsere Elefanten waren die allerersten, die nach dem Zweiten Weltkrieg bis hinauf nach Oslo kamen. Am Premierenabend stürmten die Osloer vor Begeisterung beinahe das Zelt. Alle wollten unsere Elefanten sehen.
Wir standen kaum im Sattelgang, da erklang schon unsere Musik. Also raus. Scheinwerfer, Zirkusmusik, dröhnender Auf-

trittsapplaus. Nepal, Mogli, Letchemi und Chandra kamen nacheinander in die Manege, machten ihre Runde und walzten ein paarmal um sich selber. Dann setzten sie sich brav auf ihre Postamente, standen wieder auf, gingen ein Stück seitwärts und bauten eine kleine Pyramide.

Dann kamen die Einzeltricks. Letchemi lief über eine Reihe von Holzflaschen, Mogli hüpfte von einem Bein aufs andere, die kleine Chandra stellte sich mit den Vorderbeinen auf ein Postament. Dann kam meine große Nummer. Ich steckte Nepal den Kopf ins Maul und ließ mich von ihr im Kreis herumdrehen. Dann legten sich alle Elefanten nieder, setzten sich mit den Vorderbeinen auf. Und endlich legte ich mich unter Nepals Bauch, während sie in der Manege kniete. Tusch! Großer Schluß-Applaus!!! Musik! Noch eine Runde in der Manege und raus! Ich war viel zu aufgeregt gewesen, um mit den Elefanten richtig zu arbeiten. So lang wie diese Premiere waren mir zehn Minuten selten vorgekommen. Aber die Leute klatschten noch immer begeistert Beifall − sie konnten ja nicht wissen, wie die Nummer richtig aussehen sollte.

Das wußte nur Fritz Theisinger hinter der Manege. »So«, sagte er nach der Vorstellung zu mir, »das ging ja leidlich. Du sollst mal sehen, wenn ich nicht mehr dabei bin, dann klappt es.« Am nächsten Morgen flog er zurück nach Hamburg. Er hatte recht. Ohne Fritz Theisinger im Nacken war meine Aufregung weg. Ich stand mit meinem roten Frack in der Manege, wir arbeiteten zusammen wie eine eingespielte Mannschaft, und die Leute jubelten. Drei Wochen lang hatten wir einen Riesenerfolg. Die Norweger waren wie verrückt, sie wollten immer wieder unsere Elefanten sehen.

Dann fuhren wir tingelnd weiter nach Norden hinauf, von Stadt zu Stadt erst, dann von Dorf zu Dorf. Das fing jedesmal mit Knochenarbeit an: abbauen, verladen, dann auf die Schiene.

Und ging mit Knochenarbeit weiter: alles wieder ausladen und aufbauen. Wer das nicht erlebt hat, kann sich kaum vorstellen, was alles zu einem großen Zirkus gehört, wie viele Wagen und Kisten und Kasten, wie viele Drahtseile und Taue, Zeltballen und Stangen, wie viele Menschen und vor allem wieviel Organisation. Als wir morgens auf der zweiten Station in Moss ankamen, teilten wir die Arbeit ein. Werner blieb bei den Elefanten, ich ging zum Zirkusplatz und baute unser Stallzelt auf. Als ich zurückkam, um die Elefanten abzuholen, saß Werner da und heulte fast vor Wut.

»Mensch, was ist denn?«

»Die Elefanten haben meine schöne Lederjacke gefressen.«

»Wir haben doch extra besprochen, daß wir alles hinter den Elefanten aufhängen, damit sie nicht mit dem Rüssel drankommen. Wieso hast du das nicht gemacht?«

»Wieso? Wieso? Das hab' ich doch. Aber deine elenden Biester müssen meine neue Lederjacke erst mit dem Schwanz vom Nagel geangelt, mit den Hinterbeinen nach vorn geschoben und dann aufgefressen haben. Meine schöne Lederjacke!«

»Ach, kauf dir 'ne neue. Wir verdienen doch ganz gut.«

»Du hast ja keine Ahnung. Da war mein Reisepaß drin, mein Visum und mein erstes Geld. Einfach alles. Und du bist schuld!«

»Komm«, sagte ich, »wir gehen zum Direktor.«

Direktor Arnado lachte dröhnend, griff zum Telefon und rief die Zeitungen an. »Elefant frißt Reisepässe«, meldeten die Blätter am nächsten Morgen. Eine bessere Reklame konnte der Zirkus sich gar nicht wünschen. Die Leute kamen in die Tierschau gerannt und wollten wissen: »Welcher war es denn? Welcher hat die Jacke gefressen?«

Uns beiden war nicht zum Lachen. Es dauerte acht Wochen, bis Werner den ganzen Papierkrieg hinter sich hatte. Anfangs sollte er sogar nach Deutschland zurückfahren, um sich einen neuen Paß zu besorgen. Aber ohne Paß und Visum wäre er aus Norwegen ja nicht einmal herausgekommen.

46

Wir überlegten uns, wie wir den Elefanten die Klauerei austreiben könnten. Der Grund dafür lag auf der Hand, die Elefanten hatten Langeweile. Stundenlang hatten die vier wieder im Güterwagen gestanden und warten müssen, bis das Stallzelt aufgeschlagen war. Ich änderte das, indem ich die Elefanten arbeiten ließ. Personal ist immer knapp beim Zirkus, und wenn die Nepal ein Tau zwischen ihre Backenzähne nahm und den Zentralmast mal eben hochwuchtete, da ließen sich 15 Mann am Flaschenzug einsparen. Die kleineren Elefanten trugen Stangen und Zeltballen oder rückten Wohnwagen zurecht.

Und dann kam der Regen. Es schüttete, was nur vom Himmel konnte. Der Zirkusplatz verwandelte sich in ein riesiges Schlammloch, in das sich Zugmaschinen nur zögernd hineintrauten.

Meine Elefanten dagegen waren begeistert. Sie durften sich im Dreck wälzen und mit Schlamm einschmieren, bis wir sie kaum mehr voneinander unterscheiden konnten. Und als der Regen gar nicht wieder aufhörte, wühlten meine vier sich in den Schlamm regelrecht ein. Elefanten lieben Regen, warmen Frühlingsregen ganz besonders.

Aber uns schwamm der Zirkus weg. Die Manege stand so tief unter Wasser, daß die Bodenplanken auftrieben. Wir gruben rund ums Hauptzelt tiefe Löcher, um das Wasser aus der Manege abzuleiten.

Eines Morgens, ich ließ die Elefanten gerade »baden«, sah ich unseren Clown aus seinem Wagen kommen. Vorsichtig tastete er sich an der Rundleinwand entlang ums Hauptzelt, trug seine sämtlichen Kostüme über dem Arm. Ich wollte ihn gerade warnen, da platschte er auch schon mit schrillem Geschrei in ein Wasserloch. Zuerst verschwand er selber, dann sein linker Arm und zuletzt sämtliche Kostüme. Ich habe nie wieder eine so überzeugende Clownsnummer gesehen.

Vor dem Abbauen im Schlamm hatten wir jedesmal Angst. Die Zugmaschinen zogen nicht, sie wühlten ihre Reifen nur tiefer in den Dreck. Das war die große Stunde der Elefanten. Sie zogen den ganzen Zirkus aufs Trockene. Lichtwagen, Leinwand, selbst die Podiumsplatten schleppten sie am Arbeitsgeschirr zur Straße hinauf. Sie trugen Lasten, spannten Taue, sie zogen sogar unsere festgefahrenen Zugmaschinen aus dem Schlamm.

Die Zirkusleute staunten, die Zuschauer waren fassungslos. Wer einmal einen Elefanten im tiefen Schlamm hat arbeiten sehen, der fühlt, welche Urgewalt da gebändigt ist.

Den Elefanten machte das einen Riesenspaß. Wühlen im Schlamm war ja gut und schön. Aber erst die Arbeit machte sie zufrieden. Für die Elefanten mit ihrer starken Bindung an die Herde war der Zirkus ihre Herde geworden. Hier fraßen sie, hier schliefen sie, hier wurden sie gebraucht, gelobt und beschäftigt. Hier hatten sie einen ausgefüllten Tag. Sie nahmen in dieser »Zirkus«-Herde einen festen Platz ein.

Ich kenne Zirkuselefanten, denen es besser geht als manchen Zooelefanten, die tagsüber im Gehege stehen und nachts in der Box, die niemals beschäftigt werden, kaum jemanden haben, der sich um sie kümmert, und die vor Langeweile krank werden.

Naß, dreckig und durchgefroren krochen wir an solchen Abenden ins Stroh. Waschen konnten wir uns erst, wenn das Zelt am nächsten Platz wieder aufgebaut war. Der alte Zirkusspruch: »Ein guter Tag läßt sieben schlechte vergessen«, half da auch nicht mehr viel.

In Bergen überschlugen sich die Zeitungen, wir standen dort vier Wochen lang. Natürlich regnete es auch in Bergen − in Bergen regnet es fast immer. Und natürlich lief Wasser in die Manege und weichte den Boden auf. Gleich überstreuten fleißige Hände die Manege mit einer dicken Schicht Sägespäne. Für meine Elefanten war die Schicht aber nicht dick genug. Für Elefanten gibt es nichts Schöneres als Schlamm, und den holten sie sich mit gierigem Rüssel unter den Sägespänen hervor, kaum daß sie die Arena betreten hatten. Und dann bewarfen sie sich mit dem Schlamm den Rücken. Innerhalb von Sekunden sah das Logenpublikum aus wie bei einer Pockenepidemie. Alle schrien auf, wischten sich ab, so gut es ging, und manche wollten nach der Vorstellung ihr Geld zurück.

An unserem letzten Abend in Bergen feierten wir ganz groß Abschied. Die Presse hatte uns alle in die Amerika-Bar eingeladen, den Direktor, die Artisten und mich auch. Piekfein, mit Schlips und Kragen. Trotzdem feierten wir mächtig drauflos. Es war schon morgens um vier, als ich mich, nicht mehr sehr sicher auf den Beinen, nach meinem Elefantenwaggon auf die Suche machte. Als ich ihn endlich gefunden hatte, kroch ich so, wie ich war, in meinen Schlafsack. Nicht einmal das Rucken und Rattern machte mich wach, als sich der Zug in Bewegung setzte.

Als ich am späten Vormittag aufwachte, fuhren wir längst. Werner sah meinen Ölkopp aus dem Stroh auftauchen und fing an zu lachen: »Mensch, Karl, ist Weiberfastnacht?«

»Wieso?«

»Na, guck mal, dein Schlips.« Die Elefanten hatten mir den Schlips abgefressen, nur der Knoten sah verschämt zwischen den Kragenecken heraus.

Mit Schlipsen hatte ich überhaupt meine Mühe, ich konnte keine binden. Meine Mutter hatte mir gebundene Schlipse mitgegeben, aber die Knoten waren so nach und nach aufgebraucht. Dieser war der letzte gewesen, und an einem halben Schlips sind Knoten leider wertlos. Eine Fliege hatte ich noch im Gepäck, für »angedunkelte« Kragenecken. Die mußte jetzt herhalten zum roten Dienstfrack, Hagenbecks hielten auf Uniformen. Eine Woche später legte ich die Fliege nach der ersten Vorstellung auf die Futterkiste und gab meinen Elefanten frisches Heu, damit sie beschäftigt waren.

Als ich zurückkam, war die Fliege weg. Was jetzt? Ich konnte die Elefanten doch nicht im offenen Hemd vorführen. Da kam mir ein Jongleur zu Hilfe, der immer schöne amerikanische Knoten im Schlips trug, die kamen damals gerade auf. »Sag mal, wie machst du den? Ich kann den amerikanischen Knoten nicht binden.« Er zeigte mir den Knoten ein einziges Mal, seitdem kann ich Schlipse binden. Not macht gelehrig.

Oft reisten wir nachts, hatten abends nach der letzten Vorstellung abgebaut und verladen. Werner und ich schliefen mitten im Waggon, links und rechts standen die Elefanten. Nach ein paar Nächten gewöhnte Letchemi sich an, mir den Rüssel wie einen Alp auf die Brust zu legen. Halb erstickt, nach Luft ringend und hustend schreckte ich jedesmal hoch. Oder sie pulte mir mit ihrem langen Finger am Rüssel in den Augen, gaaanz vorsichtig. Half selbst das nichts, saugte sie mir mit dem nassen Rüssel über das ganze Gesicht. Sie wollte schmusen.

An Schlaf war da nicht zu denken. Also banden wir die Elefanten weiter zur Waggonmitte hin an und versuchten, hinter den Elefanten zu schlafen. Allerdings nur ein einziges Mal, denn wenn Elefanten pinkeln, spritzt es meterweit. Da lagen wir in Zukunft lieber wieder wach, aber dafür trocken.

Mit uns gingen die Elefanten vorsichtig um. Waren wir ihnen im Schlaf vor die Beine gerutscht, schoben sie uns samt Schlafsack sanft in die Wagenmitte zurück, hoben dabei nicht den Fuß, um uns nur ja nicht zu treten.

Anfangs fand ich auf großen Güterbahnhöfen meine Elefanten nicht wieder, wenn ich vom Essen zurückkam. Hunderte von Waggons standen hinter- und nebeneinander, einer sah aus wie der andere. Ich suchte wie nach der Nadel im Heuhaufen. Endlich ging mir ein Licht auf. Waren die Wagenbremsen gelöst, konnte ich hören, wo meine Elefanten standen: die Elefanten traten von einem Bein auf das andere, und jedesmal stießen zehn, zwölf Waggons klappklappklapp aneinander. Waren die Bremsen angezogen, hörte ich nichts und irrte über die Gleise, bis ich auf die Idee kam, bei unserem Waggon einen Strohwisch in die Halterung für die Schlußlaterne zu stecken. Der war von weitem zu sehen.

Nachmittagsvorstellung in Kristiansand. Mein Kutscher hatte mir die Elefanten abgenommen, und ich machte noch einmal meinen Diener in der Manege, da hörte ich es draußen schreien. Die Elefanten gingen durch. Sie preschten aus dem Sattelgang, traten ein Dutzend Fahrräder platt und rannten in die Weite. Bevor Mogli durch meine Zurufe wieder beruhigt war, hatte sie schon eine Zeltabsicherung weggetreten. Das halbe Hauptzelt hing schief.

Ich führte Mogli und Letchemi ins Stallzelt. Nepal war im Wald verschwunden, die würde schon wiederkommen, sie durfte ja immer in den Wald. Aber die kleine Chandra war weg, einfach weg. Nach Stunden bekamen wir einen Telefonanruf aus dem Städtchen Møvik: »Hier steht ein Elefant. Gehört der Ihnen?« Wir rasten im Auto die fünf Kilometer hin und waren auf das Schlimmste gefaßt. Und was fanden wir? Ein Bild des Friedens. Chandra stand vor einer Bäckerei, umringt von einem Pulk von Menschen, die alte Brötchen, Brot und Kuchen in der Bäckerei kauften und Chandra damit fütterten. Es war dem kleinen Leckermaul gar nicht recht, als wir sie wieder mitnahmen. Und auch der Bäckermeister sah uns nicht gern ziehen.

Typisch, daß kein Unglück passiert war. Chandra war ruhig und freundlich gewesen, sie durfte beim Zirkus überall mit hin, kannte Straßen und Menschen und ließ sich nicht so leicht erschrecken. Das fehlt heute den meisten Zooelefanten, die außer ihrem Gehege, außer ihrem Pfleger und ihrer Box nichts mehr kennenlernen sollen, wenn es nach dem Direktor geht.

Aber zurück zum Zirkus. Viele Leute denken, so ein Elefantenmann führt zweimal am Tag für zehn Minuten seine Elefanten in der Manege vor und hat den Rest des Tages ein Traumleben. Von wegen. Natürlich steht beim Zirkus keiner um sechs Uhr morgens auf. Auch die Elefanten schlafen nach der Spätvorstellung bis acht oder neun Uhr. Aber dann müssen sie versorgt werden wie im Tierpark. Ausmisten, waschen und füttern, ab und an Fußpflege. Unser Wasch- und Trinkwasser wärmten wir mit großen Tauchsiedern in Milchkannen an. Dann gingen wir spazieren. In der Großstadt rund in der Manege, auf dem Land natürlich draußen. Dazu das Kopfgeschirr weißen, Messing putzen und Leder fetten, das machte sich auch nicht von allein. Zweimal für zehn Minuten am Tag in der Manege – na ja, manche Leute denken halt so.

Wenn nicht die Mädchen gewesen wären – als Elefantenmann hatte man Schlag. Und genug Unsinn hatten wir außerdem im Kopf. Norweger feiern ja gern. Nach dem Zeltaufstellen hatten die Zeltarbeiter immer Feierabend, und den feierten sie mit Fruchtessenz in Brennspiritus. Schnaps war teuer, zu teuer für Zeltaufbauer. Als alle mal wieder so richtig schön blau waren, ließ ich ihren Mannschaftswagen von Nepal vorsichtig und leise ein paar Straßenzüge weiterschieben. Morgens nach dem Aufwachen rannten die Arbeiter zur Polizei. Die dachten tatsächlich, wir wären abgereist und hätten sie vergessen.

In Trondheim stand unser Zelt noch einmal drei Wochen, aber dann wurden die Spielplätze immer kleiner, je weiter wir nach Norden kamen.

Nördlich von Stavanger fuhren wir nicht mehr mit der Eisenbahn, sondern mit Schiff oder Fähre weiter. War die Mannschaft auf dem Frachter nicht freundlich, übte ich feuchte Rache. Kaum schwebte die Kiste mit Nepal und mir hoch über Deck, flüsterte ich:»Nepal, pischpisch«, und kraulte ihr die Brust. Prompt entlud sich über der Mannschaft ein Sturzbach. Tja, das täte mir furchtbar leid, aber 200 Liter Trinkwasser am Tag, die kämen eben irgendwann wieder heraus. Ich fuhr immer mit in der Kiste, nur dann standen die Elefanten ruhig.

Alle drei, vier Tage mußten wir jetzt umbauen und verladen. Manchmal hatten wir Eintagesplätze und stellten den ganzen Zirkus neben einer Handvoll Häuser auf, ringsum nur Wald und Wiesen. Und trotzdem war das Zelt jeden Abend voll Publikum. Der Zirkus kommt! Das sprach sich herum, ich weiß nicht wie.

Wenn die Elefanten gearbeitet hatten, ließ ich sie laufen. Sie gingen zusammen in den Wald, Nepal als Leitkuh immer voneweg, und suchten sich Holz. Holz fressen alle Elefanten gern. Direktor Arnado bestärkte mich: »Laß sie laufen«, sagte er immer. »Elefanten verwüsten Roggenernte!« stand am nächsten Tag in der Zeitung. Direktor Arnado zahlte gern, Zeitungsanzeigen wären erheblich teurer gewesen als unser bißchen Flurschaden. Waren die Elefanten das Herumlaufen leid, kamen sie ganz allein zum Zirkus zurück, standen zusammen vor dem Stallzelt und wollten hinein.

Eines Abends, wir waren gerade beim Abbauen, kam der Direktor überfreundlich ins Stallzelt und sagte zu mir: »Unser Spediteur hat mich versetzt, du mußt mit den Elefanten bis zum nächsten Spielort laufen. Ein Spaziergang. Du schaffst das schon.« Er holte eine Landkarte aus seinem Anzug. »Wir sind jetzt hier, und dort mußt du hin.« Nach der Karte war das eine Strecke von 30 Kilometern. Als mein Kutscher das hörte, bekam er augenblicklich eine solche Darmgrippe, daß er, so leid es ihm tat, die Strecke mit dem LKW fahren mußte.

Um zehn Uhr abends gingen wir fünf los. Taghell war es immer noch, Ende Juli. Manchmal ritt ich auf Nepal, manchmal lief ich nebenher. Letchemi, Mogli und die kleine Chandra tappten auf dem Sandweg hinterher. Rings um uns nur Kiefern, Birken, Gras; manchmal kam ein kleines Dorf.

Den Elefanten machte das großen Spaß. Sie waren durchtrainiert von der Arbeit im Zirkus und an das Laufen gewöhnt; kein Vergleich mit den Streichholzbeinen, die viele Elefanten heutzutage vom Rumstehen in den Zoos und Zirkussen bekommen. Alle paar Kilometer ließ ich die Elefanten in den Wald laufen. Sie asteten Birken und Buchen, stopften das Laub in sich hinein. Zwischen Nepals Backenzähnen verschwanden armdicke Äste, die kleine Chandra putzte sich die Zähne mit Birkenzweigen. Dann ging es weiter, immer dem Weg und der Karte nach.

Gegen Morgen wurde ich hundemüde. Ich legte mich, wie ich war, in ein Gebüsch am Wegrand und schlief ein. Als ich aufwachte, weil Letchemi mir das Gesicht abrüsselte, standen meine vier Elefanten um mich herum. Ich hatte gar nicht daran gedacht, die Elefanten anzubinden.

Wir gingen weiter. Nur Wildnis um uns her, hin und wieder ein ganz kleines Dorf. Kaum waren wir in Sicht, liefen Kinder auf uns zu. Der Mund stand ihnen so lange offen vor Staunen, bis ihre Mütter sie mit spitzen Schreien fort in die Häuser rissen. Die Männer dagegen gaben sich möglichst gelassen, rauchten Pfeife und nickten uns zu. Was die Leute von uns fünfen dachten, das hätte ich zu gern gewußt. Unmöglich, daß einer von ihnen jemals einen lebenden Elefanten gesehen hatte, geschweige denn gleich vier.

Endlich kam ich zur Fähre, setzte über den Fjord und war spät nachmittags am Spielplatz angekommen. Zu Werner sagte ich kein Wort. Aber ich hatte mir meine Revanche überlegt. Als es nach drei Tagen weiter ging, wieder mit einer Fähre, sagte ich dem Kapitän, kaum daß ich mit den Elefanten an Bord war, er könne abfahren. Und während ich mich auf frisch gestärkten Laken in der Kabine räkelte, durfte mein treuloser Kutscher hinten auf der Ladefläche des LKW's 150 Kilometer über Norwegens Sandwege holpern. Meine Rache war perfekt, als mir der Steward warmes Essen ans Bett brachte.

Ich war mit ziemlich gemischten Gefühlen nach Norwegen gefahren. Aber dann gefiel mir die Arbeit im Zirkus, die Freiheit und die Freundschaft mit meinen Elefanten so gut, daß erst ein böser Brief von Carl-Heinrich Hagenbeck mich wieder an Stellingen erinnerte. Im Tierpark war nämlich mein Vater aufgetaucht: »In welche gottverlassene Gegend haben Sie unseren Sohn bloß geschickt? Sofort will ich wissen, wo Sie mit ihm abgeblieben sind. Man hört ja kein Nichts und kein Garnichts von dem Jungen.«

Da blieb mir nichts anderes übrig: »Liebe Eltern, mir geht es gut ...«

Holz, viel Holz holten wir aus dem Wald, denn Elefanten müssen immer was zu knacken haben zwischen den vier Backenzähnen. Ich ging, wann immer ich Zeit hatte, mit ihnen spazieren und ließ sie baden, wenn es sich machen ließ. Flüsse und Fjorde gab es in Norwegen ja genug. Mittags, wenn die Sonne wärmte und das Fjordwasser nicht gar so eisig war, liefen wir zum nächsten Strand. Nepal bekam ein Seil um den Hals, an dem hielt ich mich fest und ritt sie ins Wasser. Dann kamen die anderen drei hinterher. Die graue Felskulisse im Hintergrund, davor die prustenden und spritzenden Elefanten, es war ein tolles Bild. Die Leute drängten sich regelmäßig am Ufer.

An einem besonders warmen Tag fing Nepal an zu tauchen. Anfangs rauschte ihre Rüsselspitze, noch als Schnorchel durch die Wasseroberfläche. Dann verschwand auch die Rüsselspitze, und zuletzt verschwand ich. Ich krallte mich verzweifelt an das Seil um ihren Hals, denn ich kann bis heute nicht schwimmen. Endlich tauchte Nepal wieder auf, und ich schrie, sobald ich Luft bekam. Das nützte gar nichts. Nepal hatte solchen Spaß, tauchte wieder ab und zog mich mit in die schwarze Tiefe. Wenn Nepal schnorchelte, blieb mir fast die Luft weg. Ich machte mir vor Angst unter Wasser in die Hose und war kurz vor dem Ersaufcn, bis ich sie wieder am Strand hatte. Jappend wie ein Karpfen lag ich am Ufer und bekam von den Zuschauern einen Beifall wie selten. Die hatten natürlich gedacht, meine Unterwasserspiele wären einstudiert und gehörten mit zu meinem Programm.

Wir gastierten auf Ålesund. Es wurde schon wieder kälter, ging auf den Herbst zu. Wir hatten zwar eine Heizung, aber wir holten uns lieber die Zirkuspferde ins Stallzelt. Wurde es noch kälter, streuten wir eine Lage Stroh auf die Elefanten; das war ihnen sehr recht, sie blieben darunter liegen. Und wir krochen ihnen, wenn sie lagen, zwischen Beine und Rüssel und schliefen dort im Warmen. Das alles störte meine Elefanten nicht, die hatten absolutes Vertrauen zu uns. Dabei sind Elefanten sonst scheue Tiere, stehen sofort auf, wenn sich im Stall oder Zelt etwas Ungewohntes rührt. Meine Elefanten legten sich sogar im Güterwagen zum Schlafen hin.

Werner und ich schliefen umschichtig bei ihnen im Stallzelt. Als ich eines Tages wieder dran war, stellte ich mein letztes Paar Schuhe unter das Feldbett, Manegenschuhe waren das, schicke Dinger. Nachts fing es zu stürmen und zu regnen an, und es regnete wohl auch ins Zelt. Ich merkte nichts auf meinem Feldbett, aber als ich am nächsten Morgen aufwachte, mußte einer meiner Schuhe hinüber zu den Elefanten geschwommen sein. Jedenfalls war er verschwunden. Ich ging zum Direktionswagen: »Herr Direktor, ich brauche Vorschuß«, sagte ich, »ich muß mir neue Manegenschuhe kaufen.« Geld hatte ich keins, geistige Getränke sind teuer in Norwegen. Direktor Arnado lachte wieder sein breites Lachen. Und ich ging mit dem Vorschuß etwa fünf Kilometer weit bis zum nächsten Schuhgeschäft, barfuß. Es war ein kalter, regnerischer Tag. Im Schuhgeschäft angekommen, stürzte ein älterer Herr auf mich zu und fragte etwas, das wohl »Was wünschen Sie?« hieß. Ich zeigte stumm auf meine blanken, rotgefrorenen Zehen und zog mir die mitgebrachten Socken an. Ålesund war überhaupt so ein Kapitel. Dort fegte der Sturm zwei Tage lang über die schmale Landzunge vor Romsdal, und während im Hauptzelt die Vorstellung lief, rüttelten draußen die Böen an Zelten, Wagen und Gerät. Kaum war ich mit meinen Elefanten aus der Manege heraus, war ich heimatlos. Unser Stallzelt war umgeweht. Aber es ging ja um Hagenbecks Elefanten! Die Feuerwehr von Ålesund räumte sofort ihr Spritzenhaus, damit wir ein Behelfsheim für die Elefanten einrichten konnten. Zehn Spieltage lang mußte ich im Kostüm mit den Elefanten vom Spritzenhaus der Feuerwehr zum Spielplatz quer durch den Ort laufen und nach der Vorstellung wieder zurück. Na, allemal besser, als im Freien zu schlafen.

Oben in Namsos am Namsfjord sahen wir die ersten Samen und ihre Rentiere. Während die Samen in ihren blauen Kitteln gerade ein Volksfest feierten, schlugen wir unser Zeltdorf neben ihren Koten auf. Hunderte von Rentieren grasten um uns her, es sah fast so aus wie eine Völkerschau bei Hagenbeck!

Es hatte wieder stark geregnet, der Boden war so aufgeweicht, daß sich die Zeltanker mit der bloßen Faust in den Boden schlagen ließen. Wenn hier Sturm aufkommt, dachte ich, wehen wir wieder weg.

Die Premiere war fabelhaft, wir waren für das Volksfest der krönende Abschluß. Aber draußen heulte der Sturm in den Abspannungen, heulte lauter und lauter, viel lauter als in Ålesund. Ich sagte zum Direktor: »Gleich nach meiner Nummer geh' ich mit den Elefanten zum Waggon, da stehen wir sicherer als im Zelt.« Direkt neben dem Zirkus endete nämlich der Gleisanschluß für ein Sägewerk, und dort stand unser Waggon. Während der Vorstellung hatten die Zirkusleute vorsichtshalber schon mein Stallzelt flachgelegt, damit es nicht wieder wegwehte.

Kaum war die Vorstellung beendet und das Publikum aus dem Zelt heraus, da brachen die Masten, und das ganze Hauptzelt krachte zusammen. Niemand kam zu Schaden, aber das Hauptzelt war zerfetzt.

Direktor Arnado schickte mich zum nächsten Spielort, einem ganz kleinen Nest:»Bau dein Stallzelt in Grong auf dem alten Sportplatz auf. Wir kommen nach, sobald das Hauptzelt repariert ist.« Vom Bahnhof aus bis zu den drei Häusern von Grong waren es zwölf Kilometer. Und ich hatte mein ganzes Gepäck zu transportieren, Stallzelt, Requisiten, Postamente, Taue, Zeltstangen und den unendlich vielen Kleinkram. Na, dann los.

Der kleinen Chandra banden wir einen Zeltballen auf den Rücken, die anderen drei mußten mit den Zähnen tragen. Zwölf Kilometer hin, zwölf Kilometer wieder zurück. Zwischendurch machten wir Pause, damit die Elefanten fressen konnten. Weil wir kein Futter dabei hatten, schickten wir sie feldern. Gleich bei der ersten Pause war Letchemi weg. Sie war immer ein bißchen schusselig und trödelte hinter uns anderen her. Wir rannten etwa einen Kilometer weit zurück, da fanden wir sie. Letchemi stand gut gelaunt in einem Roggenschlag und erntete die Ähren ab. Sie war richtig beleidigt, als sie wieder arbeiten sollte.

Wir stellten das Stallzelt zwar auf, aber weil es wieder warm geworden war, ließ ich die Elefanten laufen. Als Arnado nach einer Woche endlich mit dem reparierten Zelt ankam, konnte er mit seiner Tierschau nichts mehr verdienen. Die Elefanten — um sie zu sehen, kamen die Leute ja in der Hauptsache — hatten eine Woche lang gut sichtbar, aber ohne Eintrittsgeld, im Wald gestanden. Direktor Arnado nahm es gelassen, er wußte, was gute Reklame kostet.

Weil ich meine Elefanten immer ganz locker hielt und frei laufen ließ, beklauten sie nicht nur Werner und mich. Denn damals lebten viele Artisten noch im Zelt. Unter einer Zeltleinwand durchzugreifen und an sich zu raffen, was sie kriegen konnten, das brauchte ich meinen Elefanten nicht erst beizubringen, das konnten sie von allein.

58

Zwei Unfälle hatte ich nur während meiner Zirkuszeit, und an beiden war ich selber schuld. Einmal holte ich mitten in der Vorstellung mit der Peitsche aus und merkte erst, daß ich auf der Spitze stand, als mir der Peitschenschlag ins Gesicht knallte. Blut schoß aus der Nase, die Augen standen voll Tränen. Taschentuch draufdrücken und die Nummer fertig machen, etwas anderes gab's gar nicht.

Das andere Mal steckte ich Nepal meinen Kopf ins Maul, um mich von ihr im Kreis drehen zu lassen. Natürlich nimmt man dazu ein Handtuch um den Kopf, damit nicht alles vollgesabbert wird. Unter dem Handtuch hatte sich mein Ohr umgeknickt, und als Nepal meinen Kopf mit ihrer Unterlippe gegen den Gaumen drückte, knackte es. Der Knorpel in der Ohrmuschel war gebrochen.

Kein Unfall, aber unangenehm genug, als ich einmal der Länge lang unter dem Elefanten lag. Nepal hockte sich über mir auf Ellenbogen und Knie hin, da war unter ihrem Bauch gerade noch Platz für einen schlanken Dompteur. Applaus! Dann ging Nepal mit den Vorderbeinen wieder hoch, jetzt mußte ich unter ihr hervorkriechen. Aber das ging nicht, denn Nepal kniete auf meinen überbreiten Hosenschlägen, so wie sie damals Mode waren. Gürtel auf und raus? Vor etwa tausend Zuschauern? Ich zerriß mir lieber die Hose.

Hoch oben im Norden machten wir Saisonschluß, in Kirkenes, kurz vor der Grenze zur Sowjetunion. Gemischte Gefühle waren das: Einen taghellen Sommer lang hatten wir geschwitzt, geflucht, uns im Beifall der Zuschauer verbeugt und gelacht, dreißigmal hatten wir unser Zelt aufgeschlagen. Und jetzt bauten wir zum letzten Mal ab, gingen auseinander, einfach so, nach Paris, Berlin, nach Rom oder Hamburg. Nach Hause? Wo waren wir denn zu Hause? Wir feierten ganz großen Abschied.

Zuerst ging es mit dem Schiff drei Tage bis Stavanger, von dort sollten es sieben Tage im Güterzug werden, über Oslo bis Hamburg. Reisetage, fabelhaft, immer aus dem Wagen gucken und sich das schöne Norwegen ansehen, so denken die Leute sich das. Im Gegenteil, gerade Reisetage waren eine einzige Schufterei. Meine vier Elefanten brauchten Futter. Kein Problem, Heu und Rüben lagen im Waggon nebenan. Meine vier Elefanten brauchten aber auch Wasser, viermal 200 Liter Trinkwasser täglich, und zwar angewärmt. Und in keinem Güterwagen der Welt ist ein Hahn für temperiertes Trinkwasser. Kaum hielt also der Güterzug auf einem Bahnhof, rannten Werner und ich mit leeren Eimern los. Wasser, warmes Wasser! Wärterhäuschen, Restaurants und Kantinen, uns war alles recht, nur Wasser, warmes Wasser. Links zwanzig Liter am Arm, rechts zwanzig Liter am Arm, so stürmten wir zu unserem Waggon zurück. 800 Liter warmes Wasser waren mehr, als Bahnhofsrestaurants zu bieten hatten. Also nahmen wir kaltes Wasser, Wasserdampf zum Anwärmen gab es weit vorn aus dem Dampfkessel der Lokomotive. Und alles mußte sehr schnell gehen, wer wußte denn, wann der Zug wieder anfuhr. Und wir selber wollten ja auch etwas essen.

Wenn es irgend ging, erzählte ich den Bahnmeistern von meinen Elefanten und ob sie nichts von uns in der Zeitung gelesen hätten. Hagenbecks Elefanten? Die bejubelten, gefeierten Elefanten? Natürlich hatten sie von uns gelesen. Hagenbecks Elefanten, das wirkte wie ein Zauberwort.

»Was kann ich für euch tun?«

»Na ja, wir müssen noch bis Hamburg . . .« Sofort wurden wir abgekuppelt und an den nächsten Zug gehängt, der nach Süden ging. Sogar schnelle Personenzüge waren dabei, der Fahrtwind pfiff durch alle Ritzen in den Waggon.

Und so kam es, daß wir zwei Tage früher an die dänisch-deutsche Grenze rollten, als es auf unseren Frachtpapieren stand. Mir war das ganz besonders recht, denn die norwegischen Güterwaggons waren mit Wellblech gedeckt. 800 Liter Trinkwasser ergeben sowieso starke Luftfeuchtigkeit, und dazu tropfte den ganzen Tag das Kondenswasser vom Dach. Elefanten haben es gern feucht, aber Werner und ich wären lieber ohne Dauerregen gereist.

»Zwei Tage früher als nach den Papieren?« fragte der junge Zöllner und sah zum Fenster hinaus auf den Flensburger Güterbahnhof. »So was können Sie vielleicht in Norwegen machen, in Schweden oder Dänemark. Wir sind hier in Deutschland. Und da geht so was nicht.« Sah zum Fenster hinaus und fertigte uns nicht ab.

Zwei Tage lang ließ der Zoll uns auf dem Gleis in Flensburg stehen. 800 Liter warmes Trinkwasser am Tag auf dem riesigen Güterbahnhof zu besorgen, das kostete Schweiß. Ich saß gerade zum Luftholen in der Waggontür und ließ die Beine baumeln, da ruckten unsere Waggons an. Wir wurden an eine Rampe geschoben, auf der brüllendes Schlachtvieh stand.

Der junge Zöllner kam und sagte: »Seh'n Sie, jetzt stimmt das Datum. Ausladen.«

»Das geht nicht«, versuchte ich ihm zu erklären. »Wenn die Rinder meine Elefanten sehen, dann drehen sie durch. Und wenn hier auf der Rampe zweihundert Rinder verrückt spielen, weiß ich nicht, ob ich meine Elefanten halten kann.«

»Ausladen«, sagte der junge Zöllner im Bewußtsein seiner Macht. »Ich kann ja nicht wissen, ob Sie dieselben Elefanten einführen, die Sie vor fünf Monaten ausgeführt haben.«

Da riß mir allerdings der Geduldsfaden: »Du kannst mich mal! Wegen dir mach' ich doch keine Panik.« Natürlich lud ich meine Elefanten wegen dieses Lümmels nicht aus.

Prompt verplombte der junge Zöllner unseren Waggon. Zu den Elefanten konnte ich gerade noch durch einen Schlitz in der Tür hinein, der Futterwaggon war dicht. »Aber ich muß doch füttern!«

»Stören Sie hier nicht die Amtshandlung.«

Natürlich rissen wir alle Plomben ab. Im Handumdrehen holte

61

der Zöllner die Bahnpolizei. Der Polizist schüttelte nur den Kopf und ging. Von dem hatte ich auch keine Hilfe. Um uns zu ärgern, ließen uns die Beamten sogar über den Abrollberg laufen, so daß unser Waggon auf einen stehenden Zug krachte.

Warum wir plötzlich doch in Richtung Hamburg rollten, weiß ich bis heute nicht. Morgens um vier Uhr kamen wir endlich in Eidelstedt an.

Gleich stand ein Eisenbahner vor der Waggontür: »Sie dürfen nicht ausladen, erst muß der Zoll die Plomben kontrollieren.« Gegen acht Uhr, Dienstbeginn, kam der Zoll – und Carl-Heinrich Hagenbeck.

»Kock, was hast du da für einen Ärger gemacht?« fragte er. »Der ganze Zoll steht Kopf.«

Ich berichtete ihm. Der Zöllner, ein älterer Herr, unterbrach mich: »Komm, Junge, nun lad doch aus und geh mit deinen Elefanten nach Hause.«

Seit diesen beiden Tagen wundern mich die schlimmen Berichte über Tiertransporte nicht mehr, denn diese Tiere haben keinen, der sich um sie kümmert.

Seit wir in Eidelstedt auf dem Güterbahnhof standen, waren meine Elefanten ganz aufgeregt. Sie konnten gar nicht schnell genug die Rampe herunter und über die Gleise kommen. Natürlich dachte ich, die vier erkennen den Bahnhof wieder, sind als Zirkuselefanten ja oft hier angekommen. Auf dem Weg zum Tierpark waren sie kaum noch zu halten.

Aber zur gleichen Zeit waren auch die Elefanten im Tierpark unruhig geworden, waren den Pflegern fast durchgegangen. Die konnten doch unmöglich wissen, daß meine Elefanten wieder da waren. Und sie wußten es doch. Aber wie, wodurch? Gehört haben konnten sie uns nicht bei acht Kilometer Luftlinie zwischen Bahnhof und Tierpark, so weit reicht kein Trompeten.

Wenn ich später von einer Reise mit meinen Elefanten zurückkam, machten die Pfleger im Tierpark sich einen Spaß daraus, uns auf die Minute genau zu sagen, wann wir im Bahnhof ausgeladen hatten.

Erst vor ein paar Jahren haben Wissenschaftler mit Spezialmikrofonen bewiesen, daß Elefanten sich mit Infraschall verständigen, mit besonders tiefen Tönen, unhörbar für den Menschen. Elefantenmänner wußten das allerdings schon lange, denn diese langsamen Vibrationen spürt man beim Reiten im ganzen Körper.

Und die alteingesessenen Stellinger, die wußten auch: Heute kommen Hagenbecks Elefanten zurück. Die rannten hinter uns her in den Tierpark und wollten sich die große Begrüßung ansehen.

Das war aber auch etwas. Alle acht Elefanten kamen gleich hinaus ins Gehege. Die beiden Leitkühe Nepal und Meni rannten aufeinander zu, zirpten und trompeteten, warfen sich auf den Boden, krabbelten aufeinander herum, rannten Kopf an Kopf durch das Gehege, schubsten sich, dann standen sie wieder nebeneinander und erzählten sich etwas, rannten wieder los, steckten wieder die Köpfe zusammen, warfen sich wieder hin und wälzten sich im Lehm. Und der Rest der Herde machte es ganz genauso. Nepal und Meni mochten sich sehr, das war ein großes Glück.

Es scheint mir nicht wichtig, ob all das, was ich hier erzähle, während meiner ersten Saison 1954 beim Zirkus Arnado geschah oder auf einer der späteren Reisen. Im Dezember 1955 jedenfalls kam der Abschied: Hagenbeck tauschte seine Zirkuselefanten gegen die ersten sibirischen Tiger ein, die nach dem Zweiten Weltkrieg in den Westen kamen. Und ich mußte die Elefanten bis nach Prag bringen, dort sollten die Leute vom Russischen Staatszirkus die vier Elefanten übernehmen und ich zwei der vier Tiger.

Ein paar Lärmvögel und Wasserschweine für den Prager Zoo

nahm ich gleich noch mit. Wie üblich verluden wir in Eidelstedt. Mir wurde die Fahrt so schwer. Zuviel ging mir durch den Kopf, was die Elefanten und ich zusammen erlebt hatten, die Schwimmstunde, die kleinen Diebereien, die kalten Nächte im gleichen Stroh, der Jubel in der Manege. Wir waren doch Freunde geworden in diesen Jahren. Und das alles sollte in ein paar Stunden vorbei sein? Würden die vier mich verstehen, wenn ich ihnen erzählte, was mir durch den Kopf ging und daß alles nicht meine Schuld war?

Kurz hinter Walsrode schreckte ich aus meinen Gedanken auf. Es hatte gekracht. Und das Rattern der Räder dröhnte plötzlich laut. Ich leuchtete mit meiner Taschenlampe. Da sah ich es: Nepal war durch den morschen Bretterboden getreten, stand über einem großen Loch im Waggonboden, unter dem die Gleise und Bahnschwellen vorbeihuschten. Ich riß die Waggontür auf, schwenkte meine Taschenlampe wie wild und versuchte vergeblich, dem Lokführer ein Zeichen zu geben. Auch keine Stadt, kein Bahnhof war in Sicht. Da krachte es hinter mir wieder. Die morschen Bohlen gaben immer weiter nach, Nepal zog ihren Fuß aus den Holzspänen, mußte immer breitbeiniger stehen. Und wenn der ganze Waggonboden wegbrach? Wann kam denn endlich Hannover? Ich hatte selten so viel Angst in meinem Leben.

In Hannover konnte ich die Elefanten endlich umladen, nachts um zwei Uhr in stockdunkler Nacht. Den Wagenboden sah ich mir diesmal sehr genau an.

Dann kamen wir zum Grenzübergang Schirnding, hinter dem Eisernen Vorhang lag die Tschechoslowakei. Ich lief zum Bahnhof und versuchte, etwas Sprit für meinen Primuskocher zu besorgen. Der Bahnhof stand gepfropft voll Leute vom Roten Kreuz. Bevor ich fragen konnte, schob sich ein langer Güterzug mit Viehwaggons an den Bahnsteig. Die Leute vom Roten Kreuz zogen die Türen auf, und heraus taumelten Männer, fielen mehr, als daß sie gehen konnten, wurden gestützt, mußten getragen

64

werden. Es waren deutsche Soldaten, die halb verhungert heimkamen aus russischer Kriegsgefangenschaft. Noch auf dem Bahnsteig löffelten sie heiße Suppe. Es war ein erschütterndes Bild. Ich war froh, als ich wieder in meinem Waggon saß. Der Hunger war mir vergangen.

Dann filzte mich der Zoll. Mein Primuskocher wurde offenbar als imperialistisch-kapitalistisches Aggressionsmittel eingestuft und deshalb beschlagnahmt. Ersatzweise bekam ich einen Soldaten zugeteilt, der samt Maschinenpistole im Bremserhäuschen saß und mich bis Prag eskortierte.

Der Prager Zoo lag gleich hinter dem Güterbahnhof. Dort zeigte ich dem russischen Pfleger zwei Tage lang meine Elefanten und führte sie vor. Der Dolmetscher machte mehr den Eindruck eines Politoffiziers, verbot mir jedes private Wort mit dem russischen Pfleger. Nicht einmal nach Prag durfte ich hinein. Am dritten Tag, ehe ich mich richtig versah, saß ich schon wieder im Schnellzug Prag−Paris. Nicht einmal Abschied nehmen durfte ich von meinen Elefanten.

Die Kisten mit den beiden Tigern sollten im Gepäckwagen stehen. Also stieg ich in den Gepäckwagen, denn Carl-Heinrich Hagenbeck hatte mir eingeschärft: »Daß du mir keinen kastrierten Kater mitbringst. Wir wollen züchten, aber das haben die Russen nicht gern.« Ich fand die beiden Kisten zwischen Kartons und Paketen, fünf Seiten aus doppeltem Sperrholz zusammengenagelt, zusammen höchstens drei Zentimeter dick. Und an der Vorderseite sollte einfacher Maschendraht zwei halbstarke Tiger aufhalten. Als ich näher ging, fauchten die Tiger mich an und duckten sich zum Sprung. Sie dachten nicht daran, sich zur Begutachtung ihrer künftigen väterlichen Qualitäten einmal umzudrehen.

Den Packwagen durfte ich in der Tschechoslowakei nicht verlassen. Der Postler und ich saßen also auf den Tigerkisten, unter uns rumorten die beiden Halbstarken. Das dauerte nicht lange, wir fuhren ja Schnellzug. An der Grenze stieg ein deutscher Postbeamter zu. Er erstarrte, als er die beiden Tiger hinter dem Maschendraht sah. Dann erledigte er seinen Papierkram mit solcher Hast, wie ich nie wieder einen Postbeamten habe arbeiten sehen, und verdrückte sich nach vorn in einen Personenwagen.

In Nürnberg mußten wir umsteigen, die Tiger und ich. Die Sperrholzkisten standen nachts drei Stunden lang mitten auf dem Bahnsteig herum. Fahrgäste drängten heran und wollten die Tiger sehen. Ich besorgte mir eine Plane und deckte die Kisten wenigstens ab, die Tiger waren schon nervös genug.

Bei Hagenbeck rief ich an und berichtete. »Um Gottes willen, sieh bloß zu, daß du durchkommst«, hieß es. Das war mir auch kein Trost. Endlich saßen wir im nächsten Packwagen. Auf der Höhe Würzburg war die innere Sperrholzplatte durchgekratzt.

In Hamburg-Altona wartete unser Inspektor Heini Steinhoff schon mit zwei stabilen Käfigen auf dem Bahnhof. Carl-Heinrich Hagenbeck stürzte auf mich zu: »Hast du geguckt? Ist er kastriert?«

»Das weiß ich nicht«, sagte ich. »Der hatte die Nase immer am Maschendraht. Ich bin froh, daß wir überhaupt hier sind.« Dieses Tigerpaar bekam in unserer großen Tigeranlage viele Junge.

So war das mit dem Zirkus. Später brachte ich eine gemischte Gruppe zum Zirkus Löwe nach Norwegen: Kamel, Guanako und Pony hatte Emil Köhrmann dressiert, ich den Elefanten. Aber die Jahre in Norwegen mit meinen vier Elefanten werde ich nie vergessen.

ELEFANTENSCHWEMME I

In den fünfziger und sechziger Jahren wollten viele Zoos und Zirkusse nur bei Hagenbeck ihre Elefanten kaufen. Hagenbecks Elefanten hatten einen sehr guten Ruf, aber den galt es auch zu wahren. Schon beim Kauf in Indien kamen Hagenbecks Elefanten in Quarantäne, wurden medizinisch untersucht und entwurmt. Dann wurden sie auf Schiffe verladen, die Heu und Rüben und Stroh eigens für die Elefanten mitbrachten, entweder direkt aus Europa oder auf der Rückroute von Australien. Denn in Asien war kaum gutes Elefantenfutter aufzutreiben.

So kamen Hagenbecks Elefanten meistens in gutem Zustand in Hamburg an und erzielten Höchstpreise beim Wiederverkauf, unter anderem nach England, Frankreich und sogar Amerika. Hagenbeck war ja ursprünglich eine Tierhandlung gewesen. Angefangen hatte es mit sechs Seehunden, die Finkenwerder Fischer beim Fischhändler Carl Hagenbeck sen. ablieferten. Der stellte sie am Spielbudenplatz in dem berühmten Waschbottich aus und erfreute sein Publikum in den folgenden Jahren mit exotischen Tieren, die er von Seeleuten und Forschern kaufte. Aus diesen kleinsten Anfängen machte sein Sohn Carl Hagenbeck jun. das größte Tierhandelshaus der Welt. Carl Hagenbeck handelte aber nicht nur mit Tieren, er liebte sie auch, führte die »zahme Dressur« im Circus Carl Hagenbeck ein und ließ sich den »gitterlosen Zukunftstierpark«, die Freisichtanlage, patentieren. Trotzdem blieb der Tierhandel viele Jahre lang der Grundstock des Unternehmens, denn vom Tierpark allein konnte ein Privatunternehmen wie Hagenbeck in solch mageren Nachkriegsjahren nicht leben.

Gute Preise für gesunde, schöne Elefanten bezahlten Zoos und Zirkusse aber erst, wenn die Elefanten dressiert waren. So war das damals üblich. Und nach einiger Zeit wurde es meine Aufgabe, jedes Jahr sechs, acht oder mehr Elefanten zu dressieren. Denn Fritz Theisinger hatte eines Tages erklärt: »Mit der Dressur hör' ich auf.« Wie üblich gab er dazu keinen Kommentar. Also dressierte ich. Mein Kollege wurde Horst Brüggmann. Er hatte im Circus Carl Hagenbeck die Exoten »gemacht«, so heißen dort Rinder, Wasserbüffel und auch Kamele. Er konnte also gut mit großen Tieren umgehen, und als der Zirkus aufgelöst wurde, hieß es: »Brüggmann, wollen Sie nach Stellingen ins Elefantenhaus?« Natürlich wollte er. Horst Brüggmann und ich wurden die besten Freunde.

Immer wenn in Stellingen neue Elefanten aus ihren Kisten stiegen, wenn sie sich im Stall von den Aufregungen der Reise erholt hatten, wenn ich sie mit leiser Stimme beruhigt und sie eine Zeitlang beobachtet hatte, begann ich die Dressur. Als erstes, wie gesagt, mußte der Elefant überhaupt lernen, daß er etwas lernen sollte.

An einen erfahrenen, zahmen Elefanten, der sogenannten Tante, wird so ein kleiner Rüsselschwenker angebunden. Unsere Tante war damals die große Meni. Sie bekam ein Tau um den Bauch, und mit zwei Meter Abstand knoteten wir daran die Halskette des kleinen Elefanten. So zusammengebunden, führte ich den großen und den kleinen Elefanten auf den Hof. Dort lag schon ein Brot für den kleinen Elefanten, das durfte er essen. »Brav, Targa, ja, brav!« beruhigte ich den kleinen Elefanten, und nach ein paar Minuten gingen wir wieder zurück ins Haus. Damit war die erste Schulstunde beendet. Nach einer Woche konnte der kleine Elefant es kaum noch erwarten, bis er angebunden wurde und auf den Hof durfte, wo sein Brot lag.

Dann kam die zweite Lektion. Ich stellte mich zwischen die beiden Elefanten und faßte den kleinen am Ohr. Das gefiel ihm gar nicht, und er zog schnell den Kopf weg. Da ruckte die Tante Meni auf meinen Befehl kurz am Seil. Der Ruck setzte dem kleinen Elefanten den Kopf zurecht, er mußte ja denken, meine Hand hätte ihm den Kopf herumgerissen. So bekam er Respekt und folgte nach einer Woche der Hand an seinem Ohr.

In der dritten Lektion lernte der kleine Elefant spazierengehen. Zu viert, Horst Brüggmann oben auf Meni und ich zwischen Meni und Targa, gingen wir vom Hof ein Stück weit in den Park hinein, Tag für Tag ein Stück weiter, bis wir beim ersten Kiosk ankamen. Die Kioskmädchen freuten sich jedesmal über den Besuch und hatten immer ein Stück Brot für den kleinen Elefanten übrig. Es dauerte keine Woche, da konnte der kleine Elefant nicht schnell genug zum Kiosk kommen. Ab und zu blieben wir vier auch einmal stehen, damit die Besucher den kleinen Elefanten füttern konnten. So lernte er, daß von der menschlichen Hand Gutes kommt.

Deshalb läßt Hagenbeck seine Elefanten vom Publikum füttern.

Die Spaziergänge mit dem kleinen Elefanten wurden immer länger. Wir liefen zusammen durch den ganzen Park, zu den Affen etwa, die auch ihre Abwechslung haben wollten und jedesmal Krawall machten, wenn sie uns sahen. Vor dem Gekreisch und Gequirle auf dem Affenfelsen hatten alle kleinen Elefanten große Angst, ich mußte sie mit ein paar Leckerbissen ablenken: »Ja, ruhig, Targa, ruhig.«

Länger wurden unsere Spaziergänge, zu den Löwen und den Tigern gingen wir, zum Eisbärpanorama und sogar bis zum Wirtschaftshof über die Straße. Auf den Wirtschaftshof freuten sich der kleine genauso wie der große Elefant besonders, denn dort gab es regelmäßig ein Brot für jeden. Es dauerte kaum acht Wochen, da hatte der kleine Elefant vor nichts im Park mehr Angst; er war parksicher, weil er gern spazierenging.

Dann mußte der kleine Elefant lernen, den Fuß zu heben. Aber wie? Kein Mensch kann einem Elefanten den Fuß hochheben, wenn der das nicht will. Also faßte ich den Fuß zuerst nur an. Anfangs riß der kleine Elefant den Fuß noch weg, aber nach ein paar Tagen hielt er schon still und wartete auf sein Stück Brot. Und ein paar Tage später, »Targa, lift!«, hob ich seinen Fuß mit dem Haken an, zehn Zentimeter hoch vielleicht. »Brav, Targa, brav.« Wenn das saß, kam der nächste Fuß dran, mit dem ging es schon schneller.

Die meisten Leute glauben, so ein Elefantenhaken sei nadelspitz. Aber in einem guten Elefantenhaus ist der Haken stumpf, er soll, wie eine verlängerte Hand, dem Elefanten nur zeigen, was ich von ihm will. Kein spitzer Haken, keine Prügel, sondern Leckerbissen, Lob und vor allem Hingabe sind die Säulen einer guten Dressur.

1956 bekamen wir viele Afrikanische Elefanten. Wildfänge waren das und im Gegensatz zu den meisten Asiaten überhaupt nicht an Menschen gewöhnt. Sie waren in Afrika nur schnell futterfest gemacht, damit sie auf der Schiffsreise überhaupt fraßen, und dann verladen worden.

So bekamen wir auf einen Schlag acht Afrikaner, zwei Bullen und sechs Kühe. Die kleinen Afrikaner brachten so ein Leben in unser Gehege, daß wir manchmal zu zweit zwischen ihnen stehen und aufpassen mußten, damit nichts passierte.

Ich darf wohl sagen, daß der afrikanische Elefant sich mit dem Vollblut der Pferde vergleichen läßt, der asiatische Elefant dagegen mit dem Kaltblut. Afrikaner sind nervös und leicht erregbar, sind viel temperamentvoller als Asiaten. Haben sie aber einmal Vertrauen gefaßt und sich an einen Menschen angeschlossen, wird es äußerst schwierig, den Afrikaner an einen neuen Elefantenmann zu gewöhnen. Er bleibt lange auf »seinen« Dresseur fixiert.

Die kleinen Afrikaner lernten schneller als unsere Inder, aber es gehörte auch mehr Fingerspitzengefühl dazu, sie zu dressieren. Und ein Elefant, der schnell lernt, das weiß ein guter Dresseur, der vergißt auch schnell. Deshalb habe ich Elefanten mit etwas »langer Leitung« ganz gern; was die einmal gelernt haben, das sitzt.

Carl-Heinrich Hagenbeck sagte immer, Afrikaner gehörten nicht in den Zirkus, sondern nur in den Zoo. Trotzdem mußten unsere Afrikaner dressiert werden. Wir hatten sogar afrikanische Elefanten, die unter dem Sattel gingen.

Zwei schöne Bullen bekamen wir wenige Jahre später, Ali und Salem hießen sie. Salem kam später nach Westberlin und tötete dort in der Musth seinen Pfleger. Den lammfrommen Ali hätten Fritz Theisinger und ich gern zur Zucht behalten, aber Carl-Heinrich Hagenbeck sagte nur: »Wenn ein Zoodirektor keine Sorgen hat, kauft er sich einen Elefantenbullen. Dann hat er Sorgen.« Ali sollte zum Münchner Tierpark Hellabrunn, zu Heinz Heck, kommen.

Zoodirektor Heinz Heck kam also aus München angereist, und ich führte ihm unseren Ali vor. Wir gingen alle zusammen durch den Park, und Heinz Heck kaufte Ali vom Fleck weg für 25.000 Mark. Viel Geld war das damals, im Jahr 1958.

Schweren Herzens bestellte ich bei unseren Zimmerleuten eine Transportkiste, in die stellten wir den frommen Ali hinein. Kaum nagelten die Zimmerleute aber hinter ihm die Kiste zu, wollte Ali vorn wieder heraus. Höflich, aber bestimmt steckte er seine meterlangen, wunderschönen Stoßzähne durch die faustdicken Kiefernbohlen und knackte die Vorderwand der Kiste, daß uns die Holzsplitter um die Ohren flogen.

Ach, Fritz Theisinger und ich freuten uns schon und dachten, wir könnten unseren »Kistenbrecher« behalten. Aber Heinz Heck ließ selber eine Kiste bauen mit einer Eisenplatte an der Vorderseite. Verkauft war eben verkauft, und Ali kam ein paar Wochen später unbeschädigt in München an. Er lebte dort viele Jahre.

Eines Tages bekamen wir einen ganz kleinen Afrikanerbullen. Er war erst acht Monate alt und hieß seltsamerweise Assam. Das Baby sehen und auf der Stelle adoptieren war für unsere Kiri eins. Sie paßte auf Assam auf, ließ ihn bei sich nuckeln und spielte mit ihm. Ein ganzes Jahr lang konnten wir Assam nicht dressieren, denn gleich kam Kiri angelaufen und nahm ihn uns weg. Aber das war nicht weiter schlimm, viel wichtiger war es uns, daß Assam so gut behütet aufwuchs. Ein mutterloses Baby wirft einen ganzen Arbeitsplan über den Haufen, wenn es nicht wenigstens eine Tante hat.

Eines Tages rutschte Assam in den Elefantengraben, der Gehege und Besucherwege trennt. Dort hing er einen halben Meter unter der Kante auf dem kleinen Absatz, der schon so viele Stürze verhütet hat, konnte nicht vor und nicht zurück und schrie seinen Schreck heraus. Kiri fackelte nicht lange, packte Assam kurzerhand mit dem Rüssel am Hinterbein und zog ihn zu sich herauf. Jetzt schrie Assam erst recht wie am Spieß, schließlich wog er bald 20 Zentner, und seine Ziehmutter ging nicht eben sanft mit ihm um.

Ein Vierteljahr später bekamen wir sechs Elefanten aus Assam, alle zwischen zwei und drei Jahre alt. Eine von den sechsen, wir tauften sie Burma, wurde krank, kaum daß sie vier Wochen bei uns war. Wild war sie obendrein, Burma ließ niemanden an sich heran. Und rüsselzahm wurde sie schon gar nicht.

Wir versuchten, ihr zu helfen, so gut es eben ging, aber bei Burma schlug keine Medizin an. Nach einem halben Jahr legte sie sich hin und konnte nicht wieder aufstehen. Ich schlang ihr ein Tau hinter den Vorderbeinen um den Bauch und hob sie alle zwei Stunden mit dem Flaschenzug hoch. Dann drehte ich sie auf die andere Seite und ließ sie wieder herunter. Wenn ein Elefant fest liegt und sich nicht umdrehen kann, bekommt er entzündliche Druckstellen auf der Haut, so sehr preßt ihn sein eigenes Gewicht zu Boden. Wir stellten Burma einen Eimer mit Wasser hin und versuchten, ihr den Rüssel hineinzustecken, denn sie trank zuwenig. Aber sie wurde immer noch nicht rüsselzahm. Der Tierarzt kam täglich.

Vier Wochen lang ging das so, wir hofften von Tag zu Tag, aber Burma stand nicht wieder auf. Als eines Morgens der Tierarzt kam, sagte ich: »Es hat keinen Zweck mehr, wir müssen Burma erlösen.«

»Wahrscheinlich ist es das beste für sie«, sagte er. Wir nickten uns zu und gingen in ihre Box. Ich kniete mich neben Burmas Kopf und sprach auf sie ein, während der Tierarzt ihr die Betäubungsspritze gab. In diesem Augenblick faßte Burma, die nie rüsselzahm gewesen war, mit ihrem Rüssel nach meinem Handgelenk. Langsam wurde sie müde, aber sie hielt mein Handgelenk mit ihrem Rüssel umklammert, bis sie gestorben war. Ich bin ganz sicher, daß sie wußte, was geschah. Die Obduktion ergab Darmkrebs in fortgeschrittenem Stadium; wir hatten Burma wirklich erlöst.

Wenn unsere Elefanten so zahm waren, daß wir mit ihnen spazierengehen konnten, kamen die bestellten Dressurnummern dran. Kleine, niedliche Sachen dressierten wir vor allem, Laufnummern wie Hüpfen und Tanzen, Orgeldrehen mit dem Rüssel, Paukeschlagen mit dem Schwanz oder zum Abschied mit dem Taschentuch winken, was heute ganz aus der Mode gekommen ist. Das machte den Elefanten Freude, sie wurden beschäftigt und wurden gelobt. Auch das Sitzen auf dem Postament brachten wir ihnen bei.

Hagenbecks hatten mir von Anfang an eingeschärft, daß es für einen Elefanten Gift ist, wenn er auf den Hinterbeinen hochstehen soll. Denn Elefanten, die täglich hochstehen müssen, haben nach 20 Jahren kaputte Hinterbeine. Deshalb ließen wir unsere Elefanten auf einem Postament sitzen oder in einer Pyramide auf anderen Elefanten hochstehen, damit sie sich abstützen konnten. So etwas führen uns Bullen täglich vor, wenn sie neues Elfenbein machen oder Bäume niedertreten, um die Blätter zu fressen. Noch schlimmer ist es, ihres Gewichts wegen, Elefanten auf den Hinterbeinen laufen zu lassen. Und wie oft habe ich alte Elefanten gesehen, die minutenlang auf drehenden Postamenten hochstehen mußten; sie sackten vor Kreuzschmerzen in sich zusammen. Bei ihnen ist es doch genau wie bei uns Menschen, im Alter werden wir ungelenker. Lasse ich junge Elefanten kurz hochsitzen und, kaum sind sie oben, sage ich »brav«, und sie dürfen wieder absetzen, dann geht es noch an. Aber alte Elefanten tagtäglich hochstehen oder sogar hochlaufen zu lassen, das ist Tierquälerei. Warum müssen Elefanten immer Gewaltnummern in der Manege machen? Sind sie denn nicht schon imposant genug? Oder geht es vielleicht nur darum, daß der Dresseur sich schmücken will?

Im nächsten Sommer sollte ich für Emil Köhrmann eine gemischte Gruppe dressieren. Für ihn dressieren zu dürfen war eine Auszeichnung, denn Emil Köhrmann war einer der besten Dresseure, die ich kenne. Vom Wellensittich bis zum Seelöwen dressierte er alles, nur keine Elefanten.
Ich suchte mir als Elefanten Champa aus und dazu den Zwergziegenbock Mecki, kastriert zwar, aber ein Lumpensohn. Das erste Kennenlernen auf dem Stallgang fiel nicht glücklich aus, Champa war damals dreieinhalb Jahre alt und hatte panische Angst vor dem mickrigen Ziegenbock. Mecki merkte das sofort, wurde frech wie Rotz und wollte Champa mit seinen Hörnern

stoßen. Also führte ich beide auf den Stallgang, sie sollten sich ja anfreunden. Hier band ich Champa an, dort Mecki. Sie sahen sich, konnten aber nicht zueinander. Und gut zu fressen gab ich beiden auch, damit sie abgelenkt waren.

Nach vierzehn Tagen hatte Champa keine Angst mehr vor Mecki. Also dachte ich, ich könnte die beiden auch einmal allein lassen, angebunden natürlich. Als ich nach einer Stunde vom Reiten wieder in den Stall zurückkam, hatte Champa den angebundenen Mecki von oben bis unten mit ihrem Mist beworfen. Mecki ähnelte farblich einer Zwerggemse, und unter seinem Dreckpanzer kochte er vor Wut.

Mecki revanchierte sich bei nächster Gelegenheit. Weil Champa keine Angst mehr vor Mecki hatte, ließen wir ihn frei in ihrer Box laufen. Alles ging so lange gut, bis ich die beiden wieder allein ließ. Sofort hatte Champa wieder vor Mecki Angst. Ich konnte mir das nicht erklären und legte mich hinter dem Schlüsselloch auf die Lauer: Kaum war ich aus dem Elefantenhaus heraus, rammte Mecki seinen Kopf mit aller Wucht gegen Champas Hinterbein: wumm. Nahm wieder Anlauf, das kleine Aas, und stieß wieder zu: wumm. Man muß sich das vorstellen, dreißig Pfund Zwergziegenbock gegen dreißig Zentner Elefant: wumm. Aber Champa, statt den Ziegenbock zu treten, wurde immer ängstlicher.

Ich ging also in den Stall, verbiß mir das Lachen und verdrosch den Ziegenbock. Damit war Ruhe, er wußte, von jetzt an hatte er Champa zu schonen.

Und wie das so geht, Mecki wurde sogar unser Stallmaskottchen. Fritz Theisinger war das gar nicht recht, er mochte keine anderen Tiere im Elefantenhaus. Auch dafür revanchierte sich Mecki. Eines Morgens, als Fritz Theisinger zur Arbeit kam, schoß Mecki hinter der Stalltür vor und knallte ihm gegen das Schienbein. Ich klemmte mir den kleinen Ziegenbock unter den Arm und rannte hinaus in den Park, so schnell ich konnte. Wer weiß, was sonst aus Mecki geworden wäre.

Champa und Mecki freundeten sich nicht nur an, sie wurden sogar unzertrennlich. Ein Jahr lang hatte ich Champa und Mecki dressiert, dann führte Emil Köhrmann die beiden als gemischte Gruppe vor. An einen Zirkus in Belgien wurden die beiden verkauft und ernteten mit ihrer gemeinsamen Nummer großen Beifall. Wenn der neue Besitzer uns in Stellingen besuchte, erzählte er jedesmal:»Ohne Mecki geht Champa nirgendwohin, und umgekehrt.«

Na, Elefant und Ziege, das ist ohnehin so eine Sache! Ein paar Jahre später, wir waren mitten in einer Vorstellung von Hagenbecks Kinderfesten, teilte ich gerade die Mundharmonikas an unsere Elefanten aus. Aufs Mundharmonikablasen freuten sich alle Elefanten, aber am meisten freute sich wie immer Punchi. Mit vier Tonnen Gewicht und 2,58 Meter Rückenhöhe ist sie eine besonders große Elefantendame und kann wirklich Bäume ausreißen. Aber wenn sie in die kleine Mundharmonika blasen darf, verdreht sie vor Glück die Augen.

Die Elefanten standen also auf ihren Postamenten, und ich steckte Punchi als letzter die Mundharmonika in den Rüssel. Punchi schrie auf, schleuderte die Mundharmonika von sich und raste trompetend und mit erhobenem Schwanz zurück zum Stall. Ausgerechnet Punchi! Das war mir noch nie passiert. Ich lief also hinter ihr her, faßte sie am Ohr und wollte sie mit leiser Stimme beruhigen. Sie starrte mich entsetzt an, prustete nervös und stieg nur zögernd wieder auf ihr Postament. Die anderen Elefanten waren völlig ruhig, Chandra kratzte sich sogar mit der Harmonika am Kinn. Und plötzlich roch ich es selbst: Ziege. Ich hatte vor der Elefantennummer mit einem afrikanischen Zwergziegenbock geprobt. Jetzt stanken meine Hände genauso wie der Kleine. Ich wusch mir sehr gründlich die Hände und nahm in Zukunft Rücksicht auf Punchis feine Nase.

Mit der nächsten Lieferung bekamen wir zwei siebenjährige Afrikaner. Die beiden hatten den Transport sehr schlecht verkraftet, waren völlig verängstigt und gingen auf jeden los, der auch nur in die Nähe ihrer Kisten kam. Wir mußten die beiden also schon in den Kisten anketten. Solch eine Kiste ist aus Bohlen zusammengenagelt, mit Zwischenräumen, damit die Tiere drinnen Licht und Luft haben. Vorsichtig legten wir dem ersten Afrikaner durch diese Zwischenräume hindurch Ketten um Hals und Beine. Ans andere Ende der Ketten banden wir Meni und Birka. Dann sägten wir die Bohlen eine nach der anderen durch, bis die Ketten frei waren. So holten wir den ersten verängstigten Elefanten sicher aus seiner Kiste. Der Siebenjährige trompetete, keilte und ging vor Angst sogar auf Meni und Birka los. Aber die ließen sich nicht bange machen, sondern nahmen den Afrikaner so lange in die Zange und drückten ihn zusammen, bis ihm die Luft ausging und er endlich ruhiger wurde. Wenn wir Meni und Birka nicht gehabt hätten! Frühmorgens waren die Kisten angekommen, aber erst am späten Nachmittag hatten wir die beiden Elefanten sicher in den Stall gebracht. Heute würde ich ihnen eine Beruhigungsspritze geben, aber damals . . .

Auch im Stall mußten wir die beiden angebunden lassen, bis sie eingewöhnt waren. Hätten wir sie einfach in eine Box gestellt, sie hätten sich vor Aufregung die Köpfe eingerannt. Nun müssen diese Ketten aber jeden Tag gewechselt werden, damit der Elefant keine Wundstellen an den Beinen bekommt. Wieder holten wir uns Meni und Birka zu Hilfe, und während die beiden einen Afrikaner oben zusammendrückten, kroch ich schnell unter seinen Bauch und wechselte die Ketten, heute links vorn und rechts hinten, morgen rechts vorn und links hinten. Diagonal gebunden, haben die Elefanten mehr Bewegungsfreiheit und können sich zum Schlafen besser hinlegen. Nach acht Tagen brauchten wir Meni und Birka nicht mehr zum Kettenwechseln, nach vierzehn Tagen durften die beiden schon zwischen Meni und Birka ins Gehege hinausgehen und sich am Teich abduschen. Wieder eine Woche später freuten die beiden sich aufs Baden. Wir hatten gewonnen. Wir banden sie mit langen Ketten draußen an, damit sie das Gehege langsam kennenlernten und nicht gleich in den Graben fielen. Dann flog vom Publikum Futter herüber, das fraßen die beiden und verloren dabei ihre Angst vor fremden Menschen. Und seit dem Tag konnten wir die beiden Afrikaner im Gehege frei laufen lassen. Niemand hätte glauben mögen, daß diese ruhigen, freundlichen Elefanten dieselben waren, die acht Wochen vorher noch völlig verängstigt bei uns angekommen waren.

Wenn Elefanten Vertrauen gefaßt haben, wenn sie die ersten Kommandos befolgen, das »kleine Einmaleins« der Dressur sozusagen, dann hat ein guter Elefantenmann längst gemerkt, wofür ein Elefant sich in der Dressur besonders eignet. Manche Elefanten sind steif und andere gelenkig, manche sind verspielt, manche ängstlich oder etwas langsam im Kopf. Das ist wie bei uns Menschen. Ein guter Dresseur nutzt das Talent seiner Tiere aus, die Schwächen umgeht er.
Dabei kann man sich aber auch verkalkulieren. Das merkten wir bei Singora, der vierzehnjährigen Inderin. Weil sie immer so ruhig und brav war, wollten wir sie zum Reitelefanten ausbilden. Sie bekam also eine Kette um den Hals, und Horst Brüggmann führte sie an eine Rampe. Ich machte einen kleinen Satz von der Rampe und saß auf Singoras Schultern. Fritz Theisinger ging mit Singora los. Schon nach ein paar Metern zog Singora aber den Kopf ein. Ich rutschte auf ihrem Nacken immer weiter nach vorn und mußte mich an die Halskette klammern, damit ich nicht vornüber fiel. Ich sagte noch: »Ich steig' wohl besser ab«, da zuckte Singora auch schon mit dem Kopf, als wollte sie ein welkes Blatt abschütteln. Und ich flog im Bogen von ihren Schultern und saß mit dem Hintern am Boden. Nur hatte ich den Daumen in einem Kettenglied stecken gehabt, der Daumen war gebrochen.
Als ich vom Arzt zurückkam mit meinem Gips, band Horst

Brüggmann die Singora zwischen Meni und Birka. Ich kletterte über Birkas Hals zum zweitenmal auf Singoras Nacken und saß dort wie ein Rodeoreiter, auf alles gefaßt, eine Hand am Lederriemen, den Horst Brüggmann ihr umgeschnallt hatte, die andere Hand mit dem gegipsten Daumen vorsichtig abgespreizt. Natürlich bockte Singora wieder, krümmte sich, nahm wieder den Kopf herunter, versuchte mich ein zweites Mal abzuschütteln. »Meni, push, push! Birka, drück, drück!« Und die beiden drückten Singora ein bißchen zusammen. Nach zwei Tagen merkte Singora, daß es bequemer für sie war, wenn sie mich reiten ließ.

Fritz Theisinger machte seit Jahren nur noch den Stallmeister. Aber wenn ich dressierte, sah er zu. Fragte ich ihn manchmal, ob dies oder jenes richtig sei, dann nickte er nur kurz oder sagte: »Laß die Finger davon.« Und wenn er sagte: »Das haben wir früher so oder so gemacht«, war das schon viel. Ich habe viel von ihm gelernt, aber ich brauchte ein feines Ohr dazu.

Eines Tages sollte ich einem Elefanten das Walzelaufen beibringen, so hatte es der Kunde bestellt. Na, gesehen hatte ich die Nummer schon, aber wie wird sie dressiert? Fritz Theisinger mochte ich nicht fragen und ließ als erstes von unseren Zimmerleuten eine meterdicke Walze bauen, dazu zwei Bremsklötze an langen Stangen. Dann ließ ich Targa, die hatte ich mir dazu ausgesucht, denn Targa war gelenkig, auf ein Postament steigen und rollte die Walze heran. Horst Brüggmann blockierte die Walze mit den Bremsklötzen. »Targa, komm her!« Targa stieg mit den Vorderbeinen auf die Walze. Als sie das konnte, rollten wir die Walze zwischen zwei Postamente. Targa stieg auf die Walze und zum anderen Postament hinüber. »Brav, Targa, ja, brav«, eine Mohrrübe durfte nicht fehlen. Fritz Theisinger saß am Manegenrand.

Dann rückten wir die Postamente ein Stück weit auseinander. »Targa, komm her!« Als Targa ein Vorderbein auf die Walze stellen wollte, drehte die Walze sich um die Senkrechte zur Seite weg. Targa zog den Fuß zurück, und wir rückten die Walze wieder gerade.

»Targa, komm her!« Wieder drehte sich die Walze zur Seite, noch einmal, drehte sich immer wieder. Selbst die Bremsklötze halfen uns nichts. Fritz Theisinger saß am Manegenrand.

Am nächsten Tag war es genau dasselbe. Kaum wollte Targa ein Vorderbein auf die Walze stellen, drehte die Walze sich unter ihrem Fuß zur Seite. Und Fritz Theisinger saß am Manegenrand. »Der weiß genau, was wir verkehrt machen«, flüsterte ich Horst Brüggmann zu. Nur nicht aufgeben, weiter. »Targa, komm her!« Und Fritz Theisinger saß am Manegenrand!

So probten wir eine Woche lang ohne Erfolg. Targa wurde schon etwas ängstlich, traute sich von Tag zu Tag weniger auf die Walze. Erst als Fritz Theisinger das sah, kam er zu uns herüber: »An beide Enden der Walze gehören drei Windungen dicker Taue. Ich dachte, du kommst von selber drauf.« Sofort ließ ich die Taue auf die Walze nageln. Seit dem Tag lief die Walze auf ihren Taureifen sauber geradeaus, Targa lernte das Walzelaufen sehr schnell. Das ist für einen gelenkigen, langbeinigen Elefanten nämlich überhaupt nicht schwer – wenn der Dresseur Bescheid weiß.

Selten nahmen wir nach Feierabend einen kleinen Schnaps zusammen, Fritz Theisinger und ich. Dann saßen wir schweigend nebeneinander und tranken. Nie erzählte er mir, wie er beim Hamburger Feuersturm, als alliierte Bomber 1943 Hamburg in Schutt und Asche legten, wie er damals alle Elefanten aus dem schon brennenden Elefantenhaus herausgeholt und dann auf dem Dach oben Brandbomben gelöscht hatte. Das erfuhr ich erst später. Schweigend saßen wir also da, tranken wieder. Schließlich sagte er nur: »Hat gut getan«, stand auf und ging. Eines Abends ging er wieder schweigend aus dem Elefantenhaus und kam tagelang nicht zum Dienst. Als ich im Personalbüro nachfragte, ob er wohl krank sei, sah die Sekretärin mich staunend an: »Theisinger? Aber der ist doch in Rente.« Er kam nie mehr in den Stall zurück, faßte nie wieder einen Elefanten an. Einmal stand er noch im Besuchergang, und ich erzählte ihm, was aus den Elefanten geworden war. Dann ging er ohne Gruß, und ich sah ihn nie wieder. Fritz Theisinger war ein seltsamer Könner.

Ein paar Monate später kam Carl-Heinrich Hagenbeck auf seiner täglichen Runde ins Elefantenhaus und sagte: »Kock, morgen läuft in Bremen ein Dampfer mit 22 Elefanten ein. Zwei davon hab' ich gekauft und gut bezahlt, deshalb haben wir erste Wahl. Wir müssen also morgen früh in Bremen sein.«
»Erste Wahl ist sehr gut, Herr Hagenbeck«, sagte ich.
»Das mein' ich wohl«, sagte Carl-Heinrich Hagenbeck. »Wir treffen uns also um fünf Uhr früh. Der Inspektor hat den Möbelwagen schon besorgt.«
Während Hagenbeck seine Elefanten mit guten Gewährs- und Bootsleuten bisher selbst aus Indien geholt hatte, meldeten sich gegen Ende der sechziger Jahre immer mehr indische Tierhändler in Stellingen und boten Hagenbeck ihre Elefanten frei Haus an. Hagenbeck konnte in Indien fünf Elefanten bestellen und hatte in Hamburg die erste Wahl aus der ganzen Ladung. Hagenbeck hatte immer erste Wahl, und das war gut so, denn blindlings durfte man keine Elefanten bestellen. In Indien gab es kaum Tierhändler, die etwas von Elefanten verstanden.
Um fünf Uhr morgens also hatte ich den Möbelwagen mit Ketten und Stricken beladen. Dann fuhren wir auf die Autobahn nach Bremen, vorneweg der Möbelwagen, wir in der Limousine hinterher. An der Raststätte Grundbergsee sagte Carl-Heinrich Hagenbeck: »Wollen mal 'ne Tasse Kaffee trinken.« Wir bogen ein und gingen ins Restaurant. Carl-Heinrich Hagenbeck legte

seine Visitenkarte auf die Theke. »Die Bestellung für sechs Uhr, bitte«, sagte er nur.

»Jawohl, Herr Hagenbeck.« Das Fräulein spritzte in die Küche und brachte einen Riesenteller mit Bratkartoffeln und Spiegelei zurück.

»Na, Kock, ist das ein Frühstück?« sagte Carl-Heinrich Hagenbeck und trank lachend seinen Kaffee. Die Überraschung war ihm wirklich gelungen, bis heute weiß ich nicht, wer ihm von meinen geliebten Bratkartoffeln zum Frühstück erzählt hatte.

Carl-Heinrich Hagenbeck war das, was man einen feinen Hanseaten nennt. Wenn der um die Ecke kam, zog wirklich jeder die Hand aus der Tasche. Der traf den Ton bei seinen Leuten genauso gut wie beim Bundespräsidenten und konnte, wenn es darauf ankam, auch mit der Mistforke umgehen.

Als wir in Bremen zum Hafen kamen, standen die Elefanten schon angebunden an Deck des Frachters, zum erstenmal nach der achtwöchigen Reise sahen sie statt ihres Verschlages wieder die Sonne. Liegezeit im Hafen ist teuer, Schauerleute löschten also längst die Fracht. Kranweise kam Stückgut aus dem Schiffsbauch heraufgeschwebt, wurden Kisten und Bündel mit Säcken handbreit an den Elefanten vorbeigehievt, gingen ringsum Dampfpfeifen, und die Schauerleute versuchten noch, das Getöse zu überschreien.

Ich achtete darauf, welcher Elefant sich um den Löschbetrieb, um Trubel und Krach ringsum nicht kümmerte. Solche Elefanten wollte ich haben, die hatten die besten Voraussetzungen, park- und straßensicher zu werden. »Der dritte von links, Herr Hagenbeck, wie die Hiev eben an ihm vorbeikam, hat er kein bißchen gemuckst.«

»Jaja, Kock, aber der daneben, ein schönes Tier!«

»Und der rechts außen, Herr Hagenbeck, wie stolz der den Kopf trägt. Wird bestimmt ein guter Reitelefant.« Reitelefanten müssen den Kopf hochtragen, welcher Reiter sitzt schon gern auf einer schiefen Ebene.

»Jaja, Kock, aber der Übernächste, ich glaub', der wird es.«

»Und was halten Sie von der Großen da drüben? Steht die nicht wie 'ne Eins?«

»Kock, jetzt quatschen Sie mir doch nicht immer dazwischen!« Beim Aussuchen gab es fast immer Krach. Ich wollte den einen Elefanten haben, Carl-Heinrich Hagenbeck einen anderen, selten wollten wir dieselben.

»Wer kauft die Elefanten eigentlich, Kock, Sie oder ich?« schrie Carl-Heinrich Hagenbeck endlich.

»Sie natürlich«, schrie ich zurück, »aber ich muß sie dann dressieren. Wozu nehmen Sie mich überhaupt mit? Bloß zum ja und amen sagen?«

Einigen konnten wir uns nie, diesmal nicht und die kommenden Male auch nicht. Aber wenn wir wieder zu Hause waren und unsere Neuen standen brav im Stall, dann sagte Carl-Heinrich Hagenbeck jedesmal: »Kock, wir haben doch schöne Elefanten mitgebracht.«

»Jawohl, Herr Hagenbeck«, sagte ich dann.

»Wir haben uns auch fix in der Wolle gehabt«, sagte er darauf, »aber wenn zwei Leute, die was davon verstehen, sich in die Wolle kriegen, kommt immer etwas Gutes dabei raus.«

Der weiße Elefant

Ein weißer Elefant hat ebensowenig eine weiße Haut wie
Kaiser und Könige blaues Blut. Ein weißer Elefant hat
allerdings eine besonders helle Haut und entspricht einem
bestimmten Schönheitsideal bis zur Vollendung. Und nur
ein solcher, ein sogenannter weißer Elefant, ist würdig,
einen König in die Schlacht zu tragen.

Frei nach einem Bericht von Franklin Edgerton (Yale Uni-
versity Press 1931) machen folgende Merkmale den weißen Elefanten aus:

»So sei der Elefant für einen König: erhaben beide Stirnhöcker, erhaben beide Stoßzähne, erhaben Widerrist und
Rückgrat auch.

Rötlich seien Rüsselspitze und Penis, Zunge, Lippe, Gaumen und After bei einem solchen Elefant.

Zwanzig Nägel sollen seine Füße tragen, rötlich die Ohren
und glatt an den Rändern, seine Stoßzähne von der Farbe
des Honigs, die rechte Spitze ein Weniges höher. Straff sei
sein Bauch, kräftig sein Schwanz und Rüssel, gerade und
dunkelhäutig wie Betelnüsse.

Fließend und glatt sei sein Körper, dunkel getönt wie ein
Schwert oder auch rötlich mit strahlenden Tupfen wie See-
muscheln oder Lotus. Wie Brüste sollen seine Hinter-
backen herausstehen und sein guter Penis gehöre zu einem
fleischigen Leibe.

Groß sei der Nacken, lang und rund, sein Trompeten wie
das Brüllen der Gewitterwolken, honigfarben sein Auge
und wach wie das eines Sperlings, der Rüssel wie ein
Baumstamm, gezeichnet mit drei Falten.

Glänzend seien seine Augen, der Penis schön wie ein

Mangoschößling, strahlend wie roter Lotus, seine Stimme wie die des Koil.

Gut im Fleisch seien die Rückenwirbel verborgen, die Knie glatt, die behaarten Stirnhöcker groß wie die schwellenden Brüste einer lieblichen Frau. Breit seien Ohren und Kiefer, auch Stirn und Scham, Lippe und Gaumen von der Farbe des Kupfers.

Wie eine Schildkröte seien die Fußnägel gebogen und mondfarben, das Wasser seines Rüssels von Wohlgeruch. Ein Elefant, der Würde zeigt, Fleiß und Tüchtigkeit, der klug ist in den acht Regeln des Kampfes, heldenmütig, flink und bereit zum Töten aller Kreatur, ein solcher Elefant soll für des Königs Schlacht gehalten sein.«

THAILAND

Die Luft legte sich wie ein heißes, feuchtes Tuch auf die Haut, die Mittagshitze nahm uns fast den Atem. Wir warfen einander beklommene Blicke zu, meine Frau und ich, und stiegen schweißnaß ins Taxi.

Ich war ja selber schuld. Da hatte ich doch tatsächlich mehr als 20 Jahre lang mit Elefanten gearbeitet, aber noch nie einen Elefanten in seinem Ursprungsland gesehen. So konnte es nicht weitergehen, hatte ich mir gedacht. Aber wohin sollte ich fliegen, welches Elefantenland sollte ich mir ansehen? Ceylon, wie es damals noch hieß, Sumatra oder Indien? Das war für mich keine Frage gewesen: natürlich Thailand. Denn in Thailand war gerade das erste staatliche Trainings-Camp eingerichtet worden, in dem Elefanten gezüchtet und zur Holzarbeit abgerichtet wurden. Und in Thailand stand der weiße Elefant, der einzige, den es damals gab. Ich hatte also an die thailändische Forstbehörde geschrieben und war auch eingeladen worden; wenn ich nach Bangkok käme, sollte ich mich melden. Und jetzt waren wir also in Bangkok angekommen.

Wir wohnten im Narai Hotel, ein ganz hervorragendes Haus, das Bufett eine Nachbildung der Königsbarke, sämtliche Dekorationen in Gold, das Obst war mit unendlicher Mühe in Form von Ornamenten und Blättern gebracht. Bratkartoffeln allerdings gab's keine.

Die Forstbehörde schickte uns zuerst in die Provinz Surin. »Seit dreizehn Jahren wird dort in jedem November ein großes Elefantenfest gefeiert«, hieß es in der Forstbehörde, »mit 200 Elefanten mindestens. Es ist noch eine Woche bis zum Fest, jetzt werden die Elefanten gesammelt und trainiert. Sie sollten sich das nicht entgehen lassen, wenn sie später kommen, wimmelt es von Touristen.«

Wir fuhren mit dem Bus durch flaches Land, Dschungel und Ackerland, Reisanbau vor allem. Nach 480 Kilometern Fahrt kamen wir nach Surin, nördlich der kambodschanischen Grenze. Aber weit und breit fanden wir keine Elefanten. Wir fragten uns schließlich bis zum Sammelplatz durch, einem riesigen Armee-Camp. Dort waren schon zehn Elefanten angekommen, und täglich, ja stündlich wurden es mehr. Aus allen Teilen der Provinz strömten sie zusammen. In Thailand sind ja viel mehr Elefanten in Privatbesitz als in Indien, ernähren mit ihrer Holzarbeit ganze Familien. Und so kamen die Elefanten mit ihren Besitzern, kamen bepackt mit Kisten und Säcken, mit Töpfen und Pfannen, mit Frauen, mit schlafenden oder spielenden Kindern, kamen, bewohnt wie lebende Campingbusse, von allen Seiten auf den Sammelplatz zugesteuert, einzeln, in kleinen und größeren Trupps. Sofort breitete sich Lagerleben aus, die Leute begrüßten einander, schlugen ihre Zelte auf, Frauen zündeten kleine Küchenfeuer an und wuschen Wäsche, Kinder plärrten. Der Sammelplatz war zwei Tage später vor Gewusel nicht mehr wiederzuerkennen.

Wir wohnten in einem kleinen, sauberen Hotel. Die Klimaanlage hörte sich an wie ein Lanz Bulldog, wenn sie auch nicht nach Diesel roch. Wir stellten sie trotzdem ab, denn sie war unwirksam, weil schräg über die gesamte Zimmerwand ein daumenbreiter Riß lief. Dieser Riß bot einen interessanten Einblick in Thailands Insektenwelt, denn er wurde tagsüber von einer Ameisenstraße gekreuzt, links unten hinter der Fußleiste tauchte der Zug auf und verschwand rechts oben durch die Decke. Über den Riß in der Zimmerwand bauten die Ameisen jeden Morgen eine lebende Brücke, klammerten sich aneinander, bauten Pfeiler und Traversen und lösten einander nach gewissen Zeiten wieder ab. Und über diese lebende Brücke zog unentwegt der Strom von Ameisen hin.

Jeden Morgen nach dem Frühstück beobachteten wir das Training der Elefanten. Sie mußten für das große Fest proben und vor allem aneinander gewöhnt werden, es war ja keine gewachsene Herde. Sie wurden dazu in einer Reihe aufgestellt, schwenkten nach links und nach rechts, liefen im Gänsemarsch. Und die Mahouts, die Elefantenführer, hatten alle Hände voll zu tun, damit unter den Elefantenkühen kein Streit ausbrach. Immer wieder tanzten Elefanten aus der Reihe, brachen aus der Phalanx von vielleicht hundert Tieren aus und rannten in Panik davon. Irgend etwas hatte sie erschreckt. Oder waren sie ängstlich in der ungewohnten Umgebung? Je länger ich die Elefanten beobachtete, desto deutlicher fiel mir auf: Nur Kühe gerieten in Panik, nur Kühe rannten weg; zwar gluckten sie ständig zusammen, aber dafür stritten sie sich auch immer wieder. Die Bullen dagegen blieben souverän, guckten kurz, schätzten ihre Situation ruhig ein und gingen weiter.

Und dabei hatte Carl-Heinrich Hagenbeck immer gewarnt: »Wenn ein Zoodirektor keine Sorgen hat, kauft er sich einen Elefantenbullen. Dann hat er Sorgen.« Aber die Mahouts hier gingen mit ihren Bullen um wie ich in Stellingen mit meinen Kühen. Riesige, ausgewachsene Bullen waren das, manche sogar mächtige Stoßzahnträger. Wie war das miteinander zusammenzubringen? Ich wurde neugierig.

Ich konnte nur staunen, wie gelenkig die Mahouts auf ihren Elefanten herumkletterten, dagegen waren wir Europäer steif wie Besenstiele. Jeden Tag probten die Mahouts für das Fest, morgens mit der einen Hälfte der Elefanten, nachmittags mit der anderen. Geübt wurde immer so, daß die Elefanten bei ihren Übungen die grasende Herde sehen konnten. Brachen Elefanten aus, dann rannten sie auf diese Herde zu. Ich beobachtete die Herden eine Woche lang, aber in der ganzen Zeit geriet kein einziger Bulle in Panik.

Eines Morgens kam eine Elefantenkuh mit ihrem Baby ins Camp. Es war das erste Elefantenbaby, das ich in meinem Leben sah, und es war höchstens zwei Wochen alt. Ich war hingerissen! Wie das Kleine unter dem Bauch seiner Mutter mitlief, wie es nuckelte, den dünnen Rüssel schwenkte, wie es versuchte, einen Grashalm zu greifen, immer wieder vergeblich, denn es griff jedesmal daneben, und als es ihn endlich im Rüssel hatte, rutschte der Halm gleich wieder aus dem kraftlosen Finger. Ich war von dem Baby gar nicht wieder wegzubringen.

Dann kam das große Volksfest, oder besser gesagt, die Generalprobe. Meine Frau und ich waren die einzigen Weißen, und uns reichte schon dieses Getümmel völlig aus. Wie würde es erst morgen sein, wenn die Touristenzüge anrollten.

Nach der großen Eingangsparade zeigten die Mahouts den Elefantenfang, so wie ihn die Suay betrieben hatten, die einmal die Ureinwohner dieser Gegend gewesen waren. Dazu ließen sie junge Elefanten als »Opfer« laufen und ritten auf Fangelefanten hinterher. Hinten saß der Elefantenführer, vorn der Fänger, und der Fänger warf dem jungen Elefanten mit seinem Fangstock eine Lederschlinge vor die Beine. Kaum hatte der junge Elefant sich in der gedrehten Lederschlinge verfangen, nahmen die Fangelefanten den Kleinen in die Mitte und führten ihn fort. Als Fangelefanten kamen nur langbeinige Kühe in Frage, schwere Elefantenbullen wären viel zu langsam gewesen. Die Bullen wurden allerdings beim Fang auch gebraucht, nämlich, um eine Herde abzudrängen, die ihrem schreienden Nachwuchs zu Hilfe kommen wollte.

Die nächste Vorführung war das Elefantenwettrennen, ursprünglich eine wichtige Disziplin für den Elefantenfang. Aber hier war es eine blutige Prügelnummer, und ich konnte nur mit Schaudern zusehen, wie die Mahouts mit spitzen Haken auf ihre Elefanten einschlugen. Dann trat der riesige Bulle Bun Ma gegen 80 Soldaten beim Tauziehen an. Der Bulle wurde, im Gegensatz zu den Soldaten, so lange verdroschen, bis er gewonnen hatte. Den Abschluß des Festes bildete eine Parade mit allen 200 Elefanten und einem Feuerwerk, das nicht zuletzt die Wesensfestigkeit der Tiere demonstrieren sollte. Trotzdem gingen während des ganzen Festes immer wieder Elefanten durch. Immer nur Kühe!

Abends im Bett ging mir das Elefantenbaby nicht aus dem Kopf. Wie es bei seiner Mutter getrunken hatte, wie unbeholfen es den dünnen Rüssel bewegte, wie tapsig es hin und her gelaufen war. Solch ein süßes Baby wollte ich auch haben. Aber dazu brauchte ich so einen großen, souveränen Bullen, stolz und durch nichts aus der Ruhe zu bringen. »Wenn ein Zoodirektor keine Sorgen hat, kauft er sich einen Elefantenbullen«, hatte Carl-Heinrich Hagenbeck gesagt. War das wirklich so? Die souveräne Haltung der großen Bullen ließ mich nicht mehr los. Kam das von ihrem Einzelgängertum? Ich mußte Elefanten, ich mußte Bullen in Freiheit beobachten! Deshalb war ich ja auch nach Thailand gekommen. Bevor ich einschlief, ging mir so manches durch den Kopf.

Am nächsten Tag, als die Touristenzüge kamen, reisten wir zurück nach Bangkok. Dort sollten wir einen Herrn von der Forstwirtschaftsbehörde treffen.

Vor der Abfahrt wollte meine Frau noch schnell zum Friseur: »So kann ich mich nicht mehr sehen lassen, ich seh' mir gar nicht mehr ähnlich.« Natürlich ging ich nicht mit, kein Mann geht mit seiner Frau zum Friseur. Als sie nach zwei Stunden wiederkam, hatten ihre Haare sich nicht zum Vorteil verändert. »Bist du schon fertig?« fragte ich, und sie erzählte: »Ich kam also rein in den Schönheitssalon, keine Kundin weit und breit, ich kam sofort dran. Das junge Mädchen zeigte auf eine Pritsche, ich legte mich drauf, bekam einen Eimer unter den Kopf gestellt und die Haare mit einer Gießkanne begossen. Dann hat mir das Mädchen die Haare eingeseift. Da zog mir so ein bekannter Duft in die Nase, Kalli, also ich könnte schwören, das war grüne Seife, mit der ihr bei Hagenbeck den Elefanten die Schwänze badet. Nach dem Abbrausen bekam ich etwas ins Haar gerieben. Das mußte wohl einwirken, jedenfalls verschwand das Mädchen. Und ich lag auf meiner Pritsche und hatte die Augen fest geschlossen. Als ich nach ein paar Minuten mal vorsichtig guckte, ob das Mädchen mich auch nicht vergessen hatte, stand der ganze Laden voller Leute. Und alle starrten mich schweigend an, wie ich da auf meiner Pritsche vor ihnen lag. Um die Situation irgendwie zu retten, hab ich einem kleinen Mädchen in der ersten Reihe zugezwinkert. Da hat mir die Kleine an die Nase gefaßt und gesagt: ›Yai.‹ Was das wohl heißt?«

Später bekamen wir heraus, daß »yai« groß heißt. Wir waren eben die Langnases, und wenn wir über Land fuhren, scheute sogar mancher Wasserbüffel vor unseren westlichen Riechkolben zurück.

Wir fuhren mit der Bahn zurück, 1. Klasse Nichtraucher, alles andere war ausverkauft. Sechs riesige Drehsessel in jedem Abteil, Decken und Wände, alles war schneeweiß. Kaum fuhren wir, kam ein ganzer Trupp von Eisenbahnern in unser Abteil. »The tickets, please«, sagte der erste, nahm unsere Fahrkarten und gab sie dem zweiten. Der zweite überprüfte die Karten und reichte sie dem dritten, der nochmals überprüfte. Dann gab der dritte dem zweiten die Karten zurück, der zweite knipste sie ab und gab sie dem ersten, und der überreichte sie uns. Und für die heruntergefallenen Kartenknipsel sprang ein kleiner Junge mit Besen und Schaufel herzu, der hatte bisher im Hintergrund gewartet. Unser Frühstück war genauso beeindruckend wie die

Kartenkontrolle, wir bekamen den knusprigsten und schärfsten Bratreis unseres Lebens serviert.

Weil wir noch Zeit hatten bis zu unserem Treffen mit der Forstbehörde und meine Frau keinen zweiten Friseurbesuch mehr wagte, gingen wir in den Zoo. Dort stand der weiße Elefant, der einzige, den der König von Thailand damals besaß. Denn alle weißen Elefanten des Landes gehören dem König, und für den Besitzer ist es eine große Ehre, dem König einen weißen Elefanten schenken zu dürfen.

Wir kamen zu einem Elefanten, der geschmückt zwischen vier Säulen angebunden stand, darüber ein Pagodendach. Den Wächter daneben fragten wir: »Wo steht denn der weiße Elefant?« — »Das ist der weiße Elefant des Königs«, antwortete der Wächter ganz entrüstet.

Aber der war ja gar nicht weiß! Heller vielleicht, ein bißchen heller als andere Elefanten war er, aber doch nicht weiß. Wir waren sehr enttäuscht, bis der Direktor des Zoos von Bangkok uns eine Liste mit den Schönheitsmerkmalen gab, die einen Elefanten zum »weißen« Elefanten machen. Und der Königselefant, der hochgelobte, berühmte, der mußte doch ein herrliches Leben haben? Ganz im Gegenteil, der wurde tagein, tagaus an seine Säulen gebunden, entweder im Zoo oder im Königspalast, und nur einmal die Woche gebadet. Weißer Elefant zu sein in Thailand ist kein Vergnügen, das ist ein Schicksal.

Unsere nächste Station sollte das Trainings-Camp werden. Diesmal nahmen wir von Bangkok aus den Bus. Die Straßen waren leider nicht die besten, und Thais werden ohnehin leicht seekrank. Zu allem Übel machte der Busfahrer aber Jagd auf schlafende Hunde am Straßenrand. Der Omnibus schlingerte jedesmal, wenn der Fahrer ein neues Opfer aufs Korn nahm, so beängstigend mit dem Hinterteil, daß wir umgeben waren von grünlich angelaufenen Mitfahrern, die sich mit brechendem

Blick krampfhaft Plastiktüten an den Mund preßten. Fußgänger hätten uns für ein Blasorchester auf Tournee halten können.

In Lampang wurden wir von einem Fahrer der Forstwirtschaftsbehörde abgeholt und ins Hotel gefahren. Am nächsten Morgen stand Mr. Pat vor dem Hoteleingang, er war uns als Fahrer und Koch zugeteilt.

Und während Mr. Pat uns vom Dorf Pang-La, 50 Kilometer hinter Lampang, ins Trainings-Camp fuhr, erzählte er: »Unser Ausbildungszentrum in Lampang wurde 1969 gegründet und ist das allererste in Thailand. Zur Zeit leben im Camp sechs Schüler, letztes Jahr haben drei ihre Prüfung abgelegt und sind in den Forstdienst entlassen worden.«

»Und wie viele Arbeitselefanten hat die Forstwirtschaftsbehörde insgesamt?« wollte ich wissen.

»Etwa 120.« Wir merkten schon, Mr. Pat war vorbereitet. »Aber Herr Dr. Chuen, bitte sehr, wird Ihnen alles besser erklären.«

Das Camp war wunderschön gelegen, eine kleine Ebene, auf drei Seiten von Felsen umgeben, ein Stück weiter unten zog sich das Flußufer des Huay Mae La hin. Nur war das Camp menschenleer, grauer Dunst hing zwischen den Hütten, der Himmel war regenverhangen, und es tropfte von sämtlichen Blättern. Der Monsun war verspätet eingetroffen in diesem Jahr, die Regenzeit noch nicht vorbei. Mr. Pat hupte. Da wurde das Camp lebendig wie ein Bienenstock, Männer tauchten aus den Bambushütten auf, taxierten uns kurz, dann hörten wir ein paar Kommandos. Drei Mahouts zogen mit ihren Elefanten in den Dschungel und kamen wenig später mit riesigen Bambusstangen zurück. Mit ihren Buschmessern spalteten sie die Stangen auf, entfernten die Knoten und rollten die Stämme zu Matten aus. Damit legten sie ein Zelt aus, pflasterten davor einen Weg und bauten eine Schamwand um die Gießkannendusche. Fertig war unsere Unterkunft und unser Badehaus. Und erst dann wurden wir mit vielen Verbeugungen begrüßt.

Als Willkommenstrunk bekamen wir im Gemeinschaftshaus frische Kokosmilch direkt aus der Nuß, und sie erfrischte uns besser als jedes Bier. Mr. Pat stellte uns Dr. Chuen vor, der nicht nur Tierarzt des Camps war, sondern auch unser Dolmetscher. Er allein verstand sowohl Englisch als auch den Dialekt der Mahouts. Wir merkten aber schnell, daß wir seine Dolmetscherdienste nur tagsüber beanspruchen konnten, nach Einbruch der Dunkelheit verstand Dr. Chuen nur noch Mekong-Whisky. Und wir mußten die Mahouts abends beim Lagerfeuer mit Händen und Füßen ausfragen.

Inzwischen bezogen meine Frau und ich unser Zweimannzelt. Die Matratzen waren tropfnaß, schon vom Anfassen bekam man feuchte Hände. Wir richteten uns ein, so gut es ging. Weil wir die ersten Langnasen waren, die im Camp übernachten sollten, hielt ein Mahout Nachtwache vor unserem Zelt, damit weder Schlangen noch Tiger uns stören sollten. Das merkten wir aber erst, als ich mitten in der Nacht mal raus mußte und auf den Mahout trat, der in aller Ruhe quer vor dem Zelteingang schlief.

In dieses Camp wurden hochschwangere Elefantenkühe geführt und brachten hier ihre Babys zur Welt. Zwei Jahre durften die Mütter mit ihren Babys hierbleiben, durften den ganzen Tag miteinander spielen und baden. Dann war der Mutterschaftsurlaub beendet, ein Bulle brachte die Mutter ins Arbeits-Camp zurück. Der Kleine wurde unterdessen angebunden, und nach vierzehn Tagen strammen Unterrichts, versicherte uns Dr. Chuen, hatte er seine Mutter vergessen.

Dr. Chuen erzählte uns, wie das Leben eines Arbeitselefanten in Thailand verläuft:

Das 1. bis 2. Jahr bleibt er bei der Mutter.

Vom 3. bis 5. Jahr erstes Training.

Vom 6. bis 10. Jahr Haupttraining im Trainingszentrum.

Vom 11. bis 15. Jahr leichte Arbeit im Forst.

94

Vom 16. bis 38. Jahr harte Arbeit und Paarung.

Vom 39. bis 50. Jahr Beginn des körperlichen Abbaus, nur noch leichtere Arbeit.

Vom 51. bis 60. Jahr ganz leichte Arbeit.

Im 61. Jahr gehen die Elefanten in Rente.

Wir kamen gerade zurecht, um mit anzusehen, wie solch ein kleiner Elefant gezähmt wurde. Kaum hatte ein Bulle die Mutter weggeführt, wurde der Kleine in einen Käfig getrieben, der vorn spitz zulief. Dort schnürten die Mahouts ihn wie ein Paket zusammen und ließen ihn stehen. Der Kleine konnte weder vor noch zurück, konnte weder die Beine bewegen noch den Kopf. Verzweifelt zerrte er mit seinem Rüssel an den Fesseln, schrie und tobte, aber die Bambusstämme, die dicken Stricke waren stärker. Nach ein paar Stunden verließ ihn die Kraft. Er konnte nicht einmal umfallen, geschweige denn sich schlafen legen. Fielen ihm dann vor Erschöpfung die Augen zu, wurde er wieder angestoßen und am ganzen Körper betastet. Sein Wille sollte gebrochen werden. Fassungslos sahen wir dieser Folter zu. Der Mahout redete leise auf den Kleinen ein, brachte ihm Wasser und etwas zu fressen. Da wurde der Kleine wütend und fing wieder an zu toben. Und wurde wieder müde. Und wieder kam der Mahout und brachte ihm Wasser und etwas zu fressen. So ging es fast eine Woche lang. Da schrie der Kleine nicht mehr und tobte nicht mehr. Er fügte sich in seine Fesseln, er hatte aufgegeben.

Und wieder kam der Mahout, band den Kleinen los und führte ihn, an einen zahmen Elefanten gebunden, hinunter zum Wasser, wusch ihn und kühlte seine Wunden. Der Kleine war ganz benommen, stand teilnahmslos im Wasser und ließ alles mit sich geschehen. Und ständig redete der Mahout auf ihn ein. Am nächsten Tag kam der Mahout wieder und führte ihn zum Wasser. Dem Kleinen ging es schon etwas besser, er bespritzte sich vorsichtig selbst mit Wasser. Und wieder redete der Mahout auf ihn ein. Der Kleine wußte nicht, daß dieser Mahout »sein« Mahout war, daß er mit diesem Mahout die nächsten 60 Jahre zusammen leben und arbeiten würde. Er wußte nur, daß dieser Mann ihm Wasser gebracht hatte und Futter, daß dieser Mann freundlich zu ihm gewesen war und ihn aus seinem Käfig erlöst hatte. Und so faßte er zu diesem Mann Vertrauen.

In den nächsten Tagen mußte der kleine Elefant seinen Mahout besser kennenlernen und seine Kommandos verstehen. »Pu Yai« hieß das erste Wort, das er lernte, und er verstand, daß damit er selber gemeint war. »Ho« hieß das zweite Wort und bedeutete »stehenbleiben«. So lernte der Kleine nach und nach die Kommandos für Aufstehen, Hinlegen, Kriechen, Aufheben oder Vorwärts. Alle diese Kommandos waren eine Mixtur aus traditionellen Worten und Spezialausdrücken und hatten eine enge Verbindung zur siamesischen Sprache.

»Song« zum Beispiel heißt, daß der Elefant sein Vorderbein anwinkeln soll, damit der Mahout wie auf einer Leiter über Ferse und Knie dem Elefanten in den Nacken steigen kann. Und ich erinnerte mich sofort, so hatten viele Elefanten das gemacht, die zu uns nach Stellingen gekommen waren. Aber für solche Kletterpartien waren wir Langnasen viel zu steif, wir mußten unseren Elefanten beibringen, uns mit dem Vorderbein hochzuwuchten.

Nach einem Monat lernt ein kleiner Elefant schwerere Übungen, bekommt zum erstenmal das Trainingsgeschirr angelegt und spürt den Zug der Ketten, an denen ein Baumstamm hängt. Sanfte Worte sagt der Mahout zur Beruhigung, harte Worte als Kommando.

Die größeren Elefanten im Lager hatten zweimal am Tag eine Doppelstunde Unterricht. Früh am Morgen, wenn der Dunst schon über dem Fluß im ersten Licht schimmerte, zogen die

Mahouts in den Dschungel, jeder erkannte am Klong-klong der hölzernen Halsglocke seinen Elefanten und führte ihn aus dem Busch zum Flußufer hinunter. Die Elefanten legten sich ins Wasser und wurden von oben bis unten mit Kokosnußhälften abgeschrubbt. Das liebten sie über alles, räkelten sich, spritzten sich ab und prusteten genüßlich.

Dann gingen alle zum Sattelplatz. Die Elefanten bekamen ihr Arbeitsgeschirr angelegt, und die Mahouts stiegen auf. Das Training begann damit, daß alle eine Runde im Gänsemarsch um den Sattelplatz drehten, dann gingen sie nebeneinander in einer Reihe, hielten an, die Mahouts warfen ihre Haken auf den Boden, und die Elefanten reichten sie ohne Kommando wieder hinauf. Dann mußten die Elefanten sich hinlegen und den Haken noch einmal hinaufreichen, mußten aufstehen und den Kopf neigen, damit der Mahout über Kopf und Rüssel ab- und wieder aufsteigen konnte. Das alles konnten Elefanten im dritten oder vierten Schuljahr.

Wenn sie kurz vor dem Abschluß standen, hatten die Elefanten gelernt, Baumstämme aus dem Wald zu ziehen, einzeln oder im Tandem neben- und hintereinander. Manche Stämme waren so schwer, daß ein Bulle allein sie nicht heben konnte, also hoben zwei Bullen den Stamm an und übergaben ihn einem dritten. So lernten die Elefanten nach und nach, was ihren Mahouts den Lebensunterhalt sichern würde: schwere Stämme aus dem Wald zur nächsten Straße, zum nächsten Fluß zu bringen.

Dann war der Vormittagsunterricht beendet, alle gingen zum Futterplatz. Weil die Elefanten schwer gearbeitet hatten, bekamen sie Kraftfutter, jeder einen Eimer voll mit gekochtem Reis. Die Mahouts untersuchten ihre Elefanten auf Verletzungen, alle Schrammen und Risse wurden mit Salbe bepinselt. Dann durften die Elefanten zurück in den Busch. Zwei Mahouts ritten mit ihnen, einer suchte Brennholz im Busch, der andere schoß ein paar Wildhühner. Das ging reihum bei den Mahouts, und so wurde ein Elefant nach dem anderen schußfest.

Reihum war auch der Küchendienst verteilt. Die Mahouts fragten uns, ob wir in unserer Heimat auch Reis hätten. Nein, sagten wir, den Reis müßten wir einführen, zum Reisanbau wäre es bei uns zu kalt. In Deutschland sei das Hauptnahrungsmittel die Kartoffel, erklärten wir mit Hilfe von Händen und Füßen und Mr. Pat. Da leuchteten die Augen Dr. Chuens auf, und er schickte Mr. Pat mit dem Geländewagen fort. Wohin, das verstanden wir nicht.

Als Mr. Pat ein paar Stunden später wiederkam, brachte er uns strahlend einen Beutel Kartoffeln aus Lampang. Meine Frau mußte also vormachen, wie man in Deutschland Kartoffeln kocht. »Soll ich Pellkartoffeln kochen?« fragte sie mich. »Nein«, sagte ich, »richtige Salzkartoffeln wie bei Muttern!« Also Kartoffeln schälen. »Wer hat ein Messer?« Ein Mahout drückte meiner Frau ein Buschmesser in die Hand. Da saß meine Frau also und schälte mit einem riesigen Buschmesser, dessen Griff sie kaum umfassen konnte, den ganzen Beutel voll Kartoffeln, und zwanzig Mahouts sahen ihr auf die Finger. Die Mühe war leider vergeblich, für deutsche Salzkartoffeln konnten sich die Mahouts nicht erwärmen. Ich glaube fast, sie bedauerten uns wegen unserer Küche.

Als Gegenleistung lernten wir »sticky rice« kennen, klebrigen, klumpigen Reis, den Angsttraum jeder deutschen Hausfrau, der sich mit der Hand formen ließ und mit dem wir Soßen wunderbar auftunken konnten.

Nach dem Essen und der Mittagsruhe wiederholte sich der Unterricht vom Vormittag, zum Abschluß wurden alle Elefanten noch einmal gebadet und für die Nacht wieder entlassen. Der Dschungel schlug sofort hinter ihnen zusammen, aber noch lange war das Klong-klong der kleinen Holzglocken zu hören. Als alle Elefanten verschwunden waren, gingen wir auch hinunter zum Fluß. Wir setzten uns ans Ufer, spaddelten mit den Füßen im warmen Wasser und hörten den Vögeln zu. In dieser friedlichen Abendstimmung fing meine Frau plötzlich an, sich Lockenwickler einzudrehen, Frauen wollen ja um jeden Preis schön sein. Da kam am anderen Ufer ein Moped angesummt, kam um die nächste Flußbiegung. Der Thai auf seinem Moped erstarrte, als er meine lockenwicklergespickte Frau sah, bekam Telleraugen, wendete und jagte den Weg zurück wie auf einer Rennmaschine. Wahrscheinlich tat er am Geisterhäuschen dem Hausgeist Tchao Ti Abbitte für schwere Sünden, wie es sein Glaube vorschrieb.

Vom Trainingslager aus fuhr uns der ständig hustende Mr. Pat durch den Dschungel von einem Arbeits-Camp zum nächsten, ich wollte ja sehen, was große Bullen bei der Holzarbeit leisteten. Wir brauchten nur einen Arbeitstrupp Elefanten auf der Straße zu treffen, und gleich wurden die Kühe nervös. Die Bullen blieben ruhig, sahen nur kurz herüber und gingen wieder an die Arbeit. Aber auch sie zogen den Kopf etwas ein und machten große Augen, wenn wir näher kamen. Wir sahen eben anders aus als die wohlbekannten Thais.
Zum ersten Male sah ich erwachsene Bullen bei der Arbeit. In diesen Camps arbeiteten immer zwei Bullen und drei Kühe in einer Gruppe zusammen. Sie stapelten Teakholzstämme an einer kleinen Straße auf. Teakholz ist schwer, und die Stämme waren mehr als acht Meter lang. Aber die Bullen arbeiteten sauber und umsichtig, hoben jeden Stamm genau im Schwerpunkt mit den Stoßzähnen an, schwenkten ihn, ohne irgendwo anzustoßen, trugen ihn scheinbar mühelos und setzten ihn vorsichtig und präzise wieder ab. Sie arbeiteten fast selbständig, mehr als einmal sah ich, wie ein Bulle die Kette seines Geschirrs mit dem Rüssel beiseite legte, damit sie nicht zwischen zwei Stämme geriet. Der Bulle tat das ohne Befehl, er dachte bei der Arbeit mit.
Während die Bullen die Stämme hoben und stapelten, zogen die Kühe neue Stämme aus dem Dschungel heraus. Dazu pickten die

Mahouts mit schmalen Äxten durch das obere Ende jedes Stammes ein Loch, zogen eine Kette hindurch und hängten diese an das Zuggeschirr der Kühe. Kleine Stämme zog eine Kuh allein, größere zogen zwei zusammen. Wenn ein Stamm sich irgendwo verkeilte, kam ein Bulle, ging hinter dem Stamm in die Knie und schob ihn mit dem Stoßzahn frei. Keine Forstmaschine hätte das besser machen können, schon gar nicht, ohne breite Schneisen in den Dschungel zu walzen.

In diesen Wochen lernte ich viel über Elefanten, darüber, wie man sie hält und wie man mit ihnen umgeht. Weil ich mich mit den Mahouts nur schlecht verständigen konnte, lernte ich wieder mit den Augen. »Guck dir das an, du hast ja Augen im Kopf«, hatte Fritz Theisinger zu mir gesagt. Und mir wurde klar, daß man denken muß wie ein Elefant. Wer fühlte und dachte wie sie, der konnte ganz selbstverständlich, fast spielerisch mit ihnen umgehen, so wie diese Mahouts.

Was ich nicht sah, was nur in vielen Elefantenbüchern zu lesen steht, das war ein Elefant, der »Schlag zwölf« seinen Teakholzstamm fallen ließ; wenn in der Gruppe einer nach der Uhr arbeitete, dann war es höchstens der Mahout.

Abends fuhren wir wieder ins Camp zurück. Dort lebten fünf Elefantenbabys, das jüngste ein halbes Jahr alt, anderthalb Jahre das älteste. Sie spielten den ganzen Tag zusammen, schubsten sich und krochen übereinander weg. Wie auf Kommando fielen die fünf plötzlich in tiefen Schlaf, jedesmal für etwa eine halbe Stunde. Dann wurde eines wach, trat die anderen, trampelte auf ihnen herum, und der Ringelpietz ging von vorne los. Ich sah den fünfen stundenlang zu. »Warum haben wir so was bei Hagenbeck nicht?« dachte ich immer wieder. Und ich fragte mich, ob wir nicht einen halbwüchsigen Bullen zur Zucht aus Thailand raus bekämen.

Aber es gab damals schon den Ausfuhrstopp, wie mir die junge

Pressedame vom Landwirtschaftsministerium bestätigte, die eines Abends im Camp auftauchte. Jetzt hatte wenigstens das Radebrechen mit den Mahouts ein Ende. Und wir verstanden endlich die schönen Lieder, die uns zu Ehren abends am Lagerfeuer gesungen wurden. Besonders das Lied von dem blauen und dem gelben Vogel hatte es uns angetan, die nicht zueinander kommen durften, weil sie nicht von einer Art waren. Das knisternde Feuer, ringsum das Gezirpe im Dschungel, die singenden und tanzenden Mahouts und der Mond, der manchmal durch die Wolken kam, es waren wildromantische Abende. Wenn nur nicht die nasse Matratze auf uns gewartet hätte.

Musth

Das Wort Musth (sprich: mast) beschreibt einen Rauschzustand. Nur Elefantenbullen bekommen Musth, und Mahouts sagen, die Musth sei wie eine Krankheit. Die Erforschung der Musth steckt noch in den Anfängen.

Das erste Anzeichen der Musth ist, daß Elefantenkühe den Bullen nicht nur meiden, sondern sogar Angst vor ihm bekommen. Denn der Bulle wird gefährlich. Das zweite Anzeichen der Musth sind seine geschwollenen Schläfendrüsen (Temporaldrüsen), deren stark riechendes Sekret die Haut unter dem Jochbogen schwarz färbt. Das dritte Anzeichen der Musth ist der ständig tröpfelnde Harn und ein Penis, der sich nicht mehr ausfahren läßt. Der Testosteron-(männliches Geschlechtshormon)-Spiegel des Bullen steigt während der Musth enorm an. Spätestens jetzt ist der Bulle aggressiv und gefährlich.

Musthbullen scheuern ihre Schläfendrüsen an Bäumen, vielleicht, um ihr Revier abzugrenzen, denn auch stärkere

Bullen gehen einem Musthbullen, an der Tränke etwa, aus dem Weg, vielleicht versuchen sie aber nur, den Druck in ihren Schläfendrüsen zu lindern.

Die Musth tritt nicht, wie etwa die Hirschbrunft, bei allen Bullen zur gleichen Jahreszeit auf. Sie dauert von wenigen Tagen an bis zu mehreren Monaten. Bei Elefanten in Menschenhand tritt die Musth etwa ab dem 15. Jahr auf, in Freiheit später, vermutlich wird sie durch die Anwesenheit kapitaler Bullen unterdrückt.

Jungbullen machen oft nur einen träumerischen, uninteressierten Eindruck während ihrer Musth. Die höchste Intensität erreicht die Musth zwischen dem 25. und 45. Lebensjahr, später nimmt sie wieder ab. Bei fetten Bullen dauert die Musth-Periode länger.

Musthbullen in Freiheit stehen am Wasser und kühlen sich den Kopf im Schlamm. Mahouts sind deshalb der Meinung, daß Musthbullen unter starken Kopfschmerzen leiden. Sie binden ihren Bullen während der Musth an einem Flußufer an, damit er trinken und sich kühlen kann. In Abständen von ein paar Tagen gehen die Mahouts zu ihren Bullen und rufen ihnen Kommandos zu. Folgt der Bulle den Befehlen, legt er sich etwa hin, ist die Musth vorbei, und er kann wieder losgebunden werden.

Vor zwanzig, dreißig Jahren ernährte in Asien ein Arbeitsbulle mit seiner Holzarbeit noch die ganze Sippe seines Mahouts. Und der Mahout sagte sich: Der Bulle kommt zwar in Musth, aber heute lasse ich ihn noch arbeiten; und dann noch einen Tag und vielleicht noch einen. So kam es bei den armen Waldarbeitern zu Unfällen, wenn Musthbullen durchdrehten und angriffen.

Inzwischen werden Arbeitselefanten meistens im Staats-

dienst der Forstbehörden beschäftigt. Die Mahouts bekommen also festen Lohn und sagen lieber einen Tag zu
früh als zu spät: Mein Bulle kommt in Musth. Die Zahl
der Unfälle ist seitdem stark zurückgegangen.
Viele Leute meinen, daß ein Bulle während der Musth
deckt. Das ist nicht so. Er kann in der Musth nicht einmal
seinen Penis ausfahren, geschweige denn decken. Allerdings deckt er vermehrt im Anschluß an die Musth.
Ich glaube, daß die Musth ein Überdruckventil sein kann.
Unser neunzehnjähriger Bulle hätte eigentlich im Mai des
vergangenen Jahres in Musth kommen müssen. Da aber zu
diesem Zeitpunkt fast alle unser Kühe heiß wurden und der
Bulle pausenlos decken mußte, hatte er gar keine »Zeit«, in
Musth zu kommen. Und tatsächlich blieb seine Musth aus.
Der Elefanten-Forscher Professor Fred Kurt vermutet, daß
wilde Bullen nur etwa alle fünf Jahre einmal decken. Das
würde meine Theorie von der Musth als »Überdruckventil« bestätigen. Eine Feldstudie, begleitet von einem
Elefantenmann, der wilde Bullen in größerer Zahl exakt
identifizieren kann, wäre eine lohnende Aufgabe.

Weil ich endlich einen Dolmetscher hatte, konnte ich die
Mahouts nach der Haltung von Musthbullen ausfragen. Wer Elefanten züchten will, braucht einen Bullen, aber ein Bulle kommt
einmal im Jahr in Musth. In Europa wurden damals die meisten
Elefantenbullen mit 20 Jahren erschossen, weil sie »böse« wurden, wie es hieß, und nicht nur ihre Stallungen kurz und klein
hauten. Auf jeden Bullen kommt ein toter Pfleger, das ist in Zoos
bis heute ein geflügeltes Wort.
Aber wenn ich hier die riesigen Bullen sah, die kamen doch auch
einmal jährlich in Musth, und jeder hatte »seinen« Mahout, seit

20, vielleicht 30 Jahren schon denselben. Also machten wir in Europa irgend etwas falsch bei der Bullenhaltung; während es in Asien nur selten zu Unfällen kam, und immer nur dann, wenn ein Mahout seinen Musthbullen zu lange arbeiten ließ. Einen Tag kann er noch arbeiten, sagte sich der Mahout, denn sein Bulle war LKW und Taxi, war Lebensunterhalt für die ganze arme Sippe, einen Tag also noch und vielleicht noch einen. Und dann war die Musth plötzlich da, der Bulle wurde aggressiv und ging auf alles los, was sich bewegte. Oder der Mahout konnte nicht abwarten, bis die Musth wirklich beendet war.

So war das früher gewesen, erzählten mir die Mahouts. Inzwischen arbeiten die Elefanten fast alle für die Forstbehörde, ebenso wie der Mahout. Und weil jeder Mahout weiter sein Gehalt bekommt, ob der Bulle nun in Musth ist oder nicht, geht die Zahl der Unfälle immer weiter zurück. Alle meine Gespräche mit Mahouts und Forstleuten drehten sich seit diesen Tagen nur um Musth, nur noch um die Bullenhaltung.

Dann waren unsere Tage im Trainings-Camp herum. Zum letztenmal sahen wir morgens die Frauen, die sich lachend und spritzend im Fluß wuschen, sahen, kaum daß die Sonne durch die Monsunwolken brach, Tausende von gelben Schmetterlingen an den Pfützen sitzen und Salze aus dem Boden saugen, sahen die bizarren Orchideen. Natürlich nahm meine Frau eine Orchidee mit, die tatsächlich zwanzig Jahre später blühte, und natürlich fiel ihr der Abschied von dem kleinen Gibbon schwer, der ihr im Camp immer auf der Hüfte gesessen hatte. Als wir schon im Geländewagen saßen, ließen die Mahouts ihre Elefanten dreimal die Runde um uns laufen. »Das bringt Glück!«

Der rührend besorgte Mr. Pat fuhr uns zurück ins Trainingslager, wo Dr. Chuen uns zum Abschiedsessen einlud. Wir fuhren in ein schönes Seerestaurant in der Nähe von Phayao. Es war ein halb offenes Haus, die Küche hinter einer Wand von Bambusstäben.

Dort lagen frische Fische aufgereiht, wir suchten uns jeder einen aus. Als Vorspeise gab es kleine Garnelen, die wie Hühnerfutter aussahen und rochen wie unser Flamingofutter im Tierpark. Der Fisch war wunderbar zubereitet, wir aßen und aßen. Die Sonne ging hinter dem Dschungel unter und tauchte den See in rotes Licht. Es war ein gelungener Abend, Dr. Chuen zeigte sich als höflicher Gastgeber und zügelte seinen Durst. Kurz vor dem Aufbruch mußte ich noch mal wohin und fand dazu einen Pfahlbau vor, ringsum mit Bambus verkleidet. Durch das international übliche Loch sah man direkt auf den Spiegel des Sees. Und während ich mich konzentrierte, sah ich im Licht der Abendsonne durch die Bambusstangen meiner Schamwand einen jungen Mann vom Restaurant, der mit großem Erfolg direkt neben dem Verschlag seine Angel auswarf. Wenigstens an diesem Abend behielt ich meine Beobachtungen für mich.

Zurück nach Bangkok ins Narai Hotel. Im Nationalpark Khao Yai, so hatte uns die Forstwirtschaftsbehörde versichert, würden wir nun endlich wilde Elefanten sehen. Ich konnte es kaum erwarten. Ein älterer Herr der Forstwirtschaftsbehörde holte uns ab, Krit Samapuddhi. Meine Frau erzählte ihm ihre Erlebnisse beim Friseur, und er sagte lachend: »Na, dann wissen Sie ja schon, wie der Nationalpark heißt: Khao ist der Berg, und Yai«, er zeigte auf seine Nase, »heißt groß.« Mit den beiden ist auszukommen, dachten wir, denn Mr. Krit hatte seine Frau dabei.
Von Bangkok aus fuhren wir 150 Kilometer weit nach Nordosten. Den Khao Yai Nationalpark gibt es seit 1959, er ist rund 2000 km² groß. Die Ausläufer des 1330 m hohen Khao Laem durchziehen dieses Gebiet. Nach und nach kamen wir immer höher, und wir merkten, warum Mr. Krit eine Windjacke anhatte und die Schirmmütze auf dem Kopf. Als ich gerade dachte, schöner kann die Landschaft nicht mehr werden, hielten wir vor einem großen Blockhaus. Wir gingen hinein und standen plötz-

lich in einem Luxusbungalow. Mr. Krit erklärte uns beiläufig, es sei das Jagdhaus des Königs von Thailand und nur besonderen Gästen vorbehalten. Wir wußten nicht, wie uns geschah.

Am nächsten Morgen, als wir das Fenster aufmachten, sahen wir von oben in die tiefgestaffelten Hügelketten des Dschungels hinein. Gibbons sangen. Meine Frau schnappte sich die Filmkamera und ging ums Haus herum, ging weiter bis ins hohe Gras. Plötzlich legte sich ihr eine Hand auf die Schulter. Sie zuckte herum und stand vor einem Diener: »Bitte gehen Sie schnell ins Camp zurück, Madam, hier gibt es Tiger.« Leider blieben wir nur eine Nacht im Gästehaus des Königs. Aber wir wollten ja wilde Elefanten sehen und fuhren weiter in ein Wildhütercamp.

Mr. Krit gab sich redlich Mühe, uns wilde Elefanten zu zeigen. Tag und Nacht waren wir unterwegs, wir suchten sogar mit großen Scheinwerfern den Dschungel ab. Und wir sahen viel Wild, aber weder Tiger noch Elefanten. »Hier in Thailand, in Laos und Kambodscha werden viele Elefanten gewildert«, erklärte uns Mr. Krit, »deshalb sind unsere Elefanten zu Nachttieren geworden.« Aber zumindest der Tiger war nicht weit, wie sich herausstellen sollte. Im Camp lief ein wunderschöner Gaur herum, ein Wildrind, es war handzahm, von den Leuten im Camp mit der Flasche großgezogen worden. Bei unserer Ankunft hatten wir den Gaur noch bewundert, am nächsten Morgen war er tot – vom Tiger gerissen.

Zurück nach Bangkok. Endlich hatten wir Zeit, uns die Stadt anzusehen.

Nachdem wir uns von dem Schrecken erholt hatten, der jeden aus der westlichen Welt befällt, der den Tiermarkt von Bangkok besucht hat, nachdem wir die übliche Touristentour absolviert hatten, fanden wir nicht weit vom Hotel den Lumpini-Park. Eine weite Restaurantplattform ragte weit über den See, Frösche quakten bei Sonnenuntergang, und Lotosblüten gingen im Wasser auf. Rundherum auf den Wiesen saßen Thaifamilien auf

Bastmatten, brutzelten bis spät in die Nacht auf kleinen Holzfeuern ihren Fisch, Kinder rannten durch die Nacht und fingen sich Fledermäuse, indem sie Heuschrecken an langen Schnüren durch die Luft wirbelten. Auf unserem Tisch saß jeden Abend ein weißer Spitz, weiße Tiere werden sehr verehrt. Und alle Menschen lachten uns an.

Vor unserer Abreise wollten wir uns revanchieren und Mr. Krit ins Narai Hotel einladen. In seiner herzlichen Art hatte er uns mit vielen Fakten vertraut gemacht, die uns zwangsläufig nicht bekannt sein konnten. Das Restaurant war das einzige Drehrestaurant Bangkoks mit einem herrlichen Blick über die ganze Stadt. Das wäre für Mr. Krit doch sicher eine schöne Abwechslung, dachten wir uns.

Wir saßen also in der Empfangshalle des Hotels und warteten auf unseren Mr. Krit. Plötzlich ging ein Raunen durch die Halle, sämtliche Thais warfen sich zu Boden, und herein kam Mr. Krit in einer Galauniform voller Orden, streckte uns strahlend die Hand entgegen und sagte: »Na, dann wollen wir mal.« Wir waren tief beeindruckt, und es dauerte ein paar Minuten, bis wir wieder zu unserem vertrauten Ton zurückgefunden hatten. Erst jetzt stellte sich heraus, daß Mr. Krit der Direktor der Forstwirtschaftsbehörde, also zuständig für sämtliche Distrikte Thailands und ein vom König hochgeschätzter Beamter war.

Als ich in Stellingen von meinen Erfahrungen erzählte, von den Elefantenbabys, vor allem aber von den riesigen, ruhigen Bullen, sagte Carl-Heinrich Hagenbeck: »Was nützt mir der schönste Bulle, wenn er mir meinen Kock umbringt.« Trotzdem, mir wollte der Gedanke an eine Elefantenzucht nicht mehr aus dem Kopf.

KENIA

Die Sonne stand tief über der Savanne. Wir fuhren heimwärts ins Camp. Unser Weg führte über eine Kuppe. Plötzlich kam uns ein Elefantenbulle entgegen, mitten auf der Piste. Der Fahrer bremste, unsere Staubfahne zog langsam auf den Bullen zu. Es war ein mächtiger Stoßzahnträger, er witterte herüber und spreizte die Ohren ab. Ausweichen konnten wir nicht, links und rechts starrte dichtes Gestrüpp. Wir warteten. Irgendwann mußte der Bulle ja weiterziehen. Aber der Bulle witterte herüber und scharrte im Sand. Wir warteten.

Die Sonne war bereits ein ganzes Stück gesunken, und unser Fahrer wurde ungeduldig. »Wenn wir zurückfahren, müssen wir einen Umweg machen«, sagte er, »vierzehn Kilometer, dann kämen wir in die Dunkelheit. Ich fahr' näher ran, dann wird er vielleicht...« Wie in Zeitlupe mahlten unsere Räder im Sand, im Schrittempo kamen wir dem Bullen näher. Noch zwanzig Meter. Der Bulle scharrte weiter den Sand auf und dachte nicht daran, den Weg freizumachen. Seine Stoßzähne leuchteten im späten Licht.

Wir warfen Steine in seine Nähe. Es nützte nichts, der Bulle scharrte und witterte herüber. Unser Fahrer fuhr noch näher, auf fünfzehn Meter heran.

Da rollte der Bulle den Rüssel unter das Kinn und griff an. Unser Fahrer knallte den Rückwärtsgang rein und gab Vollgas. Es dauerte zwei, drei Sekunden, bis der Bulle nicht mehr näher kam, bis wir gleich schnell, bis wir schneller wurden. Mit heulendem Motor jagten wir rückwärts über die Piste. Dann hatten wir die Sicherheitsdistanz des Bullen überschritten, und er fühlte sich nicht mehr bedroht. Er verschwand irgendwo im Busch.

Weil ich in Thailand keine wilden Elefanten gesehen hatte, war ich mit Frau und Sohn 1974 nach Kenia geflogen. In der Kitani Lodge hatten wir bei den Wildhütern einen kleinen Bungalow gemietet und fuhren täglich in den Tsavo West Nationalpark hinaus. Und dann sahen wir wilde Elefanten, zuerst durchs Fernglas, dann mit bloßem Auge. Es wurden so viele, daß wir sie nicht mehr zählten. In der Mittagsglut fanden wir die Elefanten im Schatten der wenigen Bäume. Sie standen wie die Orgelpfeifen und nutzten den Schatten so gut wie möglich aus, wiegten sich ganz langsam von einem Bein aufs andere und fächelten sachte mit den Ohren, das brachte ihnen Kühlung. Ein Bulle fiel uns auf, der immer unter demselben Baum stand. Er hatte ein geschwollenes Bein, das wurde von Tag zu Tag dicker. Wahrscheinlich war er von einem vergifteten Pfeil getroffen worden. Etwas störte mich: Ich konnte die Elefanten zwar beobachten, aber ich kam mit ihnen nicht in Kontakt, konnte keinen von ihnen kennenlernen, mit keinem sprechen und erst recht keine Freundschaft schließen.

Eines Abends kamen sechs Nashörner gleichzeitig zur Tränke an die Kitani Lodge. Sechs Nashörner gleichzeitig zu sehen war für mich ein noch größeres Erlebnis als die Vielzahl von Elefanten. Heute lebt im Tsavo West Nationalpark kein einziges Nashorn mehr.

Bei späteren Reisen nach Kenia sahen wir oft nur noch kleinste Elefantentrupps, Mutter und Kind und Tante. Die Wilderei hatte ihre Spuren hinterlassen. Ebenso wie lange Dürrezeiten. Wir sahen immer wieder knochige Elefantenmütter, hinter denen ausgemergelte Babys herwankten. Es war fürchterlich, schmerzlich, weil wir nicht helfen konnten. Früher wanderten die Elefanten dem Regen nach und suchten sich ihre bekannten Tränken. Aber heute leben Elefanten nur noch in Reservaten. In langen Dürreperioden erschöpfen sich Wasser und Futter im Reservat, und die alten Wanderwege hat der Mensch durch Straßen, Dörfer und Städte unterbrochen.

Auch die Junggesellentrupps, zu denen die afrikanischen Bullen sich zusammenschlossen und von denen immer nur der Ranghöchste zum Decken geht, auch diese Junggesellentrupps waren geschrumpft. Tsavo roch nach Aas.

Im Juli 1989 ging der erste Stapel von Elefantenzähnen aus der Wilderei in Flammen auf. Kenias Regierung ließ das beschlagnahmte Elfenbein damals verbrennen. Dieses Brandopfer vernichtete zwar Elfenbein im Wert von sechs Millionen Dollar und trug dazu bei, den Handel beinahe weltweit zu ächten. Aber leider nicht vollständig. Bis heute ist die Zahl der Afrikanischen Elefanten weiter geschrumpft. Und mir, der ich mein Leben mit den Elefanten verbunden habe, stellt sich die Frage, ob es nicht besser gewesen wäre, für den Erlös aus diesem Elfenbein Hubschrauber zu kaufen, die Wildhüter besser auszurüsten und vor allem besser zu bezahlen, anstatt das Elfenbein in einer pressewirksamen Aktion in Rauch aufgehen zu lassen? Ich frage das auch, weil feststeht, daß die Wilderei überall dort zurückgegangen ist, wo gut ausgerüstete und ausgebildete Wildhüter aktiv gegen Wilderer vorgehen.

Warum dürfen zum Beispiel internationale Naturschutzorganisationen dieses Elfenbein nicht treuhänderisch verkaufen und das Geld zu Naturschutzzwecken verwenden?

Was ich im Elefantenhaus bei Hagenbeck vermutet hatte, bestätigte sich auf meinen Afrikareisen: Afrikanische Elefanten ver-

110

tragen unser nordeuropäisches Klima nicht. Sie kommen aus der trockenen Savanne, in der nur zur Regenzeit große Feuchtigkeit herrscht. Den größten Teil des Jahres leben Afrikanische Elefanten in trockener Luft; in unserer feuchten Kälte bekommen die meisten Gelenkrheuma, kaum daß sie 20 Jahre alt sind. Steife Beine und ständige Schmerzen sind dann leider nur der Anfang. Deswegen verzichtet Hagenbeck darauf, afrikanische Elefanten zu halten. Asiatische Elefanten dagegen kommen aus dem tropischen Regenwald, dort ist es immer feucht und, je nach Jahreszeit, nachts empfindlich kalt. Sie kommen mit unserem Klima viel besser zurecht.

Elefanten wechseln, was die wenigsten Leute wissen, einmal im Jahr die Haut. Nun häuten sie sich nicht so elegant wie eine Schlange, die ihre alte Haut einfach abstreift. Elefanten müssen sich die alte Borke mühsam abscheuern. Und Afrikaner haben eine viel dickere und rauhere Haut als die Asiaten. Wenn wir bei Hagenbeck früher Afrikanische Elefanten bekamen, dann mußten wir die alte Haut lange einweichen und stellenweise sogar mit einer Hufraspel abkratzen. Aber runter mußte die alte Hautschicht, weil die junge Haut darunter sonst ersticken und sich entzünden konnte.

In Indien hat jeder Arbeitselefant zwei Mahouts, die ihm mit Kokosnußhälften beim Baden die alte Haut abscheuern. Weil kein westlicher Zoodirektor solche Personalkosten bezahlen könnte, haben wir bei Hagenbeck für unsere Asiaten mit der »zarten« Haut überhängende Betonmauern ins Gehege gebaut, an denen sich die Elefanten nicht nur Beine und Bauch, sondern auch den Rücken scheuern und so von Mai bis August die Haut wechseln können. Bei Elektrozäunen oder reinen Stangenkäfigen ist das nicht möglich.

Einige Jahre später las ich mit Erstaunen, britische Forscher hätten im Amboseli Nationalpark bei afrikanischen Elefantenbullen die Musth entdeckt und diese sensationelle Erkenntnis 1980 »verkündet«, eine Erscheinung übrigens, die sie bis dahin mit »Grüner-Penis-Syndrom« beschrieben hatten. Es war ein schönes Beispiel für wissenschaftliche Scheuklappen, diese Forscher hätten nur Elefantenleute nach der Musth zu fragen brauchen. Seit den frühen sechziger Jahren hatte ich die Musth bei afrikanischen Bullen beobachten können, hautnah bei uns im Tierpark. Einen »grünen Penis« allerdings sah ich dabei nie, und wenn doch, wäre es ein Fall für den Tierarzt gewesen.

Hagenbecks Tierpark, 1957: Ich reite die Elefantendame »Menni«. Mein Lehr-meister Fritz Theisinger füttert ein Elefanten-Baby, auf dem sein Sohn sitzt.

»Birka« vor dem Pflug. Nach dem Krieg wurden die Elefanten zur Feldarbeit eingesetzt, weil es zu wenig Trecker gab.

Parade von »Zirkus Arnado« in Norwegen. Clowns und Hagenbecks Elefanten marschieren an Kronprinz Olaf vorbei.

Tierpark-Chef Carl-Heinrich Hagenbeck mit Karl Kock beim Fachsimpeln vor der Elefanten-Anlage.

Elefanten haben Vorfahrt: »Birka« und ein Jungelefant auf einem Zebrastreifen am Tierpark; sie gewöhnt den Kleinen an den Straßenverkehr.

Indien, 1987: Unser Elefantenbulle »Hussein« wird auf einem Lastwagen von Mysore nach Bombay gebracht.

Hamburger Hafen, 1974: Elefanten sind mit einem Schiff aus Indien gekommen. Dietrich Hagenbeck (3. v. l.) beobachtet das Entladen.

Sieht aus wie Indien, ist aber Hamburg: Carsten Kock badet mit der Elefantendame »Chandra« im Teich des Geheges.

Auf der Suche nach einem Elefantenbullen in einem Arbeitscamp: Dieser hieß »Prakash«. Er kam in die engere Wahl.

Der Elefanten-Bahnhof in Hagenbecks Tierpark: An sonnigen Tagen reiten bis zu 2000 Menschen auf unseren Elefanten.

Morgenritt im Tierpark: Der Bulle »Hussein« geht in der Mitte. Elefanten müssen täglich bewegt werden.

Ein Tempel-Elefant — prächtig bemalt, mit Blumen geschmückt. Der Priester weihte ihn symbolisch dem Elefantengott, den die Inder »Ganesha« nennen.

Elefanten-Parade beim Dassare-Fest in Mysore. Die Elefanten tragen vergoldete Kopfstücke. Zweiter von links: unser »Hussein«.

So feiern wir bei Hagenbeck eine »Dschungelnacht«: Auf dem Elefanten »Mala« sitzt der Tiger »Don«; mein Sohn Carsten hält ihn an der Leine.

Dons Kindertage: Die arabische Windhündin »Bahila« hatte nie eigene Babys, aber sie pflegte »Don« mit großer Zärtlichkeit.

Mit Elefanten auf der Pirsch im Dschungel von Assam in Ostindien.
Wir suchten einen Tiger. Aber er ließ sich nicht blicken.

»Der alte Schwellenleger«: Dieser Elefantenbulle mußte jahrelang Schwellen
für die indische Eisenbahn verlegen. Später kam er in einen Nationalpark.

*Die Geburt eines Ele-
fanten: Die Mutter steht
dabei aufrecht. Nach
den Wehen tritt plötzlich
der bläulich-schim-
mernde Fruchtsack aus
ihrem Körper und zer-
platzt auf dem Boden.
Das Baby liegt frei,
atmet zum ersten Mal.
Ein paar Minuten später
steht es aufrecht,
beschnüffelt seine Mut-
ter mit dem Rüssel. Und
wir sahen: Es ist ein
kleiner Bulle! Unser
»Magnum« war damals
1,05 Meter groß und
etwa 100 Kilo schwer.
Es war die zweite Ele-
fantengeburt im Jahre
1992 in Hagenbecks
Tierpark.*

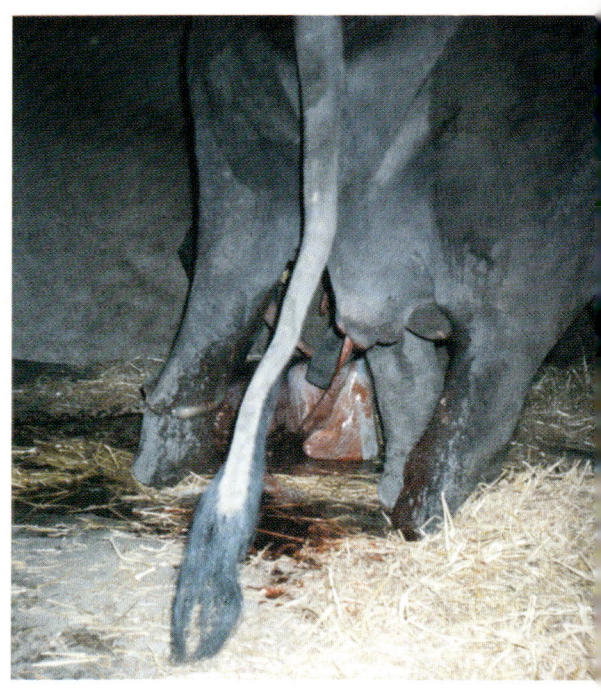

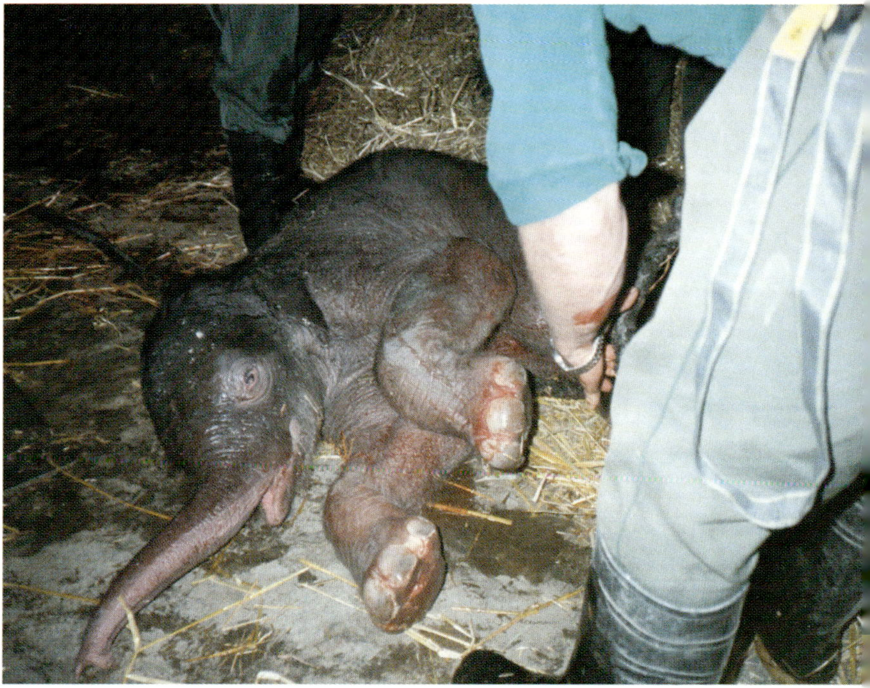

*Wasser in das Wichtigste: Elefanten-Mutter »Tura« mit ihrem Baby »Ratna«,
das im Wassereimer planscht. Erwachsene Elefanten trinken 200 Liter am Tag.*

»Hussein« hilft beim Ausbau des Elefantengeheges. Bei Hagenbeck hat die Herde über 10 000 Quadratmeter Platz.

Sand ist der natürliche Körperpuder der Elefanten. Die Großen werfen ihn über den Rücken, die Kleinen suhlen sich darin.

Ein bißchen Show gehört dazu: Bei den »Dschungelnächten« im Tierpark werden die Elefanten festlich geschmückt.

ELEFANTENSCHWEMME II

»Mensch, der Kerl muß doch irgendwo abgeblieben sein! Erst bringt er seine Elefanten mit dem Dampfer aus Indien rüber, und kaum sind alle heil in Hamburg ausgeladen, da ist er verschwunden. Das gibt's doch nicht.« Horst Brüggmann riß ein Schapp nach dem anderen auf, guckte unter den Tisch, sogar durchs Bullauge nach draußen. Plötzlich ging ein Strahlen über sein Gesicht, er hatte unter dem Kabinenbett ein dünnes, braunes Bein entdeckt. »Karl, ich hab' ihn!« Horst Brüggmann griff sich das Bein und beförderte unter dem Bett einen kleinen Inder heraus. Na, Gott sei Dank. »Weißt was, Karl, ich glaub', der hat Angst, so weit von Indien weg und ohne seine Elefanten«, sagte Horst. Dann tippte er sich mit dem Zeigefinger an die Brust und sagte: »Horst.« Ich tippte mir auch an die Brust und sagte: »Karl.« Und dann tippten wir beide den kleinen Inder an. »Sri«, sagte der Kleine vorsichtig, »Sri«, und dann lächelte er uns zu. »Na, Sri, denn komm mal mit.« Wir hakten ihn unter, damit er uns nicht wieder entwischte, und brachten ihn von Bord des polnischen Frachters, mit dem fünf Elefanten und der kleine Mahout in den Hamburger Hafen gekommen waren. Die Elefanten standen schon auf dem LKW. Leider war auch der Zahlmeister schon von Bord, und der hatte Sris Papiere aus Versehen in der Tasche. Deshalb setzten wir Sri im LKW mitten zwischen seine Elefanten, machten »psssst, schön leise sein«, und fuhren zum Zoll. Die Zöllner hatten nur Augen für unsere Elefanten, suchten nach Brot und Äpfeln und ließen uns zusammen mit unserem blinden Passagier unbehelligt passieren.

Im Tierpark angekommen, führte Sri seine Elefanten selbst in ihre neuen Boxen. Und erstarrte! Denn in der Box nebenan stand Fatma, eine afrikanische Elefantenkuh. Die Riesenohren, die langen Beine und − es fehlten, er zählte es uns an den Fingern immer wieder vor, es fehlten Fatma vier Fußnägel. Sri konnte es kaum fassen. Bei Afrikanern ist das so, aber woher sollte ein indischer Mahout afrikanische Elefanten kennen.

Als alle Elefanten ausgeladen waren, gingen wir drei zum Mittagessen ins Tierpark-Restaurant. Sri mußte wohl ein indisches Curry erhofft haben, denn er pampste sich Pommes frites, grünen Salat, Schokoladeneis und Rumpsteak auf seinem Teller zusammen. Erst bei Schinkenbrot und zwei Flaschen Bier erholte er sich wieder von dem kulinarischen Schock. Abends mußten wir sein Bett in der Futterkammer aufschlagen, denn Sri wollte nicht in einem eigenen Zimmer, er wollte bei seinen Elefanten schlafen.

Sri richtete sich ein in unserem Elefantenhaus, wusch seinen Khaki-Anzug und die Strümpfe, gewöhnte sich an Schinkenbrot und Bier und schlief in unserer Futterkammer. Nur seine Papiere von der polnischen Reederei kamen und kamen nicht, sooft Hagenbeck dort auch anrief.

Am dritten Tag entdeckte Horst Brüggmann unter den Besuchern einen Inder und redete so lange auf ihn ein, bis der ins Elefantenhaus mitkam. Als der Inder aber hörte, er solle dolmetschen, hatte er es plötzlich sehr eilig. »Das war ja wohl ein ganz feiner Pinkel, was?« sagte ich zu Horst Brüggmann. »Wahrscheinlich so 'n Brahmane.«

»Ja, und der macht sich doch nicht an uns Elefantenleuten die Hände schmutzig«, sagte Horst Brüggmann. »Aber weißt du was? Heut abend gehen wir mit Sri in die Kalkutta-Teestuben, der Wirt ist mit einer Deutschen verheiratet, die helfen uns bestimmt.«

Vorher gingen wir einkaufen, wir sahen ja, was ihm fehlte. Wir hakten Sri wieder unter, als wir mit ihm zur U-Bahn hinabstiegen. Die rasenden Züge unter der Erde, Türen, die sich wie von Zauberhand hinter ihm schlossen, Sri wurde zwischen unseren Ellenbogen immer kleiner. Dann rein ins Alsterhaus, »Mensch, wat is denn? Loop doch too!« Mit Gewalt zerrten wir Sri auf die Rolltreppe, die sich vor ihm von ganz allein in Bewegung setzte. Als wir oben waren, zeigte ich ihm die Fotozellen an der Rolltreppe und zeigte danach auf meine Augen. Als Sri das verstanden hatte, fuhren wir eine Viertelstunde lang Rolltreppe: Er schlich sich an die stehende Rolltreppe an, sprang plötzlich los − und die Rolltreppe fing an zu laufen. Sri strahlte und fuhr andächtig mit der Zaubertreppe hinauf.

Dann kauften wir endlich ein. Socken und Unterwäsche, Zaubertreppe! Ein dicker Pullover gegen Hamburgs Schmuddelkälte, Sri behielt gleich alles an. Wieder auf die Zaubertreppe! Oben angekommen, verschwand Sri fast in einem riesigen grünen Parka und entdeckte die Schuhabteilung. Horst Brüggmann und ich konnten gar nicht so schnell gucken, wie Sri zwei Schuhe an den Füßen hatte. »Guck mal«, sagte Horst Brüggmann, »der hat zwei linke an.« So stehen sie halt bei uns in den Regalen. Und Horst Brüggmann versuchte, Sri den linken Schuh vom rechten Fuß zu ziehen. Sri wehrte sich mit Händen und Füßen. Seine Schuhe hergeben? Niemals! Bloß gut, daß er in dem zu großen Parka wie in einer Zwangsjacke steckte. Horst Brüggmann packte Sri von hinten, hob ihn hoch, und ich zog ihm die Schuhe von den strampelnden Füßen. Als ich hochguckte, starrte mich eine Menschentraube an. Raubüberfall? Ladendiebstahl? Was war hier los? Horst Brüggmann konnte Sri erst wieder absetzen, als der zwei passende Schuhe an den Füßen hatte. Dann endlich gingen wir in die Kalkutta-Teestuben. Wir hatten großes Glück, denn der Wirt verstand Sris Dialekt. Und so bekamen wir heraus, daß Sri mit Nachnamen Rava hieß, 50 Jahre alt war, am Oberlauf des Brahmaputra lebte, wo sein Sohn inzwischen den Hauselefanten versorgte, solange der Vater auf Amerikareise ging. Auf Amerikareise? »Mensch, Sri, wir sind doch hier in Hamburg. Herr Wirt, bitte mal einen Atlas.« Lange besah sich Sri die Weltkarte und hörte sich an, was der Wirt ihm erklärte. Ich glaube, er wurde aus der ganzen Sache nicht schlau. Dann erzählte er uns, wie er zwei der fünf Elefanten selbst gefangen hatte. Beim Ritt in die wilde Herde war er von seinem zahmen Elefanten gefallen und hatte einen Tritt ins Gesicht bekommen, was ihn fast alle Vorderzähne kostete. Dann hatte er alle fünf Elefanten quer durch Indien bis nach Bombay gebracht. Dort erklärte ihm der Tierhändler, er brauche mit den Elefanten nur aufs Schiff zu steigen, dann würde ihm der Sahib im fernen Amerika ein schönes Radio schenken und ihn noch am selben Tag in ein Flugzeug setzen. Jetzt wurde uns klar, warum Sri immer wieder die Arme brummend ausgebreitet oder eine Hand ans Ohr gehalten und vor sich hingeträllert hatte. Flugzeug und Radio sollte das bedeuten. Als wir Sri Rava an diesem Abend in der Futterkammer ins Bett brachten, war uns bedeutend wohler zumute.

Sri bekam starke Schmerzen in seinen Zahnstümpfen. Meine Frau machte für ihn einen Termin beim Zahnarzt. Sri hatte, so erklärte der Zahnarzt, lauter Wurzelentzündungen in seinen abgebrochenen Schneidezähnen. Er behandelte die Wurzeln und verstopfte die Wunden provisorisch mit Gaze. Dann standen die beiden wieder auf der Straße. Und während meine Frau noch überlegte, wo sie den Wagen abgestellt hatte, steuerte Sri zielsicher durch den Asphaltdschungel auf das Auto zu. Beim Auto angekommen, hatte Sri sich die langen Gazestreifen längst aus den Zahnlöchern gezogen und stand da wie mit einer Handvoll gekochter Spaghetti.

Dann fuhren die beiden zum Steindamm, dort sollte das bestellte Kurzwellen-Radio angekommen sein. Nun muß Nicht-Hamburgern erklärt werden, daß der Steindamm im Stadtteil St. Georg schon damals Hamburgs zweite »sündige Meile« war, viel kleiner und beinahe familiär, solide Hausmannskost sozusagen im Gegensatz zum schillernden Amüsierbetrieb der Reeperbahn. Als meine Frau also mit dem etwas zweifelhaft aussehenden Sri Rava über den Steindamm zum Radioladen ging, rief ihr eine der Damen von der Bordsteinkante aus nach: »Paß man op, dat he ok betolen kann.« Seit dem Tag schmunzelt meine Frau, sobald wir in die Nähe des Steindamms kommen.

Nach fünf Wochen endlich kamen Sri Ravas Papiere von der polnischen Reederei. Zum Abschied spendierte Sri Rava uns allen ein Bier aus seinem Spind, in dem er heimlich Bierflaschen und Milchkartons gehortet hatte. Milch ist sehr teuer am Oberlauf des Brahmaputra, erklärte er uns in seiner rührenden Schlichtheit, er wollte deshalb viel, sehr viel Milch mitnehmen, um zu Hause Dickmilch für seine Familie daraus zu machen. Natürlich war die Milch in den Kartons längst schlecht geworden, und es kostete uns viel Mühe, Sri ohne seine Schätze ins Taxi zu verfrachten. Vor der Fahrt verabschiedete der kleine Mahout sich von seinen fünf Elefanten, vor jedem kniete er nieder und streichelte seine Füße.

Auf dem Flughafen Fuhlsbüttel stieg am nächsten Morgen ein dicker Inder aus dem Taxi, klammerte sich links an ein Radio, rechts an eine Reisetasche. Nur wir, meine Frau, Horst Brüggmann und ich, wußten, daß Sri Rava drei Hosen, jede Menge Hemden und Pullover und seinen Parka übereinander trug. Morgens hatten wir sein Gepäck im Tierpark auf die Waage gestellt, 20 Kilogramm waren nur gebührenfrei. Also hatten wir ihm den Rest angezogen. Jetzt stand er vor der Zollkontrolle, aufgetrieben und mit abgespreizten Armen wie ein Michelin-Männchen. Die Zöllner förderten noch eine Westerneisenbahn zutage, die wir ihm für seinen Sohn geschenkt hatten und die seitdem jeden Abend mit dumpfem Huuu-Huuu durch die Futterkammer gerattert war. Auch indische Väter spielen gern mit der Eisenbahn. Sie würde die größte Attraktion am Oberlauf des Brahmaputra werden, wir waren ganz sicher.

Mitten in der Schalterhalle kniete Sri Rava nieder, hob seine zusammengelegten Handflächen an die Stirn und verbeugte sich vor Horst Brüggmann, meiner Frau und mir. Wir hatten schon feuchte Augen, als Sri Rava plötzlich bemerkte, wie eine Stewardeß seine Reisetasche auf das Gepäckband setzte. Seine kostbaren Schätze verschwanden hinter einem Gummivorhang! Sri Rava schrie auf, hechtete auf das Förderband und nahm die Verfolgung auf.

Das letzte, was wir von Sri Rava sahen, war eine trippelnde Silhouette, die mit Stewardeß und Reisetasche auf ein Flugzeug zulief. Der Tierhändler schrieb uns, Sri Rava hätte sein Heimatdorf 1 500 Kilometer östlich von Neu-Delhi glücklich erreicht. Ob die Dorfbewohner ihm allerdings geglaubt haben, daß es im fernen Europa Treppen gibt, die sehen und fahren können, das bezweifle ich.

Damals, Anfang der siebziger Jahre, bekamen wir alle drei, vier Monate einen Schwung kleiner Elefanten, zwei, drei Jahre alt, die hatten vielleicht eine Rückenhöhe von 1,30 Meter und wogen zehn, zwölf Zentner. Und die mußten eingeritten werden.

Nachdem wir den kleinen Elefanten eine Decke aufgelegt und festgeschnallt hatten, gingen wir zu dritt durch den Park spazieren, Horst Brüggmann rechts, der Elefant in der Mitte und ich links. Ab und zu legte ich dem kleinen Elefanten meinen Arm auf die Schulter, damit er das Gewicht spürte, und nach einer Woche klappte das.

Aber ein ausgewachsener Europäer sollte sich nicht auf einen so jungen Elefanten setzen. Und so bekam Hagenbecks Elefantenhaus ein paar Monate später sogar einen noch kleineren Mahout, um unseren halbwüchsigen Elefanten das Reiten beizubringen. Mein Sohn Carsten ging damals noch nicht in die Schule, er war gerade sechs Jahre alt. Für »Kocki« gab es nichts Schöneres, als bei seinem Papa im Elefantenhaus herumzustromern. Und für Jungelefanten hatte er gerade die richtige Größe.

»Kocki, komm her, wir gehen reiten«, sagte ich. Während ich den Elefanten vorn mit ein paar Äpfeln ablenkte, setzte Horst Brüggmann, ein Kerl wie eine Eiche, meinen Sohn dem Elefanten in den Nacken. An die aufgeschnallte Decke hatte der Sattler einen Riemen genäht, dort hielt Carsten sich fest. Natürlich fing der Elefant an, sich zu schütteln. Aber Horst Brüggmann hielt Carsten fest, Kocki schwebte mehr, als daß er saß.

Hatten wir den kleinen Elefanten wieder beruhigt, klopfte Carsten ihm vorsichtig an die Stirn. Wie von selbst kam der Rüssel neugierig nach oben, wollte wissen, was los war. Und Carsten steckte dem kleinen Elefanten ein Stück Brot zu. Kaum hatte der kleine Elefant das Brot gefressen, schüttelte er sich wieder, aber Horst Brüggmann hielt meinen Sohn eisern fest. Und Kocki machte mit.

Nur meine Frau durfte davon nichts wissen. Als sie eines Nachmittags unvermutet um die Ecke bog, um unseren Sohn abzuholen, saß Carsten gerade wieder auf einem bockigen Elefanten. »Seid ihr verrückt?« rief meine Frau. »Wollt ihr mein Kind umbringen? Carsten, sofort kommst du da runter! Karl, tu doch was. Und von Ihnen, Herr Brüggmann, hätt' ich auch mehr Verstand erwartet!« Horst Brüggmann, er duzte sich normalerweise mit meiner Frau, stellte Carsten unversehrt vor seine Mutter auf den Boden. Da erst fing meine Frau an zu lachen und fragte: »Wie macht er sich denn als Mahout?«

Schon am nächsten Tag machten wir wieder Reitstunde. »Wann holt Mutter dich ab?« – »Um vier.« – »Alles klar.«

Als die kleinen Elefanten ihre Angst vor dem ungewohnten Reiter verloren hatten, gingen wir möglichst oft zusammen spazieren. Wir gingen von einem Kiosk zum anderen, gingen überall betteln, auch bei den Besuchern. Hatten die Elefanten erst einmal Freude am Spazierengehen, dann hatten wir gewonnen. Kaum blieben wir stehen, fütterte Carsten aus seiner kleinen Umhängetasche ein Stück Brot, die Nase kam bald von allein nach oben. Carsten machte das einen Riesenspaß.

Spazierengehen und Beschäftigung, das ist das Allerwichtigste für einen Elefanten, das Schlimmste für ihn ist Langeweile. So ist das mit vielen Elefanten im Zoo, und dort liegt unsere große Verantwortung.

Ende Mai 1970 kam Kanaudi zu uns, acht Jahre alt und mit einer riesigen Wunde. Kanaudi war einem Bullen vor den Stoßzahn gekommen. Die Wunde heilte sehr schlecht, und Kanaudi hatte seit dem Tag große Angst vor Bullen.

Ein Jahr später kam eine Werbefirma und wollte einen großen Bullen filmen für irgend so ein Haarwasser. Aber Carl-Heinrich Hagenbeck hatte immer vor Bullen gewarnt, also hatte der Tierpark keinen Bullen. Aber in einem Privatunternehmen muß man wendig sein. Also ließen wir unsere Tischler ein paar riesige Stoßzähne bauen, mit einem Brett dazwischen. Mala arbeitete gut mit den Zähnen, also ließen wir Mala auf dieses Brett beißen. Und Mala sah von einer Sekunde zur anderen aus wie ein kapitaler Bulle — sie ist sowieso ein Mannweib.

Wir probten für die Aufnahmen. Mala kam im roten Abendlicht über den Hügel, wo heute die Springböcke stehen, und hob malerisch den Rüssel. »Super, einfach super!« sagten die Werbefritzen, und: »Alles im Kasten.« Na, wir waren also fertig und gingen zurück zum Elefantenhaus. Mala behielt die Zähne drin, sonst hätten wir sie ja tragen müssen. Beim Elefantenhaus kamen unsere Kühe gerade aus dem Gehege in die Box. Als Kanaudi die stoßzahnbewerte Mala plötzlich um die Ecke biegen sah, rannte sie in panischer Angst vor dem vermeintlichen Bullen davon,

120

unser Tierpfleger Peter Huß hatte alle Hände voll zu tun, Kanaudi wieder zu beruhigen. Diese Bullenzähne hab' ich heute noch, und auch ein Bild, wie Horst Brüggmann neben Mala steht und ihr das »rausgenommene« Gebiß putzt.

Nicht immer dreht sich im Elefantenhaus alles um Elefanten, so seltsam sich das anhört. 1957 holte Dietrich Hagenbeck unsere Nepali II aus Indien, ein kapitales Panzernashorn. Und Nashörner stehen bei Hagenbeck traditionsgemäß im Elefantenhaus. Weil Hagenbeck keinen Nashornbullen zur Zucht hatte, ließen wir Nepali in Basel mit Erfolg decken. Aber als das Baby nach 16 Monaten auf die Welt kam, nahm die Kuh ihr Baby nicht an. Sie ließ den kleinen Gauhati zwar saugen, aber anschließend wollte sie ihn umbringen.

Also mußten wir Mutter und Kind trennen und füllten alle zwei Stunden eine Weinflasche mit einem Dreiviertelliter Babynahrung. Der kleine Gauhati nahm die Flasche gut an und trank begierig. Aber Gauhati wollte nicht allein sein, ihm fehlte die Mutter; also schlief die Nachtwache in seiner Box. Die Nachtwache, das waren Horst Brüggmann und ich, eine Nacht er, die andere Nacht ich. Gauhati kuschelte sich an uns, schob die Nase in unsere Achselhöhlen und schlief selig ein. Nach zwei Stunden allerdings stand er frisch und munter auf und nuckelte uns so lange am Ohr oder an der Nase herum, bis wir aufstanden und ihm die nächste Flasche warm machten. Dann schlief er wieder – für zwei Stunden.

Wegen solcher Kleinigkeiten durfte die Tagesschicht im Elefantenhaus nicht ausfallen, unsere Elefanten wollten schließlich ihr Recht. Jeden Morgen kam Carl-Heinrich Hagenbeck ins Elefantenhaus und half uns ausmisten und saubermachen. »Na, Kock, wollen mal frühstücken gehen, was?« sagte er anschließend, nahm uns mit in seine Küche und machte selbst die Bratkartoffeln. Gauhati war schließlich das erste Panzernashorn, das jemals in Deutschland geboren wurde. Ein Panzernashorn hätte damals etwa 120.000 Mark gekostet – wenn eins auf dem Markt gewesen wäre; aber Panzernashörner gab es nicht zu kaufen. Viele Babys bekommen mal Durchfall, so auch Gauhati. Eines Nachts holte mich eine völlig mit Dünnschiß beschmierte Nashornschnauze aus dem schönsten Schlaf, weil sie mir fast die Nase abnuckelte. Erst wusch ich mich, dann wusch ich Gauhati. Was macht man nicht alles für so einen kleinen Racker? In jedem Fall Futter.

Das Baby hatte sich ganz und gar an uns gewöhnt. Es lief bei Fuß wie ein guter Hund, und wir konnten es ohne Leine mit in den Park nehmen. Wollten wir allerdings einen Kollegen ärgern, der womöglich gerade mit seiner Schubkarre voll Mist am Elefantenhaus vorbei zum Misthof fuhr – manchmal reitet einen ja der Teufel –, dann simulierten wir einen Angriff, grunzten und schnauften und rannten los. Gauhati machte begeistert mit und schmiß jedesmal die Karre um. Als Gauhati allerdings selbsttätig einen Angriff startete und einen Kinderwagen mit der Mistkarre verwechselte, war es vorbei mit den Spaziergängen. Für so etwas sind Panzernashörner einfach zu groß. Gauhati steht heute noch im Westberliner Zoo.

Zwei Jahre später kam unsere Nashornkuh wieder zum Decken nach Basel, aber sie nahm auch ihr zweites Baby nicht an. Nach 16 Monaten ging es also wieder mit Nachtwache, Weinflasche, Schnuller und Babynahrung los. Die kleine Nepali schlief in unserem Arm, kam mit uns in den Frühstücksraum und durfte überall mit uns hin. Sie wuchs ja ohne Mutter auf, sie wollte spielen und beschäftigt werden. Allein das Fressen: Kein Nashornbaby kaut von allein Heu. Also hockten wir uns neben dem Baby hin und raschelten so lange mit der Hand im Heu herum, bis das Baby von selber fraß. Es kann sich keiner vorstellen, was so ein Baby für Zeit kostet, und viele dachten damals, wir seien ja wohl verrückt, weil wir uns das aufhalsten.

Anfang der siebziger Jahre wurden Elefanten immer billiger. Die kleinste Klitsche von Zirkus konnte sich plötzlich Elefanten leisten, und das tat sie auch, schon wegen der Konkurrenz.

Das war keine schöne Zeit. Mir tat oft das Herz weh, wenn ich die Elefanten, kaum daß wir uns aneinander gewöhnt hatten, schon wieder weggeben mußte. Bei jüngeren Elefanten mochte das noch angehen, die schlossen schneller wieder Freundschaft, aber wenn sie schon acht oder zehn Jahre alt waren, dann wurde ihnen eine Umstellung nicht mehr so leicht. Zwar lernte ich auf diese Weise viele Elefanten kennen, was mir und den Elefanten später oft zugute kam, aber glücklich war ich dabei nicht. Schließlich sah ich ja, wohin die Elefanten kamen. Zwar ging es vielen an ihrem neuen Arbeitsplatz ganz gut, denn Hagenbeck verkaufte seine Elefanten längst nicht an jeden Hergelaufenen. Aber wenn ein Elefant an einen kleinen Zirkus verkauft wurde, dann stand er mit Sicherheit für den Rest seines Lebens zweimal täglich in der Manege ohne Atempause und oft ohne warmes Winterquartier. Nur mit viel Glück kam er zu einem guten Elefantenmann.

Wo hätten so viele gute Elefantenleute auch plötzlich herkommen sollen? Die ließen sich nicht importieren wie Elefanten, die mußten ausgebildet werden, und so etwas dauert Jahre. Ein Jahr bevor Fritz Theisinger in Rente ging, kam Peter Huß zu uns. Es gibt ausgezeichnete Elefantenmänner, die mögen nicht in der Öffentlichkeit stehen. So einer war mein Freund Horst Brüggmann, der leider sehr früh starb, so einer ist Peter Huß. Und für eine gute Elefantendressur sind solche Hintermänner — bei der Pferdedressur heißen sie Bereiter — das A und O, denn ohne guten, unauffälligen Hintermann kommt der Dresseur nicht weit. Einem guten Hintermann muß der Dresseur nicht sagen, daß der Elefant sich auf ein Postament setzen soll, da reicht schon ein Blick. Der Hintermann tippt dem Elefanten mit dem Peitschenstiel ans Knie, und der Elefant setzt sich.

Am 25. Mai 1970 kamen Mogli und Chandra, beide zehn Jahre alt, Kanaudi mit acht und Djuba mit drei Jahren in Stellingen an. Mogli und Chandra waren sehr ruhig und von vornherein straßensicher. Aber parksicher waren beide nicht, hatten große Angst vor kleinen Tieren; Elefanten scheuen vor allem, was sie nicht kennen, und wir fragten uns, ob die beiden in Indien nie andere Tiere gesehen hatten. Jedenfalls mußte Birka auf ihre alten Tage wieder ran, Mogli und Kanaudi wurden links und rechts an ihr festgebunden, und zweimal täglich gingen wir mit dem Dreiergespann durch den Park spazieren. Einen Monat später konnte ich Mogli und Kanaudi einzeln im Tierpark reiten. Aber bis auf den heutigen Tag geht Mogli nicht an den Kamelen vorbei, und wenn wir zum Affenfelsen gehen, sammelt sie heimlich Dreck mit dem Rüssel ein, um die Affen damit zu beschmeißen.

Als ich Djuba dressiert hatte, kam sie mit Nepal zusammen in einen ungarischen Zirkus. Es war das letzte Mal, daß Hagenbeck Elefanten an einen Zirkus verkaufte. Ich war darüber sehr froh.

Eines Tages kam Carl-Heinrich Hagenbeck zu mir ins Elefantenhaus. »Da war gerade wieder so ein Kunde im Büro«, sagte er zu mir, »wollte bei uns Elefanten kaufen. Klatscht mir 20.000 Mark auf den Tisch und grinst und zeigt seine goldenen Siegelringe. Heutzutage kann sich wirklich jedes Arschloch einen Elefanten leisten. Kock, ich will raus aus dem Handel mit diesen schönen Tieren. Es wird zuviel Schindluder getrieben.«
Und Hagenbeck stieg aus dem Handel mit Elefanten aus. Geschäfte wären sicherlich noch zu machen gewesen, wenn nicht am einzelnen Elefanten, dann über die Masse, andere haben schließlich auch verdient. Aber Hagenbecks Wappentier ist eben der Elefant, und das verpflichtet.

ASSAM

Wer bei Hagenbeck arbeitet, geht als erstes, wenn er in Delhi auf dem Flughafen gelandet ist, in den Zoo. Der Delhi-Zoo trägt die deutliche Handschrift seines Erbauers Carl-Heinrich Hagenbeck und ist ein Superzoo mit Gehegen so groß, daß häufig die Tiere gar nicht zu sehen sind. Meine Frau und ich machten es bei unserer ersten Indienreise 1975 nicht anders.

Dann flogen wir weiter nach Gauhati, der Hauptstadt des indischen Bundesstaates Assam. Vom Flughafen holte uns ein Tierhändler ab, mit dem wir schon von Stellingen aus Kontakt aufgenommen hatten. Er brachte uns in ein Hotel, das auch nach Landesstandard nur den einen Vorzug hatte: Es verkaufte Alkohol an Einheimische. Und deshalb wohnte der Tierhändler vermutlich selber dort.

Mit sehr gemischten Gefühlen besahen wir uns die Gitterstäbe vor den Zimmerfenstern. Aber der Tierhändler klingelte vergnügt mit dem Zimmerschlüssel dagegen. »Sehr sicher«, sagte er strahlend, »genauso sicher wie dieses Schloß. Das knackt keiner.« Und dabei zauberte er aus seiner Tasche ein riesiges Vorhängeschloß. Wir nahmen es aus Höflichkeit nicht nur an, wir waren blauäugig genug, es tatsächlich an die Zimmertür zu hängen; und dabei hatten wir uns ein eigenes Schloß mitgebracht.

Dann stromerten wir durch Gauhati. Das Gewimmel von Menschen auf den Straßen, die unzähligen Verkaufsstände, die fremden Geräusche und Gerüche, nie gesehene Früchte, Bettler, verschleierte Frauen, Rikschas, lachende Kinder, abgemagerte Kühe und der Dreck in den Straßen, leuchtende Messinggefäße und Türme von Ölgebackenem. Es war ja unsere erste Indienreise, wie gesagt, für uns war alles neu. Als wir am Ufer des Brahmaputra standen, fielen uns seltsame Rückenflossen im Wasser auf. Haie im Süßwasser? Wir konnten uns das lange nicht erklären, bis wir erfuhren, daß wir die Finnen von Flußdelphinen gesehen hatten. Selbstverständlich besuchten wir auch den Zoo von Gauhati und besichtigten die niedlichen Pygmäenschweine, die nicht größer als 25 Zentimeter werden und von denen man lange Zeit geglaubt hatte, daß sie ausgestorben seien. Als wir ins Hotel zurückkamen, waren unsere Koffer durchwühlt. Beim Abendbrot fragte uns der Tierhändler, wo wir denn unser Geld hätten: »Ich werde es für euch aufbewahren, nur so ist es sicher.« Da dämmerte es uns endlich, und meine Frau sagte: »Unser Geld hab' ich im Brustbeutel, wer das haben will, muß mir die Kehle durchschneiden.«

So beleidigt der Tierhändler auch war, er brachte uns mit einem Herrn Phoukan zusammen. Der elegante, zurückhaltende Mr. Phoukan war bis vor ein paar Jahren immer dann gerufen worden, wenn Elefanten irgendwo Schaden angerichtet, Musthbullen ein Reisfeld verwüstet oder eine Hütte niedergetreten hatten und abgeschossen werden sollten. Heute beaufsichtigte er die Fängercamps in Assam und erlaubte uns, ein solches Camp zu besichtigen.

Nach den Erfahrungen im Hotel packten wir alles, was wir hatten, in zwei Geländewagen und fuhren fünf Stunden lang durch den Dschungel nach Norden. Nördlich des Brahmaputra, so erzählten uns die Fahrer, gab es viele Gebiete, in die wir Ausländer nur mit Sondergenehmigung durften, denn Indien hatte schon damals Grenzstreitigkeiten mit China. Als wir zum Brahmaputra kamen, war die Fährstelle wegen Hochwassers verlegt worden. Wir setzten zwar über, kamen aber in einem Gebiet ans andere Ufer, für das unsere Aufenthaltsgenehmigung ungültig war. Unsere Fahrer sagten: »Ganz klein machen, damit euch keiner sieht«, und gaben Vollgas. Prompt hatte der Gepäckwagen nach wenigen Kilometern eine Panne, und wir mußten ihn bis Tezpur abschleppen. Dort sollte eine Reparaturwerkstatt sein. In Tezpur ging es noch vorsintflutlich zu. Die Mechaniker in der Autowerkstatt trugen Schnabelschuhe und hämmerten aus alten Blechbüchsen neue Karosserieteile zusammen. »Du«, sagte ich zu meiner Frau, »wenn ich mir das so ansehe, ich glaub', die können aus ein paar alten Bohnendosen ein neues Getriebe machen.« Wir warteten bis zum Ende der Reparatur draußen vor der Werkstatt, saßen auf bequemen Stühlen neben einem gußeisernen Rohr, das senkrecht aus der Erde kam. Nach und nach sammelten sich immer mehr Leute um uns. »Was lachen die denn so?« fragten wir einen Fahrer. Der hörte sich um und sagte dann: »Gleich wird das Wasser angestellt und spritzt aus dem Rohr. Dann gibt's hier einen Platzregen.«

Endlich kamen wir zu dem Fängercamp, irgendwo im Distrikt Kamrup. Wo genau, das sollten wir wohl nicht wissen. Ein Schlagbaum versperrte uns mitten im Dschungel den Weg. Als wir unser Begleitschreiben von Mr. Phoukan hergezeigt hatten, bat uns der Offizier höflich in die Wachstube. Wir bekamen Tee, und dann ging das übliche Palaver los, woher wir kämen, was wir in Deutschland machten und so weiter. Und weil wir so hohe Gäste von Mr. Phoukan waren, bekamen wir als große Ehre Gulab Jaman gereicht, fritierte Milchbällchen in Kardamomsirup. Ich nahm so einen Kloß und schluckte ihn herunter, so schnell es ging. Er schmeckte geradezu widerlich süß, und ich warnte meine Frau: »Iß nicht zuviel, sonst wird dir schlecht.« Kaum hatte sie ihr Bällchen runtergewürgt, sagte der Fahrer: »Essen Sie, essen Sie, sonst ist der Offizier beleidigt.« Und schon lag wieder ein neues Bällchen auf dem Teller. Wir mußten uns den Einritt ins Fängercamp regelrecht erfressen. Schlaraffenland auf indisch.

Wer damals in Indien von der Holzarbeit lebte, konnte zur Forstbehörde gehen und sagen: »Ich brauche einen oder zwei Elefanten für meinen Betrieb.« Damals wurden in den Arbeits-Camps selten Elefanten gezüchtet, und wer vom Holz lebte, mußte rechtzeitig für Nachwuchs bei seinen Arbeitselefanten sorgen. Diesen Nachwuchs deckten die Fängercamps. Auch zum Verkauf wurden damals wildgefangene Elefanten auf dem Elefantenmarkt von Sonepur in Bihar angeboten, und werden es bis heute. Nicht nur Hindu-Tempel decken in Sonepur zunehmend ihren Bedarf an Elefanten, auch Geschäftsleute kaufen Elefanten und vermieten sie bei Hochzeiten; außerhalb der Hochzeitssaison vermieten sie die Elefanten an Bettler weiter, bei denen die armen Tiere völlig verelenden.

Im Fängercamp sah es wüst aus. Wir hielten zwischen ein paar niedrigen Hütten und Kriechzelten, hier eine kleine Feuerstelle, da ein paar Zeltplanen, Palmwedel und Bambusstangen. Alles war provisorisch. Am Rand des Camps stand ein riesiger Bulle, angebunden mit dicken Tauen, er war in Musth und sinnierte vor sich hin. Als ich näher ging, um ihn zu fotografieren, kam er schon mit dem Kopf herum und beschmiß mich mit Dreck. Wir waren sicherlich für ihn die ersten Weißen, also fremd und ein Ärgernis. Zwei kleine Elefanten standen außerdem im Camp, beide drei Jahre alt und seit acht Tagen in Gefangenschaft. Sie waren verschnürt bis zur Bewegungslosigkeit, wurden geschlagen, bekamen kaum Wasser, bekamen kaum Futter. Sie wurden gebrochen, wie es in der Fachsprache heißt. In diesem Fängercamp gingen die Mahouts noch härter mit den kleinen Elefanten um, als ich es in Thailand gesehen hatte. Als den Kleinen ein paar Tage später die Fesseln gelöst wurden, um sie zum Baden zu führen, lief ihnen der Eiter aus den tiefen Einschnürungen der

Stricke. Dieser Anblick war kaum zu ertragen. Damals schwor ich mir: Wir müssen bei Hagenbeck Elefanten züchten.

Der Offizier des Lagers versprach, mich am nächsten Morgen zum Elefantenfang mitzunehmen. Das Fangteam bestand aus drei Kühen und zwei riesigen Bullen mit wunderschönen, starken Stoßzähnen und aus den Mahouts. Vorn auf den Kühen saß immer der Fänger mit den Fangschlingen aus Leder, hinten über der Hüfte hockte auf den Knien der zweite Mahout, der Treiber. Wir ritten auf einer vierten Kuh in sicherer Entfernung hinterher. Die Mahouts auf den drei Kühen machten eine große Herde von wilden Elefanten aus. Es waren etwa 25 Tiere, kein Bulle dazwischen. Das war wichtig, denn ein Bulle auf Freiersfüßen nimmt Störungen übel; als absolute Einzelgänger gehen asiatische Bullen nur in eine Herde, um sich eine heiße Kuh herauszutreiben. Von dieser Seite drohte also keine Gefahr, und die Mahouts auf den drei Kühen beschmierten sich Arme und Beine mit Elefantenkot. Dann ließen sie ihre Kühe langsam in die wilde Herde einsickern. Sie ritten langsam hierhin und dorthin, fanden aber nur einen jungen Elefanten im passenden Alter. Dem warf der Fänger seine Schlingen um die Beine und zog ihn mit seiner zahmen Kuh vorsichtig an den Rand der Herde. Kaum war der Kleine aus der Herde heraus, fing er zu schreien und zu toben an. Die wilden Kühe warfen sich herum, wollten dem Kleinen zu Hilfe kommen. Aber da traten schon die zahmen Bullen in Aktion. Sie rannten trompetend auf die wilde Herde zu und trieben sie zurück. Zum Fang wären die beiden Bullen zu schwer und zu langsam gewesen, aber zu zweit schüchterten sie selbst diese große Herde ein und trieben sie weit zurück.

Wir waren sehr aufgeregt und konnten tagelang von nichts anderem reden als von diesem Elefantenfang. Es war die schonendste Art des Fangs, die ich je gesehen habe, viel besser als mit Schlingen, in Gruben, im Kral oder gar vom Hubschrauber aus. Gerade in den ersten, den schlimmsten Stunden der Gefangenschaft hatte der Kleine andere Elefanten um sich herum, kam sich nicht ganz allein und verlassen vor. Aber mit Zucht ließ sich auch der schonendste Fang nicht vergleichen.

Ende der siebziger Jahre war es mit dem Elefantenfang vorbei. Wilde Elefanten wurden knapp, der Druck der Tierschützer nahm zu, und der Handel mit Elefanten wurde verboten, um den gedankenlosen »Verbrauch« an Elefanten in der westlichen Welt zu unterbinden. Elefanten wurden im ganzen Land unter Schutz gestellt. Und die Ursprungsländer fingen an, Elefanten zu züchten und damit den Raubbau an wilden Elefanten zu beenden. Das war dringend nötig. Ich schätze, daß die Hälfte aller Elefanten entweder den Fang oder die anschließende Zähmung nicht überlebten; entweder starben sie am Schock des Fangs oder eher noch an den Verletzungen beim Brechen ihres Willens. Wenn also ein Elefant solch ein Fängercamp lebend wieder verließ, gehörte er bestimmt zu den selbstsicheren und kräftigen. Wurde er aber vom Schrecken des Einbrechens je wieder geheilt? Mein Wunsch, Elefanten zu züchten und sie nicht weiter zu verbrauchen, ließ mich seit diesen Eindrücken nicht mehr los.

Auf dem Rückweg nach Gauhati sagte meine Frau: »Ich muß immerzu an das Dreckloch von Hotel denken. Ob wir mal Mr. Phoukan fragen?« Zurück in Gauhati, fragten wir ihn. Er runzelte die Stirn, als wir ihm unser Hotel nannten. »Dort sollten Europäer nicht wohnen, dort wohnen ja kaum Inder«, sagte er. Also zogen wir ins Bellevue. Es machte seinem Namen alle Ehre, wir hatten einen fabelhaften Blick auf den Brahmaputra, und ringsum im Park am Rande Gauhatis sangen die schwarzen Koels ihr steigendes ko-el, ko-el. Unten auf dem Fluß zogen die Fischerboote mit ihren bunten Rahsegeln an den Sandbänken vorbei, zwischen ihnen schossen wieder Flußdelphine durch die Wellen. Und endlich ein Zimmer mit Bad, wir waren begeistert. Der Tierhändler allerdings nahm uns den Umzug übel. In seinen

Augen stand ich als Mahout ja niedriger als er, wie konnte ich mich also erdreisten, in einem besseren Hotel zu wohnen. Das war manchmal ein Problem in Indien, wenn ich erzählte, ich sei Elefantenmann. Elefantenleute haben in der Gesellschaft einen niedrigen Stellenwert und werden von vielen Indern aus dem Mittelstand sozusagen nur mit spitzen Fingern angefaßt.

Hochgestellte Inder wie Mr. Phoukan kümmerte derlei nicht, er machte uns mit Mr. Islam bekannt, dem Leiter der Nationalparks und Reservate in Assam. Mr. Islam ebnete uns jeden Weg, verschaffte uns Zugang zu allen Reservaten, die wir sehen wollten. Eine solche Erlaubnis von Europa aus zu bekommen wäre damals kaum möglich gewesen.

Schon ein paar Tage später waren wir wieder auf Achse, Richtung Kaziranga Nationalpark. Indische Panzernashörner wollten wir dort sehen, den seltenen Arnibüffel und sogar Barasinghahirsche. Der Kaziranga Nationalpark ist ein riesiges Sumpfgebiet, fast wie ein Delta am Brahmaputra. Deshalb stand unsere Lodge auch auf Pfählen. Sie war einfach und sauber wie so viele Herbergen in der Provinz.

Wir mieteten uns einen Elefanten samt Mahout wie bei uns ein Taxi. Wir mußten auch nicht mit den anderen Touristen reiten, schließlich waren wir, auf Vermittlung von Mr. Islam, die Gäste des Forstdirektors.

Morgens um vier stiegen wir auf unseren Elefanten. Die Luft war empfindlich kalt, wir hatten so ziemlich alles übereinandergezogen, was wir an Tropenkleidung mitgebracht hatten. Leise suchte der Elefant seinen Weg, und der Nebel verschluckte jeden Laut. Nach einer Stunde wurde es heller um uns her, aber ich hätte nicht sagen können, wo die Sonne aufging. Wir ritten weiter ins lautlose Grau, der Elefant zog unbeirrt voran. Plötzlich stieg der Nebel und hing als Glocke über der weiten Wasserfläche vor uns. Das Wasser dampfte wie von heißen Quellen. Als wir näher ritten, hob irgend etwas prustend seinen mächtigen

Schädel aus dem Wasser. Wellen schwappten und verliefen kreisrund im Dunst. Dann schnaubte noch etwas anderes, prustete wieder und wieder. Und im Licht der aufgehenden Sonne sahen wir vier Panzernashörner, die sich behäbig aus dem sonnengewärmten Schlamm wühlten, wo sie die Nacht verdöst hatten, und ans Ufer stiegen. Es war ein Bild wie am sechsten Schöpfungstag der Erde.

Wir waren froh, auf einem völlig nashornsicheren Bullen zu sitzen, denn Nashörner greifen manchmal auch Elefanten an. Ich habe Bullen gesehen, die gerieten schon in Panik, wenn sie ein Nashorn von fern sahen. Und die Mahouts zeigten mir große Narben an den Elefantenbeinen. Indische Nashörner stoßen nicht mit ihrem Horn zu, sie beißen mit ihren langen Eckzähnen tiefe Wunden. Damals, Mitte der siebziger Jahre, gab es in Assam und Nepal noch etwa 2 000 Nashörner.

Als wir spät nachts zum Hotel zurückkamen, hing der ganze Dschungel voll Glühwürmchen.

Ein paar Tage später mußten wir mit drei Reitelefanten durch einen Sumpfgürtel. Der Mahout gab zwar das Kommando, aber die Elefanten arbeiteten sich allein durch den Sumpf, steckten bis zum Bauch im Schlamm, gingen allein links oder rechts, gingen auch selbständig ein Stück zurück, um sich eine bessere Furt zu suchen. Das war etwas, was ich immer wieder erlebte, Elefanten dachten mit.

Kurz bevor wir Kaziranga verließen, waren wir Gäste einer Weberfamilie. Wie überall in den kleinen Dörfern waren die Leute besonders gastfreundlich. An unserem letzten Tag kamen plötzlich Tänzerinnen und Trommler die Straße herunter und feierten uns zu Ehren ein Fest. Als Abschiedsgeschenk hatten die Frauen des Hauses auf ihrem Webstuhl mit Fußbetrieb einen großen roten Schal gewebt. Und darauf stand, säuberlich gestickt, als Widmung für meine Frau: *My dear sister Karl Kock.*

In diesem Dorf trafen wir auf einen enormen Bullen, einen mächtigen Stoßzahnträger. Sein Mahout erzählte uns, der Bulle sei 50 Jahre alt und habe 30 Jahre lang als Schwellenleger bei der Eisenbahn gearbeitet. Ich wollte schon immer einmal auf solch einem Bullen sitzen. Der Mahout war einverstanden, und ich stieg auf. Und weil der Bulle so brav blieb, konnte ich es nicht lassen und drückte ihm meine Schuhspitzen hinter die Ohren. Der Bulle verstand mich sofort und ging los. Da wurde dem Mahout angst und bange, er hielt mich doch für einen normalen Touristen.

Als wir drei Jahre später wieder nach Kaziranga kamen, besuchten wir auch den alten Schwellenleger. Ich erkannte ihn sofort wieder, obwohl dem Bullen beide Stoßzähne bis weit hinauf abgesägt waren. »Es waren Wilderer«, sagte der Mahout, aber die Zähne waren so sauber am Nerv vorbei abgetrennt. Da mußte der Mahout seine Hand mit im Spiel gehabt haben, denn von einem Fremden hätte der Elefant sich kaum die Stoßzähne absägen lassen.

Vom Kaziranga-Park fuhren wir in das kleine Reservat Orang. In Orang sollte es Tiger geben, und Tiger hatten wir in Freiheit noch nie gesehen. Touristen durften nach Orang erst gar nicht hinein. Der Tierhändler Mr. Musa brachte uns hin, ein ganz bescheidener kleiner Mann mit riesigen Augen. Auf der allerersten Indienreise lernten wir ihn kennen, und er sorgte damals und auch später rührend für uns. Mr. Musa kannte Assam wie seine Westentasche und war immer für uns da. Immer wenn wir nach Assam kamen, stand Mr. Musa schon am Flughafen und begrüßte uns.

In diesem winzigen Camp von Orang, Mr. Musa erzählte es uns, würden wir zwar bekocht, aber wir müßten unser Essen selbst mitbringen, es sei nur für Selbstversorger. Er ließ uns am Rand des Marktes von Gauhati aus dem Wagen steigen: »Ohne euch«, sagte er, »kann ich viel billiger einkaufen.« Wir drückten ihm unser Portemonnaie in die Hand. Nach einiger Zeit kam Mr. Musa zurück. Er hatte zwei Hühner, zwei Hähne und eine Ziege gekauft. Lebend! Meine Frau war sehr erschrocken, denn es ist schon ein Unterschied, ob man einen Braten kauft oder ihm Auge in Auge gegenübersteht. Wir fuhren also mit den Tieren ins Camp.

In Orang wohnten wir in einem eigenen kleinen Haus mit Terrasse, gleich dahinter begann der Dschungel. Die Einrichtung war schlicht: ein Bett, ein Tisch und zwei Stühle. Und der Fußboden lag voll kleiner Kötel. Ich dachte sofort an Ratten, aber ich fand keine Ritzen oder Löcher in den Zimmerecken. »Da oben, Papa«, sagte unser Sohn, »da hängen deine Ratten.« Unter unserer Zimmerdecke hingen Hunderte von kleinen Fledermäusen. Na, da war ich beruhigt und wunderte mich nur, daß meine Frau nicht rebellierte. Aber die rückte praktisch, wie sie veranlagt ist, Tisch und Bett zusammen in die Zimmermitte, die waren gleich hart und fast gleich hoch. Und über unser »Doppelbett« hängten wir uns als Betthimmel und Kotfänger ein paar alte Säcke. Carsten mußte auf der Besucherritze schlafen, er war deshalb sehr für nächtliche Unternehmungen zu haben.

Als wir dem Wildhüter erzählten, daß wir noch nie wilde Tiger gesehen hätten, schickte er die Mahouts mit ihren beiden Reitelefanten noch am selben Abend auf Tigersuche voraus. Wir fuhren am nächsten Morgen mit dem Geländewagen hinterher, trafen uns mit den Elefanten und streiften den ganzen Tag reitend herum. Natürlich sahen wir keine Tiger. Immer wieder versicherten uns die Mahouts, ein Tiger wäre ganz in unserer Nähe, und wir fanden auch frische Spuren. Ich bin ganz sicher, daß der Tiger uns gesehen und sich sehr über uns Touristen amüsiert hat.

Als wir abends wieder zurück in den Geländewagen umsteigen sollten, entschieden mein Sohn und ich: »Wir reiten zurück ins Camp.« Meine Frau fuhr also mit dem Geländewagen vor, und wir ritten mit den beiden Mahouts und dem Wildhüter hinterher. Die Nacht war stockdunkel, wir sahen die Hand vor Augen nicht mehr. Rings um uns zirpte und gluckste, schrie und knackte der Dschungel. Nur riesige Glühkäfer leuchteten durch die Nacht, sie konnten ihr Licht sogar »an- und ausknipsen«. Viele Leute glauben ja, der Dschungel schreit die ganze Nacht. Er schrie bis abends gegen zehn Uhr, dann war Totenstille. Nur der Tiger brüllte in der Ferne und dazu ein Hirsch, dem es wohl ans Leben ging. Plötzlich blieben unsere Elefanten stehen und rührten sich nicht mehr. Sie atmeten kaum noch, und auch wir machten keine Bewegung mehr. Etwas brach durch das Unterholz, kam prustend näher und zog weiter. Die Elefanten entschieden selbst, wann die Gefahr vorbei war. Als sie weitergingen, flüsterte uns der Wildhüter zu, das seien Nashörner gewesen.

Morgens gegen drei wurde der Dschungel wieder lebendig. Und als die Sonne über den Baumwipfeln aufging, waren wir wieder im Camp. Wir waren die ganze Nacht geritten.

Die Elefanten hatten den Weg allein gefunden, sie kannten den Dschungel und konnten sich auch in der Dunkelheit zurechtfinden. Und sie waren freiwillig zum Camp zurückgegangen. Hätten sie ihre Freiheit wiederhaben wollen, sie hätten uns nur abzuschütteln brauchen. Drei Schritte, und sie wären im Dschungel verschwunden gewesen. Dieses Verhalten bestärkte mich in der Überzeugung, daß Elefanten fast schon Haustiere sind.

Nach ein paar Tagen hatten wir unsere beiden Hähne aufgegessen. Die Hennen allerdings schenkten wir den Mahouts, die freuten sich sehr und ließen sich stolz mit ihnen fotografieren. Aber die Ziege! Eines Morgens war die Ziege verschwunden. Unser Sohn und ich sahen meine Frau an, sie hatte sich schon sehr mit der kleinen Ziege angefreundet. Meine Frau gab alles zu, ihr hatte die Ziege so leid getan. Ihren Tod konnte sie nicht verhindern, aber tagelang angebunden und dann vom Koch geschächtet zu werden, das Schicksal wollte sie ihr ersparen. Dann schon lieber draußen im Busch in ein paar Sekunden vom Tiger geschlagen werden, hatte meine Frau sich gedacht, den Strick durchgeschnitten und die Ziege laufen lassen. Als die Mahouts die Ziege wieder eingefangen hatten, durften sie das Tier schlachten, und wir aßen mit gutem Gewissen Reis und Gemüse.

Von Orang aus fuhren wir zurück nach Gauhati. Und dort fiel uns zum erstenmal die Spannung zwischen Hindus und Moslems auf. Unser Mr. Moussah führte uns herum und zeigte uns die ganze Stadt. Dort feierten die Hindus in ihrem Stadtteil gerade ein großes Fest. Überall standen kleine Buden mit Heiligenfiguren, in den Tempeln wurde gebetet und mit Farbpuder gestäubt. Die Hindus kamen auf uns zu, hängten uns Christen ihre Blumenketten um den Hals und tanzten. Mr. Moussah wurde immer kleiner, verkroch sich zwischen uns und versuchte, uns von den tanzenden, lachenden Hindus wegzuziehen. »Komm, laß uns weg, laß uns weg!« flüsterte er. Aber wir wollten uns doch das Fest ansehen und die Tänze dieser freundlichen Hindus. Das ging so lange gut, bis ein Hindu auch dem kleinen Mr. Moussah eine Blumenkette umlegen wollte. Er als Moslem wehrte ab, und im selben Augenblick verzerrten sich die Gesichter der Tänzer um uns herum vor Wut, sie tanzten längst in Ekstase, und ich dachte, gleich müßten ihnen die Augen aus dem Kopf fallen. Mr. Moussah lief fort, so schnell er konnte. »Das war eine brisante Situation«, sagte er hinterher im Hotel.

Von Gauhati aus fuhren wir in den Norden. Dort, wo der Fluß Manas aus dem kleinen Gebirgskönigreich Bhutan ein Stück weit die Staatsgrenze zu Assam bildet, liegt das Manas Reservat. Es ist das landschaftlich schönste Naturschutzgebiet, das ich kenne. Gleich am nächsten Morgen ritten wir los, der Wildhüter und ich auf einem Makna, wie die stoßzahnlosen Bullen genannt werden, meine Frau und unser Sohn auf einer Kuh. Als wir an eine Lichtung kamen, lag dort ein Arni in der Suhle, ein mächtiger Büffel. Der Arni mußte uns gesehen haben, aber er rührte sich nicht. Wir kamen näher, der Arni lag immer noch still im Schlamm. War er verletzt? Wir ritten noch näher. Nur sein Kopf war zu sehen und die meterlangen, sichelförmigen Hörner. Ohne Vorwarnung sprang der Arni plötzlich auf, schnaubte, scharrte Schlamm unter seinen Bauch und griff uns an. Die Elefanten kamen sofort in Panik und rannten davon. Der Wildhüter, der hinter mir saß, wollte einen Schreckschuß abgeben, aber seine Flinte ging nicht los. Ich hörte den Schlagbolzen wieder und wieder klacken, während unsere Elefanten durch das Unterholz brachen. Und der wütende Büffel kam immer näher heran. Plötzlich löste sich doch ein donnernder Schuß. Der Arni drehte ab und verschwand im Dschungel. Wenigstens schußsicher waren unsere Elefanten. Als wir abstiegen, sagte meine Frau: »Was hast du denn mit deiner Hose gemacht?« Mehrere Schrotkugeln hatten mein Hosenbein durchlöchert. Auf diese kurze Entfernung hätte der Schuß mich auch das Bein kosten können. Am nächsten Tag sahen wir weit in der Ferne einen jungen Elefantenbullen, etwa zehn Jahre alt. Er kam langsam näher, warf erst den Rüssel hoch und dann auch den Kopf, kam wieder näher, ging ein Stück zurück und stellte sich hinter einen Baum. Wir dachten uns nichts dabei, der Bulle war noch zu jung, um gefährlich zu werden. Aber auf einmal nahm der kleine Bulle die Kuh an, auf der meine Frau mit unserem Sohn saß. Die Kuh war nicht sicher, drehte sich um und nahm Reißaus. So etwas kann im Urwald gefährlich werden. Der Mahout, der vorn saß, bekam gleich einen Ast vor den Kopf, der war zum Glück morsch und brach ab. Meine Frau drückte unseren Sohn geistesgegenwärtig runter und duckte sich selbst, damit sie nicht heruntergefegt wurden. Da endlich nahm unser stoßzahnloser Bulle den Zehnjährigen an, hetzte ihn durch das Gras vor sich her. Es wurde eine aufregende Jagd. Der Zehnjährige war schließlich schneller als unser großer Bulle mit Mahout, Wildhüter und mir auf dem Rücken. Das war nicht ganz ungefährlich.

Zwei Tage später versprachen uns die Mahouts, wir würden mitten hinein in eine wilde Herde reiten. Zwei Mahouts machten auf ihren Bullen die Kundschafter, vergewisserten sich, daß kein wilder Bulle in der Herde war; also war auch keine Kuh heiß. Auf einem zahmen Bullen führten sie uns an die Herde heran, tief drinnen im Dschungel. Es war für indische Verhältnisse eine besonders große Herde, vielleicht 60 Tiere. Wir spielten uns ganz langsam in die Herde hinein, unser Bulle fraß hier und da etwas, tat ganz unschuldig, und wir obendrauf machten keinen Laut. Und auf einmal waren rings um uns her nur wilde Elefanten. Wir zogen Schritt für Schritt in der Herde mit. Um uns war ein Geknister und Gebreche, die Elefanten fraßen und waren alle ganz fröhlich. Ich filmte damals mit einer Super-8-Kamera, die surrte zwar ziemlich laut, aber ich wollte doch die Herde so gern filmen. Und eine Zeitlang ging das gut. Aber plötzlich wurde der Urwald totenstill, kein Knistern war mehr zu hören, kein Brechen und Kauen. Sogar die Vögel waren still. Ich filmte trotzdem weiter. Und auf einmal donnerte die Herde um uns los wie ein Ungewitter und raste davon. Es dauerte nur Sekunden, da waren sämtliche Elefanten wie ein Spuk im Dschungel verschwunden.
Unser Reitelefant allerdings blieb völlig ruhig stehen, dachte gar nicht daran, der Herde hinterherzulaufen. Er durfte ja jede Nacht zum Fressen in den Dschungel; und wenn eine Kuh im Camp heiß wurde, ließen die Mahouts sie laufen, und dann kam sie nach fünf, sechs Tagen aus dem Dschungel zurück und war meistens von wilden Bullen gedeckt. Wenn Arbeitselefanten gut behandelt und beschäftigt wurden, fühlten sie sich anscheinend in menschlicher Gesellschaft wohl.

138

Wieder ein paar Tage später kamen unsere Mahouts abends ins Camp geritten. »Ganz in der Nähe«, sagten sie aufgeregt, »steht eine Herde Elefanten im Dschungel.« Natürlich ritten wir sofort los, zogen leise in den Dschungel hinein. Wir entdeckten die wilde Herde auf einer Lichtung. Im Schein des Mondes lagen etwa 20 Elefanten im Gras und schliefen, lagen auf Tuchfühlung zusammen, Beine und Rüssel übereinander. Als Herdentiere brauchten sie wohl den Kontakt zu ihren Nachbarn, um sich sicher zu fühlen. Am Rand der Herde standen außerdem zwei, drei erfahrene Kühe als Außensicherung. Wer unsere Schlafboxen im Tierpark zu klein findet, hat eben im Dschungel noch keine schlafenden Elefanten gesehen.

Mit dem sinkenden Wasserstand steigen aus dem Fluß Manas zur Trockenzeit baumbestandene Inseln wie grüne Oasen empor. Das wollten wir uns ansehen, und der Mahout lenkte seinen Elefanten in den Fluß. Als unser Elefant langsam wieder aufs Trockene kletterte, stand plötzlich ein großer Musthbulle vor uns. Seine Schläfendrüsen liefen, er machte wilde Augen und hob witternd den Rüssel. Unser Reitelefant schlich sich von ganz allein rückwärts ins Wasser zurück. Der Mahout hatte große Angst und flüsterte nur: »Leise, ganz leise!« Erst als wir ein Stück weit fort waren von der Insel, drehte unser Elefant sich um und gab Fersengeld.
Abends kam Mr. Islam auf Besuch ins Camp. Begeistert erzählten wir ihm, was wir erlebt hatten. Mr. Islam hörte uns in aller Ruhe zu. Dann gab er den Mahouts ein paar Anweisungen, und ab dem nächsten Tag blieben wir nur noch auf den ausgetretenen Touristenpfaden. Er hatte wohl Angst um uns.
Jeden Abend wurden die Reitelefanten im Manas River gebadet. Es war ein wunderbares Bild, wenn die Elefanten als schwarze Silhouette im Wasser standen und golden glänzende Wasserfontänen gegen den rotglühenden Abendhimmel bliesen.
Am anderen Ufer des Flusses Manas lag, wie gesagt, das König-

reich Bhutan. Das Land ließ sich an dieser Stelle nur auf einem schmalen Dschungelgürtel betreten, dahinter erhoben sich steile Berge. Auf einer späteren Reise begleitete uns der Tiermaler Wilhelm Eigener zusammen mit seiner Frau. Er hatte viele Tierbücher illustriert und oft für Hagenbeck gearbeitet. Wilhelm Eigener wollte aus mehreren Gründen unbedingt nach Bhutan hinüber. Dort sollten nicht nur drei Horden Goldlanguren leben, eine sehr seltene Affenart, die in keinem Tierpark der Erde zu sehen ist, dort lagen auch das Jagdhaus des Königs von Bhutan und ein Touristencamp, in dem es das zu kaufen gab, womit er zu seinem 75. Geburtstag mit uns anstoßen wollte: Bhutan-Rum. Wir mieteten also einen Kahn und ließen uns im kleinen Grenzverkehr über den Fluß staken.

Drüben angekommen, verschwanden wir als erstes im Dschungel, und nach kurzer Suche fanden wir tatsächlich eine Horde der Goldlanguren. Die Tiere waren wirklich hellblond. Vor ein paar Jahren hatte die Forstbehörde einige von ihnen auf die indische Seite des Manas herübergebracht, aber diese Goldlanguren wurden nie wieder gesehen.

Dann gingen wir zum Zeltcamp, das mit Amerikanern belegt war. Die zahlten zwar den dreißigfachen Preis wie wir drüben in Indien, dafür hatten sie keinerlei Komfort − aber Bhutan-Rum. Drei Flaschen konnten wir davon kaufen, bevor die Amerikaner merkten, daß es an ihr Allerheiligstes ging, und uns aus dem Camp drängten. Die drei Flaschen hängten wir zur Kühlung ins Wasser und ließen uns flußabwärts treiben. Allerdings lag der Manas voller Geröll und führte zur Zeit wenig Wasser. Im Reservat zurück, hatten wir zwei Drittel Bruch. Aber wir trösteten uns: Scherben bringen Glück, und das kam zu einer Geburtstagsfeier gerade recht.

Als wir vor unserer Abreise aus Assam noch einmal in Gauhati Station machten, gastierte dort ein großer Zirkus, wenigstens 5 000 Zuschauer hatten in der Rundleinwand Platz. Wir hatten noch etwas Zeit und kamen mitten in die Vorstellung. Ein Wagen wurde von einem Kraftmenschen in die Manege gezogen, aus dem hingen drei armdicke Taue. Der Kraftmensch nahm einen schweren Vorschlaghammer und trieb damit einen Holzanker in die Manegenmitte, an dem er die Taue mit großen Knoten befestigte. Dann öffnete er die Wagentür. Am anderen Ende der Seile hingen drei Löwen, die kamen aus dem Wagen gekrochen. Sie waren so zaundürr, sie konnten kaum das Seil und den riesigen Knoten schleppen, den jeder um den Hals trug. Als der Kraftmensch anfing, mit den Löwen zu arbeiten, flüchteten wir.

Nach diesen beiden Nordindienreisen hatte Dietrich Hagenbeck die Geschäftsleitung im Tierpark von Carl-Heinrich Hagenbeck übernommen, zusammen mit Dr. Claus Hagenbeck. Er war ein fleißiger, lebensfroher Mensch, holte unser Panzernashorn aus Indien und See-Elefanten aus Südamerika. Leider starb er viel zu früh, mit 49 Jahren. Sein letzter Wunsch war in Erfüllung gegangen, er ließ kurz vor seinem Tod noch sieben weiße Dromedare aus Marokko importieren. Weiße Dromedare waren in Marokko heiß begehrt, mit ihnen kauften die Wüstensöhne sich damals eine Braut.
Dietrich Hagenbeck flog also nach Rabat. Abends im Hotel stellte er seine Schuhe zum Putzen vor die Zimmertür. Am nächsten Morgen allerdings waren die Schuhe nicht geputzt, sondern geklaut. Und weil er nur dieses eine Paar Schuhe mitgenommen hatte, mußte seine Frau noch vor dem Frühstück loslaufen und Schuhe kaufen, damit Dietrich Hagenbeck anschließend ins Ministerium gehen und die Ausfuhrgenehmigung für die Dromedare besorgen konnte.
Nach Dietrich Hagenbecks Tod übernahm Dr. Claus Hagenbeck zusammen mit Caroline Hagenbeck die Geschäftsleitung. Und als ich den beiden nach jeder meiner Reisen von den ruhigen, selbstsicheren Bullen vorschwärmte und den niedlichen Elefan-

tenbabys, sagte Dr. Hagenbeck eines Tages zu mir: »Karl, machst du mit? Ich möchte gern Elefanten züchten. Wenn man eine so große Anlage hat wie wir und so viele Elefantenkühe, dann ist man einfach zur Zucht verpflichtet.«

Und ob ich wollte! Er mußte mich nicht zweimal fragen. Wir setzten uns zusammen und entwickelten ein Konzept. Wenn wir's schon machen, war die Devise, dann muß es fachmännisch sein. Ein separates Bullenhaus brauchten wir, Kral und Bullengehege, da waren wir uns einig. Und immer wieder erzählte ich von der Haltung der Musthbullen, denn das ist bei der Zucht das größte Problem. Deswegen hatte ich meine Asienreisen ja vor allem gemacht. Wir wälzten Literatur, studierten Lagepläne des Tierparks und entwarfen Baupläne.

Die Vorbereitungen zogen sich über Jahre hin.

SCHICKSALE

Anfang der achtziger Jahre war es vorbei mit den Elefantenimporten. Es gab keine Elefanten mehr aus den Ursprungsländern zu kaufen. Dafür gab es viele schlecht gehaltene, schlecht untergebrachte Elefanten überall in Europa, schlimme Folgen der Elefantenschwemme. Und so kam ich auf die Idee, ein paar dieser armen Elefanten nach Stellingen zu holen. Im Elefantenhaus stand doch ein Teil der Boxen leer.

Ich ging also zu Dr. Claus Hagenbeck und sagte:»Wenn die Elefanten noch nicht zu sehr verhaltensgestört sind, sollten wir versuchen, sie wieder hinzukriegen und dann in Zoos abgeben, wo sie es gut haben.«

Kaum hatte sich das herumgesprochen, wurden Hagenbeck zwei Elefanten von einem Tierhändler zum Kauf angeboten. Tura und Saida hießen die beiden, sollten 18 und 19 Jahre alt sein und in einem kleinen Privatzoo bei Alicante stehen. Dr. Claus Hagenbeck sagte zu mir:»Fahr hin und guck sie dir an. Und wenn's noch nicht zu spät ist, kauf' ich sie.«

Ich flog also nach Alicante und ging in den Zoo. Da standen die beiden Elefanten in der sengenden spanischen Sonne auf einer Plattform aus Beton, mehr als drei Meter hoch, sie standen wie auf dem Präsentierteller. Kein Baum gab ihnen dort oben Schatten, kein Futter und kein Ast lenkte sie von ihrer bohrenden Langeweile ab, kein Sand fand sich zum Einpudern, nichts als glatter, kahler Beton. Die Plattform ähnelte dem Sockel für ein Standbild. Aber die beiden Elefanten dort oben waren lebendig und litten seelische Qualen.

Ich ging mit dem Wärter durch den Stall auf die Plattform hinaus. Die Elefanten folgten seinen Befehlen, legten sich auch auf Kommando hin, und ich merkte schnell, daß die beiden zwar arme Geschöpfe, aber noch nicht sehr verhaltensgestört waren. Ich flog nach Hamburg zurück und berichtete. Dr. Claus Hagenbeck sagte: »Gut, wir nehmen die beiden.«

Es dauerte allerdings ein halbes Jahr, bis der Papierkrieg erledigt war und wir uns auf den Weg nach Spanien machen konnten.

Mein Sohn nahm für den Zoo in Madrid einige Tiere in zwei LKW's mit, Mufflons, Bisons und Yaks. Ich nahm das Flugzeug. Wir trafen uns in Alicante und gingen zum Zoo. Und zu dem Zeitpunkt glaubte ich noch, das alles wäre eine Sache von ein paar Stunden. Wir hatten die Elefanten gekauft und brachten unsere eigenen Kisten mit. Also einladen und ab nach Hause.

Aber der Zoodirektor wollte uns die Elefanten nicht mitgeben: »Die beiden sind böse. Sie können nicht ins Gehege.«

»Ich war doch vor einem halben Jahr noch im Gehege. Und damals waren die Elefanten freundlich.«

»Jetzt sind sie aber böse«, sagte der Direktor. »Und wenn Sie verladen wollen, dann auf eigene Gefahr und bis spätestens zehn Uhr morgen früh. Mit Ihren LKW's können Sie nicht in den Park, wir haben Erdarbeiten. Sie müssen die Elefanten also zu Fuß durch den Park treiben. Und dafür kann ich die Verantwortung nicht übernehmen, wenn Besucher im Park sind. Der Park öffnet um zehn Uhr. Wenn die Elefanten bis zehn Uhr nicht weg sind, müssen sie hierbleiben. Es tut mir leid, aber wie gesagt, die Elefanten sind böse.«

»Wieso sind sie böse?« fragte ich.

»Der Elefantenpfleger ist schon von ihnen angegriffen worden.

144

Wir übernehmen keine Verantwortung.« Der Tierwärter wurde vorgeführt, er ging mit seinem zertretenen Bein an Krücken. Das alles spielte sich am frühen Nachmittag ab. Ich konnte unseren LKW nur bis auf hundert Meter an den Elefantenstall heranfahren. Vor dem Gehege waren Gräben frisch ausgehoben, die besagten Erdarbeiten. Ich bat, die Löcher zuzuschütten, aber das wollte der Direktor nicht: »Wir bauen hier einen Zaun.«

Da endlich dämmerte es mir: Der will die Elefanten gar nicht weggeben. Und es dauerte auch nicht lange, da rückte der Direktor mit der Sprache heraus: »Der Tierhändler hat mir zwar zwei Afrikaner als Ersatz versprochen, aber bevor die nicht da sind, geb' ich weder Tura noch Saida weg.« Sein Mietvertrag mit dem Tierhändler war zwar abgelaufen, aber das interessierte ihn nicht. Was war zu tun?

Zum Glück hatte ich ja meinen Sohn dabei. Wir gingen zu den Elefanten, ich konnte mir beim besten Willen nicht erklären, was die beiden im vergangenen halben Jahr böse gemacht haben sollte. Sie waren auch alles andere als böse, sie waren fürchterlich verängstigt und übernervös. Aber drei Tonnen Angst wollen gebändigt sein.

Ich ging also durch den Elefantenstall über einen Laufgang hinaus auf die Betonplattform. Kein Wärter half mir. Aber mich kannten die Elefanten doch nicht. Also fütterte ich die beiden, und wir machten uns ein bißchen vertraut. Nach zwei, drei Stunden versuchte ich, die beiden über den Laufgang in den Stall zu locken; nur durch den Stall kamen wir zu den LKW's. Aber Tura und Saida waren nicht für Äpfel und gute Worte in den Stall zu bringen. Vor ihrem Stall hatten die beiden panische Angst.

Nach mehr als vier Stunden hatte ich die beiden endlich im Stall, Durst ist schlimmer als Angst. Aber kaum machte ich die Tür hinter ihnen zu, kamen sie in Panik. Der Stall war vielleicht 40 Quadratmeter groß, und beide Türen, die zum Gehege und die zum Park, waren von innen mit langen Eisennägeln beschlagen wie eine eiserne Jungfrau. Wenn die Elefanten meinen Sohn oder mich gegen die Türen geschoben hätten, wir wären nicht einmal runtergerutscht. Wie sollte ich unter solchen Umständen die Elefanten anbinden? Und ich mußte sie doch anbinden, um sie später in die Kisten zu bugsieren.

Ich rief Hagenbeck und den Tierhändler an. Der Tierhändler setzte sich sofort ins Flugzeug und kam nach Alicante. Da war der große Krach fertig, der Zoodirektor sagte ganz offen:»Ohne Ersatz geb' ich die Elefanten nicht her.«

Es dauerte Stunden, bis wir den beiden Elefanten ein Beruhigungsmittel spritzen konnten. Als die Spritzen anfingen zu wirken, gingen wir in den Stall. Kaum waren wir drinnen, um den Elefanten wenigstens ein Hinterbein anzubinden, schickte der Zoodirektor seine Wärter aufs Stalldach. Die trampelten dort oben derart herum, daß die Elefanten durchdrehten und wir die Flucht ergriffen. Jetzt wurde uns auch klar, warum die Elefanten solche Angst vor ihrem Stall hatten. Wahrscheinlich waren die beiden schon seit Tagen oder Wochen durch das Getrampel verrückt gemacht worden. Ich weiß nicht mehr, wie wir es schafften, aber wir banden die beiden wenigstens an einem Hinterbein an.

Meinen Sohn ließ ich abends vor dem Stall zurück, er mußte auf einer alten Bank schlafen. Und ich schärfte ihm ein:»Laß ja keinen rein, Carsten, die machen uns sonst unsere Elefanten wieder los.«

Bevor ich ins Hotel ging, mußte alles für den Abtransport am nächsten Morgen geregelt werden. Ich brauchte einen Trecker, um die Elefanten vom Stall sicher in ihre Kisten zu befördern. In der Nachbarschaft bekam ich keinen. Die Bauern wollten wohl keinen Streit mit dem Zoodirektor. Ich nahm mir also ein Taxi und fuhr über Land, bis ich einen Bauern fand, der mir helfen wollte. Er guckte zwar ziemlich entgeistert und wollte kaum glauben, was ich ihm da erzählte. Also nahm ich ihn mit zum

146

Tierpark und zeigte ihm den ganzen Schlamassel. Und er versprach tatsächlich, am nächsten Morgen mit seinem Trecker zu kommen. Dann endlich ging ich ins Hotel.

Als ich am frühen Morgen frisch gewaschen in den Tierpark kam, sagte Carsten: »So was von Ratten, ich hab' die ganze Nacht kein Auge zugemacht.«

Wir brachten also die erste Kiste morgens in den Park. Nicht etwa mit unserem LKW, das ging ja wegen der »Erdarbeiten« nicht, sondern mit einem Kran, den hatte ich aus Alicante kommen lassen. Natürlich durfte auch der Kran nicht in den Zoo. Also brachten wir unsere Kiste am Seilzug und mit Handkraft bis auf 25 Meter vor den Stall. Dort stand mein Sohn und beruhigte unterdessen die Elefanten. Und der Direktor drohte ständig mit der Polizei: »Wenn ihr bis zehn Uhr nicht draußen seid, bleiben die beiden hier.«

Ich hätte den Elefanten gern noch eine Beruhigungsspritze gegeben, aber das ging nicht. Wenn ein Elefant nämlich in ungewohnter Umgebung aus seinem Tran »aufwacht«, etwa in einer Kiste, kommt er in Panik, weil er nicht weiß, wo er ist. Und das konnte ich bei diesen armen, verrückt gemachten Elefanten unmöglich riskieren. Beim Ausladen sind Beruhigungsspritzen problemlos, da kommt der Elefant in einen großen Stall, sieht seine Kollegen und hat Futter, das ihn ablenkt. Aber wir mußten die beiden ja in Transportkisten einladen, da wäre ein Beruhigungsmittel unverantwortlich gewesen. Und die ganze Zeit ging mir durch den Kopf, wie ruhig und brav die beiden noch vor einem halben Jahr gewesen waren. Hatte das alles überhaupt noch Zweck?

Um sieben Uhr war der Bauer mit seinem Trecker endlich da. Wir legten ein Tau durch den Käfig. An das eine Ende banden wir Tura, an das andere den Trecker. Ganz vorsichtig zog jetzt der Trecker das Seil durch den Käfig, und Schritt für Schritt kam Tura aus dem Stall heraus auf die Kiste zu. Wenn Tura unruhig wurde, hielt der Trecker an, beruhigte sie sich, dann fuhr der

Trecker wieder einen Meter. Und während wir im Schnecken-
tempo vorankamen, verflogen die Minuten.

Die kleine Tura ging ganz gut in die Kiste, der Bauer auf seinem
Trecker funktionierte, als wenn er schon jahrelang Elefanten verladen hätte. Endlich war Tura verstaut. Wir hängten ihre Kiste an
den Trecker und wollten damit zum Tierpark hinaus. Aber der
Trecker kam mit der schweren Kiste nicht vom Fleck. Und die
Minuten verflogen. Also rannte ich zum Eingangstor und griff
mir ein paar kräftige Männer, kaufte jedem auf Anweisung des
Direktors sogar noch eine Eintrittskarte und trieb die Leute zu
unserer Kiste. Die einen zogen am Seilzug, die anderen schoben
die Kiste auf den Rollen zum Tierpark hinaus.

Als wir die zweite Kiste für die große Saida hineinbrachten, war
schon die Polizei da. Kurz vor zehn Uhr stand die zweite Kiste
zum Einladen parat. Ein Polizist kam zu uns herüber und sagte,
ich müßte gleich aufhören. In der Aufregung vertüdelte sich die
Kette, mit der Saida im Stall angebunden war. Ich bekam den
Schäkel nicht auf, konnte Saida nicht losbinden und an das Zug-
seil hängen. Wir waren völlig durchgeschwitzt, mein Sohn und
ich, als ein Angestellter vom Tierpark kam und sagte: »Wir öff-
nen jetzt den Park. Sie müssen aufhören.« Mein Sohn schubste
den Mann so elegant zur Seite, daß die Polizisten gar nichts
merkten, und im selben Moment gelang es mir, den Schäkel auf-
zuschrauben.

Ich rief dem Bauern zu: »Gib Stoff!« Er verstand mich sofort,
und wir zogen die Kuh in einem Rutsch aus dem Stall hinaus und
25 Meter bis in die Kiste. Es ging alles so schnell, Saida wußte
gar nicht, wie ihr geschah. Luke dicht und anbinden, das war
alles eins. Jetzt hatten wir auch die Polizei auf unserer Seite und
durften die Kiste wieder mit Handkraft hinausschieben.

Die Kosten für »Beschädigungen« im Tierpark, Wegeplanieren
und ein paar abgeknickte Palmen übernahm der Tierhändler,
fuhr uns zu einem Bekannten, damit wir uns waschen und

148

umziehen konnten. Zum Abschied tranken wir mit dem hilfsbereiten Bauern einen ordentlichen Schnaps und legten uns dann in die LKW's schlafen. Unsere Fahrer machten, daß sie so schnell wie möglich aus Spanien rauskamen, wer weiß, was sich der Herr Zoodirektor noch alles einfallen ließ.

Auf dem Nachhauseweg hatte ich doch meine Zweifel und sagte zu meinem Sohn: »Ich glaube, wir sind verrückt. Da holen wir uns Tiere, die wir vielleicht nie in den Griff kriegen.« Aber mein Sohn beruhigte mich: »Laß mal, Papa, wenn die sich erst eingelebt haben, dann wird das schon.«

Saida tobte, als wir sie in Stellingen ausladen wollten. Dr. Hagenbeck spritzte ihr ein Beruhigungsmittel. Tura dagegen war ganz ruhig, und wir stellten die beiden zusammen in eine Box. Saida beruhigte sich erst nach vier, fünf Wochen.

Als die beiden sich das erstemal mit Sand bewerfen durften, wußten sie vor Freude gar nicht, wie ihnen geschah. Sie mußten wohl glauben, sie wären wieder in Freiheit, standen den ganzen Tag nur im Schlamm und bewarfen sich den Rücken. Sie lebten sich ein, bekamen hier und da mal einen kleinen Knuff von den anderen, bis sie sich langsam von unten her ihren Platz in der Herde erobert hatten.

Tura und Saida sind Freundinnen geblieben, und wir haben beide behalten. Saida ist riesig groß geworden, zwei Meter neunzig Rückenhöhe sind sehr selten für eine asiatische Kuh. Im Stall und im Gehege ist sie sehr liebebedürftig. Aber sie muß in Spanien wohl einen Knacks weggekriegt haben, läßt sich bis heute keinen Sattel auflegen; spazierengehen können wir im Tierpark mit ihr. Tura geht heute unter dem Sattel und hat mit Hussein ihr erstes Baby, unsere kleine Ratna. Auf dem Betonsockel in dem kleinen Zoo bei Alicante wären die beiden sicherlich elend verkommen. Ich muß sagen, es hat sich gelohnt.

Einige Jahre später wurde uns wieder ein Elefant angeboten. Der Besitzer war ein kleiner Schausteller. Er hatte früher mit seiner Frau eine Cowboy-Nummer gemacht, aber dann wurden die beiden zu alt und kauften sich Anfang der siebziger Jahre, als Elefanten zu Schleuderpreisen gehandelt wurden, einen Elefanten und zogen mit ihm in Ungarn herum. Der Schausteller schickte ein paar Fotos, der Elefant sah hübsch aus, und Dr. Claus Hagenbeck sagte: »Flieg hin und sieh ihn dir an.«

Wir trafen uns in Budapest, der Schausteller und ich, und er führte mich irgendwo in Budapest in einen kahlen Hinterhof. Schneeregen fiel. Dort stand der Elefant in einem Wohnwagen. Der ganze Wagen schaukelte, so webte der Elefant vor Verzweiflung mit dem Oberkörper hin und her.

»Können Sie ihn mal rausnehmen?« fragte ich.

»Ja, das weiß ich nicht«, sagte der Schausteller.

»Wieso denn nicht? Ob er nun zum Waschen und Saubermachen rauskommt oder zum Angucken, ist doch egal.« Da mußte der Schausteller zugeben, daß der Elefant seit zwei Jahren den Wohnwagen nicht verlassen hatte. Er holte aber doch einen Pfleger, und die beiden brachten den Elefanten aus dem Wohnwagen. Er hing an einer langen Kette, und keiner von uns dreien konnte ihn auch nur berühren.

Ich weinte, als ich den trüben Hinterhof wieder verließ. Mit Rücksicht auf unsere Herde in Stellingen konnte ich einen so kranken Elefanten nicht kaufen. Er war noch jung, und wenn ich daran dachte, welche seelischen Qualen ihm bevorstanden in den nächsten Jahren, wäre es sicher besser gewesen, den Elefanten zu töten.

Es gibt in Europa noch einige solch armer Elefanten; und ich weiß, wo sie stehen. Niemand macht diese Elefanten wieder gesund, kein Zirkus, kein Zoo kann sich solche Probleme aufhalsen. Schließlich handelt es sich um erwachsene Elefanten, die gepflegt werden müssen, gebadet, geschrubbt und medizinisch versorgt. Aber niemand kommt mehr an sie heran, sie sind unberechenbar geworden gegen Menschen und auch gegen andere Elefanten. Sie greifen alles an. Solch einen aggressiven »Eindringling« würde jede Herde kurzerhand töten.

Als ich abends versuchte, das dem Schausteller zu erklären, ging der Mann auf mich los. Er war wohl selber nicht richtig im Kopf. Und ich bekomme heute noch Gänsehaut, wenn ich an das Elend dieses Elefanten denke.

Etwa drei Jahre lang hatte im Frankfurter Zoo die Elefantenkuh Baroda allein gestanden. Zoodirektor Dr. Faust rief uns 1984 in Stellingen an und sagte: »Ich hab' nur noch den einen Elefanten im Zoo, und Einzelhaltung von Herdentieren ist doch Tierquälerei. Könnt ihr Baroda übernehmen?«

Dr. Claus Hagenbeck sagte zu mir wie immer in solchen Fällen: »Angucken.« Und ich fuhr nach Frankfurt. Baroda war schon etwas verhaltensgestört, aber ich dachte mir: Wir wagen es.

Baroda kam also ein paar Tage später in eine Kiste, wie man das so macht: Um jedes Vorderbein kommt eine Kette, an jede Kette kommt ein Tau. Diese Taue zog die Feuerwehr mit Seilwinden durch die Transportkiste. Und Baroda ging Schritt für Schritt am Seil in die Kiste hinein. Das dauerte keine fünf Minuten.

Aber kaum stand Baroda in ihrer Transportkiste, ließ der ehemalige Frankfurter Zoodirektor Professor Grzimek sich im leeren Elefantenhaus von der Presse fotografieren und sagte: »Mein Lebenstraum ist heute zerstört worden.«

Ich weiß nicht, ob es der Lebenstraum eines guten Zoodirektors sein kann, einen Elefanten in Einzelhaft mit Hofgang dahinvegetieren zu lassen. Und ich muß heute noch oft darüber nachdenken, wie Professor Grzimek das wohl gemeint haben konnte. Elefanten sind schließlich Herdentiere, sie brauchen Artgenossen, um sich wohl zu fühlen.

151

Auf dieses Interview hin wurde der Zoodirektor Dr. Faust sehr hart in der Öffentlichkeit angegriffen. Er mußte sich mit seiner Meinung durchsetzen, schließlich war er Direktor und kein Eigentümer. Inzwischen ist das Frankfurter Elefantengehege vergrößert worden, heute werden dort die sehr seltenen Spitzmaulnashörner artgerecht untergebracht und gezüchtet. Vor Dr. Faust nehme ich den Hut ab.

Baroda war, wie gesagt, schon etwas verhaltensgestört. Ihr Frankfurter Wärter begleitete sie nur bis nach Stellingen und fuhr schon am nächsten Tag wieder zurück. Sie kannte uns nicht, wir kannten sie nicht. Baroda war in den ersten Wochen schwierig, stand im Gehege mit dem Hintern zum Publikum und webte. Wir konnten sie nur an einen anderen Elefanten angebunden bewegen, und es dauerte vier, fünf Wochen, bis sie sich an das große Gehege und die Herde gewöhnt hatte, bis sie merkte, daß vom Publikum viel Gutes über den Graben geflogen kam, und bis sie Freundschaft schloß. Anfangs schlug sie nach den anderen Elefanten. Aber eines Tages suchte sie Anschluß, kam auf uns zugelaufen, wollte beschäftigt werden und lernte sogar noch mit den Vorderbeinen tanzen.

Leider hatte sie vier kaputte Zehen, Spätfolgen der Elefantenpocken. Pockeninfizierte Zehen fangen zwar zu faulen an, aber außen wächst Horn darüber, und der Fraß geht im Inneren des Fußes weiter. Die alte Pockeninfektion hatte ich in Frankfurt nicht sofort erkannt.

In Stellingen kratzte ich die Faulstellen aus und badete den Fuß zweimal täglich mit Desinfektionsmittel. Zeitweise wurde es besser, aber Fußprobleme hatte Baroda immer. Bis Dr. Claus Hagenbeck eines Tages sagte: »Wir müssen sie betäuben und den Fuß operieren.« Das machten wir auch. Mein Sohn saß an Barodas Kopf, wir schnitten den Fuß auf, kratzten und ätzten die Wunde aus. Plötzlich sagte Carsten: »Baroda atmet nicht mehr.« Wir bekamen einen fürchterlichen Schrecken, aber Baroda war tatsächlich in der Narkose gestorben. Wir schnitten den Fuß weiter auf und fanden ein Fußskelett, das vom Knochenfraß schon halb aufgelöst war. Hätte Baroda noch gelebt, wir hätten den Fuß amputieren müssen.

Anfang der achtziger Jahre fuhr ich mit Dietrich Hagenbeck und seiner Tochter Caroline nach Dänemark. Wir sahen uns zwei Elefanten an, die große Anakuli und die kleine Plang-Plang. Die beiden waren meistens in einem engen Stall eingesperrt gewesen; manchmal durften sie in ein kleines Gehege hinaus und liefen dort in der Runde. Anakuli war damals 25 Jahre alt, aber sie konnte schon keinen Paßgang mehr laufen, wie er für Elefanten typisch ist.

Dietrich Hagenbeck fragte mich: »Wollen wir die nehmen?«

»Ja«, sagte ich, und der Papierkrieg begann.

Nach ein paar Wochen fuhr ich wieder nach Dänemark, um die beiden abzuholen. Anakuli war die unruhigste Elefantenkuh, die ich jemals transportierte. Als ich sie in der Kiste auf dem LKW hatte, tobte sie ununterbrochen. Und sie war besonders groß. Als wir abends in Padborg an die dänisch-deutsche Grenze kamen, sagten die Zöllner: »Ihr seid zu hoch. Ihr kommt nicht unter den Autobahnbrücken durch.« Weil Anakuli aber so sehr in ihrer Kiste tobte, sagte ich: »Wir müssen auf dem schnellsten Weg nach Stellingen und den Elefanten wieder ausladen.« Keiner hatte daran gedacht, daß die Kiste zu hoch sein könnte. Wir hatten das Problem gar nicht gesehen. Und eben mal oben absägen läßt sich eine Eisenkiste nicht.

Noch vom Zoll aus riefen wir die Autobahnmeisterei an, und dort hieß es: »Vor jeder Brücke müssen Sie rechts auf den Standstreifen. Durch die Wölbung der Fahrbahn ist dort mehr Höhe unter dem Brückenkörper. Und immer Schrittempo fahren.«

Bei der ersten Brücke fuhren wir rechts auf den Standstreifen und im Schrittempo unter der Brücke durch. Ich leuchtete mit der Taschenlampe, es waren wirklich nur ein paar Zentimeter Luft.

Kaum waren wir endlich durch und wieder in Fahrt, da kam schon die nächste Brücke in Sicht. Ich hätte nie gedacht, wie viele Brücken es zwischen Flensburg und Stellingen gibt. Es war zum Verzweifeln!

Auch in Stellingen blieb Anakuli sehr lange unruhig. Zum Glück hatte unsere Leitkuh Birka die Anakuli gleich angenommen, wer weiß, was sonst aus ihr geworden wäre. Es dauerte viele Monate, bis Anakuli ihren Paßgang wiederfand. Bei den ersten Reitstunden warf sie sich hin und wollte mich abschütteln. Und wenn man das erwachsenen Elefanten auch nur einmal durchgehen läßt, kommt man nie wieder in den Sattel. Sie war immerhin 2,80 Meter hoch, und noch nie hatte ihr jemand im Nacken gesessen. Ich ritt sie immer nur morgens, wenn noch kein Publikum im Tierpark war, und auch dann nur im Gehege.

Anakuli war ein ängstlicher Elefant, und besondere Angst hatte sie vor Hubschraubern. Nun liegt Stellingen aber nahe beim Flughafen Fuhlsbüttel, Krankenhäuser sind in der Nähe und der Norddeutsche Rundfunk, da kommen viele Hubschrauber am Tierpark vorbeigeflogen. Und als ein guter Safaripark in England eine Kuh für seinen Elefantenbullen zur Zucht suchte, gab Hagenbeck Anakuli gern nach England ab. So war der Bulle dort nicht allein und Anakuli die Hubschrauber los. Die beiden fühlen sich wohl und ziehen zusammen durch den Park. Nur aus der Zucht ist bisher nichts geworden. Ich vermute, daß der Bulle nicht zeugungsfähig ist, sonst würde er lieber allein sein wollen. Asiatische Bullen sind nun einmal Einzelgänger.

Ja, und wie wird so ein armer, geschundener Elefant wieder normal im Kopf? Ich kann nicht morgens die Stalltür aufmachen und den jauchzenden Elefanten ins Gehege rauslassen. Er hat nämlich Angst vor dem neuen Stall, vor dem ungewohnt großen Gehege, vor den anderen Elefanten und vor den neuen Wärtern.

Kurz gesagt, er hat vor allem Angst. Und Angst macht unberechenbar.

Solche Elefanten mußten wir anfangs an einen zahmen Elefanten binden, nur um sie aus dem Stall ins Gehege zu bringen. Und auch im Gehege wurden sie an armdicken, zehn Meter langen Tauen angebunden, dazu sind große Eisenringe am Boden einbetoniert. Oft kommt so ein bedauernswerter Elefant nämlich in Panik und will ausbrechen. Dann muß er mit Brot und sanftem Zureden beruhigt werden, und ein anderer Elefant muß ihn, wenn nötig, im Zaum halten. Nach und nach beruhigt der Elefant sich dann, sieht sich das Gehege an, sieht den Rest der Herde. Dann wird er mit zwei Elefanten zum Teich geführt, kann sich abspritzen und trinken. Abends hat er dann Angst vor dem Stall, will nicht zurück und muß von einem Elefanten reingezogen werden.

Bei manchen Elefanten dauert es vier Wochen, bei anderen nur drei Tage, bis sie Gefallen am Gehege finden. Ein Tierpfleger muß das spüren können, er muß denken können wie ein Elefant, das erst macht ihn zum Elefantenmann. Mit den Wochen kommt dann die Routine, der Elefant läßt sich gern an seinen Kollegen binden, will morgens selber hinaus ins Gehege zum Duschen und Betteln und will abends selber zum Futter in seine Box zurück.

Ich darf von solchen Elefanten nicht gleich etwas wollen; raus ins Gehege und rein in den Stall, das ist für den Anfang genug. Der Elefant muß sich selbst finden, er muß wollen, muß an meiner Tasche riechen, ob da was Gutes drin ist. Und erst wenn er Angst und Schrecken vergessen hat, wenn er Vertrauen hat, von selber kommt und beschäftigt werden will, dann ist das Eis gebrochen.

Und deshalb bin ich fest davon überzeugt, daß es eine sinnvolle und gute Beschäftigung für jeden Elefanten ist, wenn er vom Publikum gefüttert wird. Auch in der Freiheit sind Elefanten fünfzehn Stunden am Tag auf Futtersuche. Elefanten fressen ständig; selbst wenn sie spazierengehen, sammeln sie unterwegs Gras und Blätter am Wegrand. Es gibt riesengroße Elefantengehege, dort stehen die Elefanten den ganzen Tag in einer Ecke, bewerfen sich morgens noch mit Sand, suhlen sich anfangs, aber dann weben sie mit dem Kopf hin und her, weil ihnen langweilig ist; oder sie stehen an der Tür und wollen in den Stall zurück, weil dort ihr Futter liegt. Diese unbeschäftigten Elefanten hätten nur ein kleines Gehege gebraucht. Hagenbeck hat seine Elefanten immer vom Publikum füttern lassen, und ich habe in 44 Jahren nur die besten Erfahrungen damit gemacht.

Meistens sind solche geschundenen Elefanten als Reitelefanten nicht mehr auszubilden. Wenn sie nach ihrer jahrelangen Isolation endlich in einer Herde leben dürfen und dort ihre Freundin haben, dann sind sie aus dieser Herde kaum wieder wegzubringen, nicht einmal zum Reiten. Und gerade auf einen Reitelefanten muß man sich hundertprozentig verlassen können.

Mitte der achtziger Jahre flogen meine Frau und ich nach Mallorca. Der Augsburger Zoo suchte einen etwa zehnjährigen afrikanischen Elefanten; und so einer stand im Safaripark auf Mallorca, hatte schon ein paar Autos angenommen und wurde langsam zu groß. Es war eine wunderhübsche Kuh, die ich in Stellingen ein paar Wochen später unter meine Fittiche nahm, dressierte und dann nach Augsburg brachte.

Der deutsche Leiter des Safariparks sagte zu mir: »Hier auf Mallorca steht noch ein Elefant, und zwar in einem kleinen Zoo. Der Zoo ist längst geschlossen, und alle Tiere sind verkauft. Nur eine fünfzehnjährige asiatische Elefantenkuh ist noch da.«

»Ist sie zu verkaufen?« fragte ich sofort.

»Sie müßten mal hinfahren.« Wir machten den Zoo also ausfindig, fanden auch den Besitzer, einen steinreichen Immobilienmakler, erzählten ihm, wer wir waren, und fragten, ob wir seinen Elefanten kennenlernen könnten. Wir bekamen den Schlüssel und fuhren zum Zoo.

Ein Zoo war das eigentlich nicht, eher ein Ghetto mit einer dicken Mauer drumherum. Wir schlossen das große Eisentor auf und gingen hinein. Kaum war die Tür hinter uns zugefallen, hörten wir ein seltsames Gequietsche. Und da sonst alles leer stand, folgten wir dem Geräusch und fanden einen Verschlag, höchstens 150 Quadratmeter groß. Dort stand der Elefant, streckte uns seinen Rüssel entgegen und zirpte wie ein Kanarienvogel. Ich hatte solche Töne noch nie von einem Elefanten gehört. Wir streichelten ihn, gaben ihm Brot und redeten ihm gut zu; und der Elefant war glücklich.

Am Nachmittag kam eine Frau, die brachte wie jeden Tag die Küchenabfälle von ein paar Hotels. Davon lebte der Elefant. Sein Kot war höchstens halb faustgroß, es war erbärmlich anzusehen. Alle drei Tage, erzählte uns die Frau, käme ein Mann und miste aus. Seit drei Jahren schon stand dieser Elefant mutterseelenallein in seinem Gefängnis. Er war in dieser ganzen Zeit nicht im geringsten ängstlich geworden, er war im Gegenteil sehr zutraulich, klammerte sich an uns und wollte uns festhalten, damit wir nur bei ihm blieben. Als wir nach Stunden doch wieder gehen mußten, reckte er uns seinen Rüssel nach und zirpte wieder. Ich bin seit dem Tag überzeugt, daß Elefanten weinen können. Wir hörten ihn noch lange flehen, als wir weinend das Gefängnis hinter uns geschlossen hatten.

»Den können wir bestimmt kaufen«, versuchte ich uns zu trösten, »der steht ja ganz allein. Und ich garantiere dir, den kriegen wir wieder hin. Er ist so zahm und freundlich, er muß sehr selbstsicher sein.«

Als wir den Schlüssel abgaben, sprachen wir mit dem Besitzer. »Nein«, sagte der, »den Elefanten verkauf' ich nicht. Das ist mein Hobby.«

»Das kann doch nicht Ihr Hobby sein. Das ist Tierquälerei.« Ich mußte sehr an mich halten, denn ich wollte ja den Elefanten haben.

In Stellingen erzählte ich Dr. Claus Hagenbeck davon, und er bat den Leiter des Safariparks, immer wieder bei dem Besitzer nachzufragen. Auch einige Spanier und Engländer versuchten, diesen Elefanten zu befreien. Aber er war nicht zu verkaufen. Leider weiß ich nicht, was aus ihm geworden ist.

Es gibt gar nicht wenige Elefanten, die jahrelang in Einzelhaft stehen und durch richtige Haltung wieder gut werden. Bei San Diego lebt Gary Johnson mit seiner Frau oben in den Bergen. Die beiden haben dort eine riesige Elefantenanlage mit verschiedenen Gehegen und Hauskoppel. Gary vermietet seine Elefanten für VIP-Hochzeiten, fährt zu den großen Paraden nach Disneyland, geht mit ihnen zum Film. Er hat sehr gutes Personal, die Tiere werden viel beschäftigt, haben den ganzen Tag lang Heu und Holz, werden heute hier gefüttert und morgen dort, müssen schon zum Frühstück über einen Bergrücken ziehen. Jeden Morgen geht Gary mit seinen Elefanten spazieren. Er vermietet seine Elefanten laufend, aber nur zu zweit, niemals allein. Eine Woche gehen die einen auf Tour, in der nächsten Woche die anderen, einmal haben die einen Ruhe, einmal die anderen. Und das alles macht Gary Johnson nur mit Elefanten, die er irgendwo verhaltensgestört aufgekauft hat.

Als ich ihn kennenlernte, lebten Gary und seine Frau Kari in einem hübschen Farmerhaus, aber sie lebten nur für ihre Elefanten. Kari kommt aus einer Zirkusfamilie, ihr Vater war ein großer Elefantendresseur in Amerika. Gary kam gerade mit seinem Truck von New York quer durch Amerika herüber nach San Diego und brachte eine Elefantenkuh mit, die zehn Jahre lang in Einzelhaft gestanden hatte. Zweijährig war sie in einen Verschlag gekommen, daraus hatte Gary sie gegen 10.000 Dollar freigekauft. Von dieser Kuh hörte ich dieselben Quietschtöne wie in jenem Gefängnis auf Mallorca. Sie hatte faustgroße Eiterbeulen am ganzen Körper von der falschen Ernährung ohne Rauhfutter, konnte kaum mehr laufen, geschweige denn Paßgang gehen. Gary stellte sie in ein schattiges Extragehege, denn vor anderen Elefanten hatte sie große Angst.»Hoffentlich hat sie keine Würmer«, sagte ich. Sie hatte keine, sonst wäre sie bei der schlechten Ernährung wohl längst gestorben.»Lehm«, sagte ich, »sie braucht viel Lehm für die Haut.« Und Gary Johnson ließ noch am selben Tag ein großes Lehmloch in ihrem Gehege ausbaggern. Die arme Elefantenkuh stand den ganzen Tag lang im Lehmloch und pflegte ihre Haut. Gingen Gary oder seine Frau in das Gehege, hielt sie die beiden mit dem Rüssel so fest, daß sie sich losreißen mußten. Sie wollte nicht mehr allein sein. Heute ist diese Kuh Garys ruhigster und bester Elefant. Er kann überall mit ihr hingehen. Es sollte mehr Leute wie Gary Johnson geben, durch sie verlernt man den Glauben an das Gute im Menschen nicht.

Aber auch in Europa setzen sich immer mehr Elefantenfreunde für die grauen Riesen ein, wie etwa die *European Elephant Group*. Diese Interessengemeinschaft aus Elefantenpflegern, Wissenschaftlern, Tierpark-Architekten und Privatpersonen hat eine aufsehenerregende Dokumentation veröffentlicht und erreicht, daß sich Wissenschaftler, Zoodirektoren und Elefantenpfleger zusammen an einen Tisch setzten und gemeinsam über bessere Haltungskonzepte diskutierten. Die Gespräche verliefen sehr positiv.

Vor fünf Jahren übernahm Hagenbeck die Elefantenkuh Tima. Der Zoo Hannover hatte sie als acht Monate altes Baby der Mutter weggenommen und an den Zirkus Knie in der Schweiz verkauft. Nach 22 Jahren, 1989, gab der Zirkus Knie die übernervöse Tima an Hagenbeck ab. Es dauerte zwei volle Jahre, bis Tima als vierundzwanzigjährige Kuh langsam ihren Zyklus bei uns wiederbekam. In diesen zwei Jahren mochte unser Bulle sie nicht leiden, er verfolgte sie sogar. Erst als sie nach und nach wieder regelmäßig alle vier Monate heiß wurde, den Beweis erbrachten unsere wöchentlichen Blutanalysen, fand Hussein sie liebenswert und deckte.

Ich zog daraus zwei Lehren. Wenn eine Elefantenkuh sich nicht wohl fühlt, so wie Tima im Zirkus, bleibt ihr Zyklus aus und kommt erst wieder, wenn sie ihr Zuhause gefunden hat. Und ein absoluter Einzelgänger wie der asiatische Elefantenbulle interessiert sich nur für Kühe, die auch heiß werden.

Wer also seine Elefantenkühe zum Decken in Europa herumschicken möchte, muß sich nicht wundern, daß in der neuen Umgebung der Zyklus bei ihnen häufig ausbleibt. Aber ist denn das ein Wunder? Da muß ein so feinfühliges Tier wie eine Elefantenkuh die gewohnte Herde verlassen, sie erlebt den Transportstreß, muß ihn dann abbauen und sich obendrein in der neuen Herde einen Platz in der Rangordnung erstreiten. Wird sie tatsächlich heiß und der Bulle deckt, nimmt die Kuh häufig nicht auf. Ob mit Erfolg oder nicht, muß sie den Rücktransport verkraften und sich ihren Platz in der alten Herde zurückerobern. Daß eine so herumgeschubste Kuh ihr Baby annimmt, ist nicht sicher, zumal sie in der Herde kaum eine Tante findet, die selber schon ein Baby hatte und sich in der Säuglingspflege auskennt.

Es ist schwierig genug, eine Elefantenherde aufzubauen, die nicht aus gewachsenen Tieren besteht. Dieses sensible Gefüge darf nicht auch noch häufig durch Kühe gestört werden, die nur zum Decken in die Herde kommen, also für kurze Zeit. Statt dessen sollten die Zoos ordentliche Zuchtanlagen bauen und junge Kühe und zeugungsfähige Bullen dort auf Dauer zusammenführen. Es gibt in Europa nur fünf Kühe, die bei ihrer Erstgeburt älter als 20 Jahre waren, aber es gibt in Europa noch sieben Kühe, die ohne Bullen stehen und jünger als 20 Jahre sind.

Im Februar 1994 habe ich selber die achtjährige Elefantenkuh

Sandai nach Stellingen geholt, die der neue Duisburger Zoo-direktor Freese uns in vorbildlicher Weise als Dauerzuchtge-meinschaft zur Verfügung stellt. Bei uns wird Sandai Freundinnen finden und einen Platz in der Herde, in ihrer Herde. Und sollte sie ein Baby bekommen, werden ihr erfahrene Tanten helfen, es aufzuziehen.

Als ich 1982 weiße Dromedare für Hagenbeck aus Marokko holte, kam mir im Zoo von Rabat ein großer rothaariger Mann entgegen. Er war Deutscher und zog zusammen mit einem Zirkus herum, der gerade in Rabat gastierte. Drei Elefanten hatte dieser Herr Kendler, einen Bullen und die Kuh Benga mit ihrem kleinen Kuhkalb.

Ich fragte ihn: »Ist dein Bulle noch ruhig?«

»Ich kann alles mit ihm machen«, sagte er.

Ich warnte ihn: »Sei vorsichtig. Solange Benga ihr Baby säugt, wird sie nicht heiß. Und weil sie nicht heiß wird und der Bulle sie nicht decken kann, kommt er in Musth. Denn ich halte Musth für ein Überdruckventil. Und wie willst du einen Musthbullen im Zirkus richtig halten?«

»Mein Bulle wird niemals gefährlich«, sagte Herr Kendler, »der ist lammfromm.« Diese drei waren seine ersten und einzigen Elefanten.

Ich fuhr mit den Dromedaren zurück nach Stellingen. Es waren die weißen Dromedare, die Dietrich Hagenbeck noch gekauft hatte und die zwei Jahre lang im Zoo von Rabat in Quarantäne gestanden hatten. Statt einer Bezahlung wollte der Königliche Zoo von Rabat lieber Tiere von Hagenbeck, ich fuhr also mit einem LKW voll Tiere nach Rabat und holte die sieben Dromedare ab. Außerdem begleiteten mich sechs Marokkaner nach Stellingen. Es waren Tuaregs, »blaue Männer von Goulimine«, und sie ritten eine Saison lang in ihren blauen Umhängen die weißen Dromedare.

Zwei Monate später, nachdem ich wieder in Stellingen war, stand in der Zeitung: »Elefantenbulle tötet Deutschen.« Der Getötete war Herr Kendler. Der Bulle, den keinerlei Schuld traf, wurde erschossen, weil er als bösartig galt. Elefantenbullen gehören in keinen Zirkus, sie können dort in der Musth nicht artgerecht gehalten werden.

Frau Kendler bot uns Benga zum Kauf an; ohne Mann und Bullen war die Nummer ja geschmissen. Ich spürte sie in Bayern bei einem kleinen Zirkus auf und versprach der Frau, das Baby zu dressieren, wenn sie uns die Kuh verkaufte. Ich hatte zwar den Hintergedanken, das Baby auch zu kaufen, wenn es erst einmal bei Hagenbeck war, aber kaum hatte ich die Zweijährige dressiert, zog Frau Kendler mit ihr davon.

Wir hatten die große Hoffnung, daß Benga wieder trächtig wäre. Frau Kendler hatte uns Videofilme gezeigt, wie der Bulle Benga zum zweitenmal deckte. Wir sahen Bewegungen in Bengas Bauch. Da sind die Füße, jubelten wir. Acht Wochen lang schliefen wir jede Nacht umschichtig bei Benga. Sie hatte sogar Milch. Heute weiß ich, daß ein Baby sich gar nicht da bewegt, wo wir es vermutet hatten, sondern viel weiter unten. Und auf einer späteren Indienreise erfuhr ich von verschiedenen Mahouts, daß es auch bei Elefanten Scheinschwangerschaften gibt. Wir haben viel Lehrgeld zahlen müssen, aber wir schämen uns nicht, das zuzugeben.

Ich habe in den vergangenen Jahren 15 solch armer Elefanten entweder zu Hagenbeck geholt oder in gute Hände weitervermittelt. Und ich habe einen Traum seit diesen Tagen. Ich möchte einen Platz schaffen, an dem Zirkuselefanten ein gutes Winterquartier haben, einen vertrauten Ort, an dem sie richtig dressiert werden, an den sie nach der Tournee mit »ihrem« Pfleger zurückkommen können.

Ich möchte einen Platz schaffen, an dem alte Zirkuselefanten ihr

Gnadenbrot bekommen, an dem sie nicht Tag für Tag, nicht Jahr für Jahr im Zirkus verschlissen werden und endlich verbraucht sind.

Ich möchte einen Platz schaffen, an dem gute Elefantenmänner für gutes Geld ausgebildet werden und arbeiten können.

Mein Traum wäre beinahe Wirklichkeit geworden. Im Wild Animal Park in San Diego sollte so ein Elefanten-Quartier gebaut werden. Der Elefantenmann Alan Roocroft, der zehn Jahre lang im Elefantenhaus in Stellingen bei mir gelernt hat, konnte die Tierparkleitung in San Diego von diesem Plan überzeugen. Sechzig Hektar Freigelände standen bereit, die Baupläne für die Elefantenhäuser, für die Wohnungen des Personals lagen vor. Viele große amerikanische Zirkusse wollten dort ihre Elefanten überwintern lassen, wollten dort ihre Elefantennummern mieten, so wie es bei Artisten im Zirkus üblich ist. Die Elefanten sollten nur alle zwei Jahre auf Tournee gehen, sollten nur Nummern vorführen, die ihrer Gesundheit nicht schadeten.

Das Projekt ist dann doch noch gescheitert, der Plan wurde zum Politikum. Weil ein paar falsch gehaltene Elefanten ihre Pfleger umbrachten, meinten Tierschützer, Senatoren und die Presse, Elefanten müßten in Zukunft wie Wildtiere gehalten werden. Kontakt zwischen Elefant und Mensch sei möglichst zu vermeiden. Ich könnte viele solcher Gehege aufzählen, in denen Elefanten erst mit ihrer Langeweile, später mit ihrer Verzweiflung allein gelassen werden. Kein Ast, kein Stein als Spielzeug findet sich dort. Sie würden damit nach dem Publikum werfen, um überhaupt etwas zu tun. Und haben sie keine Steine, dann werfen sie mit Kot; und sie treffen. Und ist der Kot verbraucht, holen sie sich rüsselweise Wasser aus dem Magen heraus und bespritzen damit das Publikum.

Eine derartige Elefantenhaltung hat in den dreißiger Jahren schon Zoodirektor Heinz Heck in Hellabrunn erzwungen und später öffentlich revidiert; das ist für Interessierte nachzulesen. Niemand kann mit ein paar Hektar Land einen zweiten indischen Dschungel schaffen. Kein umfriedetes Gelände wäre groß genug, damit rivalisierende Elefanten sich aus dem Weg gehen könnten. Und wie läßt sich ein verletzter Elefant versorgen, der die Menschenhand nicht gewöhnt ist? Tägliche Narkose zur Behandlung eines Blutergusses oder eines Geschwürs am Fuß? Nein? Dann also die Leiden kranker Elefanten billigend in Kauf nehmen?

Der Asiatische Elefant ist kein Wildtier mehr nach 5 000 Jahren Koexistenz mit dem Menschen. Das mögen wir bedauern, aber wir haben es zu akzeptieren und dürfen ihm den Menschen nicht nehmen, seinen Menschen, zu dem er Vertrauen und Zuneigung hat. Mancherorts haben wir Zustände wie in Indien, wo die Mahouts nichts gelten. Auch bei uns gelten Elefantenleute heutzutage wenig. Erfahrung haben sie wohl, aber sie haben ja nicht studiert. Ein Elefantenmann, der etwas kann, der hat auch eine Meinung; macht er sich aber einmal für seine Schützlinge gerade, wird er in ein anderes Revier versetzt. »Denken ist meine Sache!« heißt es da von oben herab.

Zu Hagenbeck, zu uns, kamen viele verhaltensgestörte Elefanten und viele Wildfänge. Aber einen »bösartigen« Elefanten töten, das mußten wir noch nie.

Deshalb träume ich ihn weiter, meinen Traum. Ich träume ihn jetzt für alle schlecht gehaltenen Elefanten Europas. Einen weiten Park erträume ich mir, in der Wärme Südfrankreichs etwa, der Heizkosten wegen, die sind enorm für vielleicht hundert Elefanten; und mit Gehältern für Elefantenleute, die gutes Personal sichern. Für zehn Mark am Tag, Kost und Logis, dafür bekam der Herr Circus-Direktor früher noch Elefantenmänner, die Idealisten waren. Heute bekommt er dafür eben nur Saubermacher.

Und die Leidtragenden sind, wie immer, die Elefanten.

Inzwischen hat der Zirkus Ringling in Amerika unsere Idee aufgegriffen und in Florida eine Station für seine etwa fünfzig Elefanten eingerichtet. Von dort müssen die Elefanten nur alle zwei Jahre auf Tournee gehen und sich diesem Streß aussetzen. Dort in Florida stehen große Bullen, und inzwischen gibt es auf der Station auch schon Nachwuchs.

CEYLON

Unsere Planungen für eine Elefantenzucht in Stellingen waren weitgehend abgeschlossen; Bullenhaus, Kral und Bullengehege waren auf dem Papier so gut wie fertig. Um aber ganz sicherzugehen, daß wir bei der Planung auch nichts übersehen hatten, flog ich Ende 1984 mit meiner Frau nach Sri Lanka. Vielleicht konnten wir auf Ceylon ja gleich einen Bullen kaufen.

Wir gingen in der Hauptstadt Colombo also in den berühmten Zoo Dehiwala, den John Hagenbeck 1929 gegründet und bis 1935 betrieben hatte. Dort stand noch ein alter Elefant, der einmal John Hagenbeck gehört hatte. Und ich konnte mich auch ein bißchen mit dem Zwergelefanten anfreunden, der vor ein paar Jahren im Busch gefunden und in den Zoo gebracht worden war. Er war damals 1,30 Meter hoch, aber schon weit über zehn Jahre alt, auch wenn ich ihn von der Größe her auf zwei Jahre geschätzt hätte. Er war ganz zahm und freundlich. Inzwischen nimmt er sich der Elefantenbabys auf der Waisenstation in Pinawella an und lehrt sie fressen.

Der Zoodirektor in Colombo sagte, er würde uns gern einen Bullen überlassen, und zwar im Tausch gegen zwei Gorillas. Das war allerdings sündhaft teuer und nicht zu bezahlen. Aber anders als über den Schreibtisch des Zoodirektors war eine Ausfuhrgenehmigung nicht zu bekommen.

Also bereisten wir Ceylon und studierten die Musthbullen-

Haltung. Auf dem Weg von Colombo in die Berge hinauf nach Kandy kamen wir durch Pinawella und besuchten die Waisenstation. Neun allerliebste kleine Elefanten wurden dort versorgt. Heutzutage sind es etwa fünfzig Waisen; auch auf Ceylon steigt die Bevölkerung stark an und schränkt den Lebensraum der Elefanten immer weiter ein. Das führt unweigerlich zur Wilderei. Im Yala Nationalpark wohnten wir in einem Rangercamp, ohne Touristen. Und wir beobachteten lange einen Leoparden bei der Jagd.

Wir hätten uns gern die berühmte Esala Perahera in Kandy angesehen, das größte Fest Ceylons, bei dem in einer prächtigen Prozession von Mönchen, Tänzern und Elefanten ein Augenzahn Buddhas durch die Straßen getragen wird. Aber die Esala Perahera findet alljählich für zwei Wochen im August statt, und im August hat ein deutscher Elefantenmann, der in Lohn und Brot steht, Hochsaison in seinem Zoo.

Aber in Sri Lanka werden ja ständig Feste gefeiert. Und so erzählte uns der Zoodirektor, in Colombo finde auch eine Perahera statt, und zwar jetzt im November. Colombo machte in den nächsten Tagen den Eindruck, als strömte hier ganz Ceylon zusammen. Überall in der Stadt wurden Tribünen für die Touristen zusammengenagelt und Häuser festlich geschmückt für die nächtliche Prozession der Buddha-Reliquie.

Der große Abend kam. Meine Frau und ich suchten uns eine Tribüne aus, die um einen Baum herum gebaut war. Meine Frau stellte sich direkt an den Baumstamm, eine Hand am nächsten Ast. »Wenn Panik ausbricht«, hatte ich ihr eingeschärft, »schwingst du dich in die Äste.« Denn die Perahera von Colombo war berüchtigt für ihre Unglücksfälle und die Menschenmassen in der Stadt. Ich suchte mir einen Platz unter der Fernsehtribüne, denn ich brauchte Licht für meine Filmkamera.

Als es schummrig wurde, begann das religiöse Spektakel. Es war ein ohren- und augenbetäubendes Gewirr von buddhistischen Mönchen in ihren safrangelben Gewändern, von Fackelschwingern und Feuerschluckern, von Peitschenknallern und Stelzenläufern, von Tänzern und Trommlern, die immer mehr in Trance verfielen. Als die Elefanten kamen, setzte ein begeistertes Getöse ein.

Ein ungeheurer Bulle trug in einem goldenen Schrein die Buddha-Reliquie auf seinem Rücken durch die Straßen. Der Bulle war vor bunten Tüchern, vor Gold und Schmuck kaum mehr zu sehen. Er war sogar mit Hunderten von Glühbirnen beleuchtet, deshalb fuhr ein LKW hinter ihm her und lieferte über ein langes Kabel aus seiner Lichtmaschine den elektrischen Strom. Der Bulle lief abwechselnd über zwei rote Teppiche, die vor ihm ausgelegt und hinter ihm wieder eingerollt wurden.

Die Elefantenkühe in der Parade hatten alle ein dickes Tau um den Hals, das lose Ende hing lang herunter. Ich fragte mich, wozu das gut sei, als Schmuck konnte es kaum dienen. Bis plötzlich eine kleine Kuh nervös wurde und ihren Reiter abwerfen wollte. Da ging einer der großen Bullen, die den Zug flankierten, auf Kommando zu der kleinen Kuh, nahm sich das Tauende und biß darauf. Und im selben Moment war die kleine Kuh festgesetzt.

Plötzlich brach nicht weit entfernt Angstgeschrei aus. Ein paar junge Elefanten gingen durch und zertraten eine dichtbesetzte Tribüne. Ich wollte auf dem schnellsten Weg zu meiner Frau zurück. Aber wie denn bloß? Um mich her tobte das Chaos, Menschen und Elefantenkühe rasten erschreckt durcheinander. Ich suchte den Baum, an dem ich meine Frau zurückgelassen hatte. Da sah ich, direkt vor mir, große Elefantenbullen in einer langen Zweierreihe auf der Straße stehen. Sie standen gänzlich unbeeindruckt da und musterten nur den Tumult. Der sicherste Platz, ich fühlte es, war bei diesen ruhigen Bullen. Und ich ging zwischen den beiden Reihen dieser Bullen unbehelligt zu meiner Frau zurück.

Ihr war zum Glück auch nichts geschehen, aber am nächsten Morgen lasen wir in der Zeitung von 40 Toten. Diese Perahera in Colombo wird wegen der vielen Unglücksfälle inzwischen nicht mehr abgehalten.

Zurück in Stellingen, konnte ich Dr. Claus Hagenbeck einmal mehr erzählen, wie ausgeglichen und sicher Elefantenbullen außerhalb der Musth sind.

Bullenhaltung

Alle Zuchterfolge stehen oder fallen mit einem Punkt: der Haltung des Musthbullen. Wie viele Bullen wurden früher als bösartig erschossen, weil sie ihre Pfleger umgebracht hatten! Sie waren keineswegs bösartig, sie waren aber während der Musth falsch gehalten worden. Nicht von ungefähr kursiert die Faustregel: Ein Musthbulle – ein toter Pfleger.

Ein Bulle braucht vor allem ein Bullenhaus, wo er während der Musth ungestört stehen kann. Und er braucht in diesem Haus zwei Boxen. Während er in der einen steht, kann die andere ausgemistet werden. Schon oft haben Musthbullen ihre Stalltür zertrümmert, nur weil ihr Quietschen sie in Wut gebracht hatte. Deshalb legt man dem Bullen morgens einen Leckerbissen in die Box nebenan und öffnet die Verbindungstür. Darauf freut sich der Bulle und geht nach nebenan. Während er beschäftigt ist, kann die Verbindungstür wieder geschlossen werden. Auf keinen Fall darf der Bulle dabei angesprochen werden, jedes Geräusch, jede Bewegung kann ihn zum Angriff reizen. Beide Boxen brauchen einen Gummifußboden, damit der

Bulle sich im Liegen nicht die Stoßzähne durchscheuert, die immerhin zu zwei Dritteln hohl sind und wo der Nerv liegt.

Neben seinem Haus braucht der Bulle einen schattigen Kral, in dem er tagsüber ungestört stehen kann. Auch in der Freiheit suchen Musthbullen den Schatten auf. Niemand steht gern mit Kopfschmerzen in der Sonne oder läßt sich vom Publikum ansprechen, schon gar kein Bulle in Musth. Im Kral braucht der Bulle eine Wasserstelle, um sich den Kopf zu kühlen, und er braucht Äste, um sich beim Kauen von seinen Schmerzen abzulenken. Ob er abends in seine Box zurück will, steht ihm frei, die Tür zwischen Box und Kral bleibt dann jedenfalls offen.

Es hat sich erwiesen, daß die Musthperiode bei übergewichtigen Bullen länger dauert. Man sollte also einen Bullen nicht fettfüttern, damit aus der Mast keine übersteigerte Musth wird.

Eines Morgens ist die Musth vorbei, der Bulle ist wieder fröhlich, verlangt nach Zuwendung, reagiert wieder auf Kommandos und ist umgänglich.

HUSSEIN

Der nächsten Generation im Hause Hagenbeck, also Caroline und Dr. Claus Hagenbeck, war die Entscheidung für die Elefantenzucht all die Jahre hindurch nicht leicht gefallen. Kein Wunder, denn ihre Väter, Dietrich und Carl-Heinrich Hagenbeck, hatten ein Leben lang vor Bullenhaltung im Tierpark gewarnt. Aber Mitte der achtziger Jahre hatten sie sich von der Theorie zur Praxis durchgerungen, und die Konsequenz war: Ein Bulle mußte her! Und Krishne Gowdah, der Direktor des Zoos in Mysore im indischen Bundesstaat Karnataka, versprach Hagenbeck einen Bullen im Tausch gegen zwei Giraffen. Der Papierkrieg dauerte noch einmal zwei Jahre, bis alle Genehmigungen vorlagen und ich zusammen mit meiner Frau im September 1987 zur sechsten Indienreise startete. Wir landeten in Bombay, wohnten in dem herrlichen Tadsch Mahal Hotel und gingen zum Zoodirektor von Bombay. »Wir kommen in ein paar Wochen mit einem Bullen aus Mysore hierher zurück. Können wir den bei Ihnen unterstellen, bis unser Flieger nach Deutschland geht?« – »Kein Problem«, sagte der Zoodirektor von Bombay, und mit dieser Zusage flogen wir weiter nach Mysore.
Krishne Gowdah war schon damals der dienstälteste Zoodirektor Indiens, hatte die ganze Welt bereist und den Mysore-Zoo zu einem der schönsten Tierparks der Erde gemacht; inzwischen sind wir alte Freunde. »Wir haben alles da, seht es euch mal an«,

sagte er. Aber was stand da im Zoo von Mysore? Ein 60 Jahre alter Maharadscha-Bulle, fast weiß, ein herrliches Tier; außerdem ein siebenjähriger Bulle und ein einjähriges Bullenkalb. Aber wir wollten doch züchten, und das geht mit Opas oder kleinen Jungen nun einmal nicht.

Krishne Gowdah sagte: »Alles kein Problem, wir haben genug Bullen ringsum in den Forstcamps.« Nach ein paar Tagen trafen wir uns morgens und klapperten zusammen die Arbeitscamps ab. Es ging durch den Dschungel von einem Camp zum anderen. Und wenn wir nicht hielten, um einen Bullen zu begutachten, dann hielten wir, weil unser Wagen streikte. Aber solange wir auch suchten, wir fanden keinen Bullen, der uns beiden wirklich gefiel. Einmal nahm ich einen Bullen in die engere Wahl, einmal meine Frau. Also weiter.

Zum nächsten Camp mußten wir über einen Stausee fahren. Die Wildhüter führten uns zu ein paar lederüberzogenen Booten aus Holzgeflecht, sogenannten Coracles. Kein Kiel, kein Steuerruder hatten sie, waren kreisrund und schüsselförmig und sahen für mein Nichtschwimmerauge wenig vertrauenswürdig aus. In der Mitte befand sich ein kreisrunder Sitz, auf dem nahmen wir zögernd Platz und guckten mit gemischten Gefühlen jeder in eine andere Richtung.

Dann stießen wir vom Ufer ab und fuhren auf den weiten Stausee hinaus. Das Boot drehte sich mehr um sich selbst, als daß wir vorwärts kamen. Trotzdem war unser Ufer bald im dichten Dunst verschwunden. Kein Laut um uns her, nur die Paddel strichen durchs Wasser. Ich hatte längst die Orientierung verloren. Nach einer Stunde unterbrach Krishne Gowdah das unheimliche Schweigen: »Hier muß es gewesen sein. Hier unter uns, im Wasser des Stausees, steht die große Khedda-Anlage des Maharadschas von Mysore. Es war ein weiter Kral aus dicken Baumstämmen, in den der Maharadscha von Mysore wilde Elefantenherden treiben ließ. Hier hing das Tor, wir fahren gerade zwischen den Angeln durch«, sagte Krishne Gowdah und zeigte auf zwei riesige, gegabelte Baumstämme, die düster durch den Dunst aus dem Wasser ragten. Wenn die zu Tode erschreckte Herde durch den Trichter hinein in die Khedda-Anlage getrieben war und das Tor der ungeheuren Falle hinter ihr herunterkrachte, dann begann das Sterben. Große Elefantenherden waren hier in ihrer Angst durcheinandergestürzt, Elefanten hatten sich gegenseitig totgetrampelt, waren schreiend zwischen den Leichen ihrer Artgenossen herumgerannt, bis der Herzschlag sie traf. Glänzende Feste waren diese Elefantenjagden gewesen, in Mysore und in ganz Indien. Die Maharadschas luden sich gegenseitig dazu ein, Kaiser, Zaren und Könige kamen. Später kam auch der britische Vizekönig mit seinen Kolonialoffizieren, und auch die Damen der höchsten Gesellschaft ergötzten sich an diesem blutigen Schauspiel. Wer nicht eingeladen wurde, konnte Eintrittskarten kaufen, um dieses Schlachtfest zu beklatschen. »Etwa Dreiviertel der Elefantenherde starb in der Khedda.« Krishne Gowdah riß uns wieder aus unseren Gedanken, als die drohenden Baumgabeln längst hinter uns im Nebel verschwunden waren. »Ich selbst habe auf Befehl des Maharadschas von Mysore die letzte Khedda organisieren müssen. Dank den Göttern starb dabei nur jeder fünfte Elefant.« Es dauerte lange, bis wir wieder zu einer Unterhaltung fanden.

Wir paddelten in eine Flußmündung hinein und erreichten das Balle Camp, wo die Elefanten gerade zum morgendlichen Bad geführt wurden. Ein Baby, höchstens vier Wochen alt, war auch dabei; als es uns Fremde sah, versteckte es sich schnell hinter seiner Mutter. Die Mahouts zeigten uns einen einzigen Bullen, der vom Alter her in Frage kam. Aber der hatte einen hohen Buckel, den mochten wir alle nicht leiden. Ein schöner Bulle stand dort im Wasser, aber der war leider schon zu groß.

Als der Leiter des Camps merkte, wie enttäuscht wir waren, erzählte er uns, die schönsten Bullen der ganzen Gegend seien doch unterwegs nach Mysore zum jährlichen Dasarah-Fest. Dort müßten sie in der Parade mitlaufen. Die schönsten Bullen? Wir sahen uns an, bedankten uns bei dem Mann und waren schon auf dem Weg zu unseren Coracles.

Als wir wieder festen Grund unter den Füßen und unseren maroden Geländewagen erreicht hatten, folgten wir den Bullen in Richtung Mysore. Aber wir sahen keine Elefanten, eine Stunde weit nicht, eine zweite Stunde weit auch nicht und, nach der unvermeidlichen Autopanne, in der dritten Stunde wieder nicht. Ich wurde mißtrauisch und guckte mir die Straße an. »Hier sind seit Tagen keine Elefanten gelaufen«, sagte ich zu meiner Frau, »sonst müßten doch Kötel herumliegen.« Erst meine Frau brachte mich darauf, daß Elefantenkot genauso wie Kuhfladen von den Leuten als Brennmaterial gesammelt wird.

Es wurde Mittag, es wurde heiß. Dann endlich sahen wir am Straßenrand drei Elefanten stehen, angebunden an einen Baum. Die Mahouts lagen im Straßengraben und machten Mittag. Wir hielten an und stiegen aus. »Ach, ist der linke schön«, sagte meine Frau, »wie heißt er denn?«

»Das ist Hussein«, sagte der Mahout und streichelte seinen Elefanten. Im selben Augenblick kam ein Omnibus die Straße herunter und dröhnte an Hussein vorbei. Höchstens ein Meter Platz war zwischen Hussein und dem Bus gewesen, und Hussein hatte nicht gemuckt. Meine Frau und ich sahen uns an. Wir nickten uns zu, waren uns einig. Die Suche nach unserem Elefantenbullen war beendet.

Ich fragte Krishne Gowdah ganz vorsichtig: »Könnten wir ihn denn mitnehmen?«

»Jaja, Hussein muß nur noch die Parade beim Dasarah-Fest mitlaufen. Das ist in zehn Tagen, dann könnt ihr ihn mitnehmen.« Wir machten uns mit Hussein bekannt und gaben ihm etwas Brot, das wir vom Frühstück aufgehoben hatten. Dann fuhren wir weiter nach Mysore.

Die ganze Stadt wurde für das große Fest geschmückt, an jedem Haus standen Leitern und darauf Männer mit Farbtopf und Pinsel, Zäune wurden gestrichen und überall Glühlampen aufgehängt. Frauen harkten und fegten den Palastgarten, und jeden Abend wurde vor dem Palast geprobt, einmal Musik, einmal das Licht. Im Palastgarten trafen aus allen umliegenden Arbeitscamps die ersten Elefantenbullen ein und wurden auf dem Gelände des Maharadscha-Palastes stationiert.

Drei Tage später kam auch Hussein in Mysore an, er war die 80 Kilometer gelaufen. Inzwischen standen schon eine Menge Elefanten im Garten vor dem Palast, es waren wirklich nur die schönsten und ruhigsten Elefanten der ganzen Gegend zusammengekommen. Kein Elefant, der bei einer Parade auch nur einmal gemuckt hatte, wurde je wieder zum Dasarah-Fest angefordert.

Wir besuchten Hussein jeden Tag, brachten ihm Mangos und Papayas mit und etwas Brot vom Frühstück. Hussein strahlte schon, wenn er uns kommen sah. Und wir machten Bekanntschaft mit seinen Mahouts und den Leuten im Palastgarten. In einem kleinen Tempel fanden wir einen älteren Herrn, der sich nicht zu fein war, die Mahouts für uns auszufragen, die kein Wort Englisch sprachen. Husseins Mutter war von einem wilden Bullen gedeckt worden, erfuhren wir von den Mahouts, und sie hatte Hussein in ihrem Camp geboren. Ich schätzte Hussein damals auf etwa 15 Jahre und muß damit richtig gelegen haben, denn Hussein wächst heute noch, und Elefanten wachsen bis zum 25. Lebensjahr.

Immer wieder gingen wir zu Krishne Gowdah und vergewisserten uns, ob auch wirklich alles klappen würde. »Ja, kein Problem«, sagte er, »aber erzählt den Leuten hier lieber nichts von Husseins Ausfuhr.« Das kam uns eigenartig vor.

Und noch am selben Tag sagte ein Herr von der Forstbehörde zu uns: »Mit Hussein sehe ich Probleme.«

»Wieso?«

»Ihr könnt jeden anderen Elefanten mitnehmen, aber nicht diesen.«

»Aber wir möchten keinen anderen Elefanten, sondern nur diesen. Uns ist zugesichert worden, daß wir freie Auswahl haben, sonst wären wir überhaupt nicht nach Indien gekommen.«

Am nächsten Morgen gingen wir zurück zu Krishne Gowdah und fragten, ob die Cites-Bescheinigung der Artenschutzbehörde eingetroffen wäre. »Kein Problem«, sagte Krishne Gowdah. Aber zwei Tage vor dem Fest setzte er uns in sein Auto, und wir fuhren in ein Tierreservat und trafen dort den Staatssekretär Appaya, der im Staat Karnataka für Fischerei und Forsten zuständig war. Er machte mit Frau und Kindern gerade Urlaub im Reservat. Wir redeten nach Landessitte lange um den heißen Brei herum und erzählten von Deutschland, bis wir zum Kern kamen: »Was ist mit der Ausfuhrgenehmigung?«

Der Staatssekretär sagte: »So geht das nicht.«

»Aber die Forstbehörde hat uns doch geschrieben, wir könnten einen Elefanten aussuchen und mitnehmen. Das wollen wir jetzt tun. Und lange können wir nicht mehr bleiben, wir haben in Deutschland wichtige Termine.« Wir waren tatsächlich schon vier Wochen in Indien.

Daraufhin stritten sich der Staatssekretär und Krishne Gowdah in der scharfen Landessprache Kannada. Als wir sahen, wie Krishne Gowdah dabei rote Ohren bekam, wurde uns auch nicht wohler. Aber auf dem Heimweg sagte er nach ein paar Kilometern schon wieder: »Kein Problem.« Wenn Inder sagen: »Kein Problem«, dann darf man davon ausgehen, daß es schwere Probleme gibt.

Und wir hatten tatsächlich Probleme. Zur Ausfuhr eines Elefanten brauchten wir die Einfuhrgenehmigung für Deutschland und die Ausfuhrgenehmigung aus Indien; beides hatten wir; außerdem brauchten wir die Ausfuhrgenehmigung aus dem Bundesstaat Karnataka und die Genehmigung der indischen Arten-schutzbehörde; und die beiden hatten wir noch nicht. Und dazu stand das Dasarah-Fest bevor, der Behördenapparat war schon bereitwillig in Untätigkeit versunken.

Dann kam der große Festtag heran. Ein riesiger Elefant wurde, von Hindupriestern auf seinem Weg begleitet, zu einem Tempel geführt. Goldene Glocken schwangen an den Spitzen seiner goldberingten Stoßzähne, ein großes Kopfstück aus Gold bedeckte seine Stirn. Im Tempel wurde der Elefant unter Glockenläuten mit Blumengirlanden geschmückt, mit Farbpuder bestäubt, mit Feuer symbolisch gereinigt und mit Räucherwerk parfümiert. Nach dieser Zeremonie galt er als das Symbol des Elefantengottes Ganesha.

Unterdessen wurden auch die anderen Elefanten für die Parade geschmückt, erst eingeschwärzt und dann mit weißen Ornamenten und Blumenmustern an Kopf und Ohren, Beinen und Schwanz in stundenlanger Arbeit bemalt. Die Muster wurden danach noch mit bunten Farben ausgemalt. Auch Hussein sah sehr schön aus. Der Mahout und seine Kinder saßen um ihn herum und fütterten ihn vor der Parade schnell noch mit Reis-stroh.

Inzwischen wurde dem Paradeelefanten über einen Seilzug erst ein riesiges Kissen, danach der massiv goldene Howdah auf den Rücken gesetzt und vergurtet. In diesem Howdah hatte früher der Maharadscha gethront. Dann setzte sich die ganze Parade in Bewegung, mitten durch Mysores Straßen, die so brechend voller Volk standen, daß die Polizisten diese Menschenmenge nur mit Stockschlägen hinter die Absperrungen zurücktreiben konnte. Ein beinahe endloser Zug begann, vorneweg Militär in Khaki-Uniformen mit blankem Säbel oder aufgepflanztem Bajonett, gefolgt von Lanzenreitern, Blechblaskapellen, Geschützen auf ochsenbespannten Lafetten, Stelzenläufern und Liliputanern. Wieder kamen Lanzenreiter und Blechblaskapellen, diesmal in anderen Uniformen, danach Trommler und Hindupriester, eine Dudelsackband, gefolgt von gniedeliger Pfeifenmusik, Prachtkutschen, geschmückte indische und europäische Kühe. Dazwischen krachten ohrenbetäubende Böller. Glühlampen erhellten die regenverhangenen Straßen, und die Leute staunten. Ein Höhepunkt dieser Parade waren fünf Elefantenbullen, die in Phalanx nebeneinander hergingen. Sie waren mit roten und blauen, mit grünen und goldenen Tüchern behangen und ließen sich in keiner Weise von dem Tumult beunruhigen. Den zweiten Bullen von links, den zeigten wir uns immer wieder. Der zweite von links war unser Elefant, das war Hussein. »Ist er nicht wunderschön?« – »Und wie ruhig er geht, das ist unglaublich.« Und mit diesem Prachtstück würden wir in ein paar Tagen zurück nach Stellingen fliegen. Wir konnten es kaum fassen.

Die Parade endete in einem riesigen Aufmarsch vor dem Maharadschapalast, der, mit Tausenden von Lampen geschmückt, durch die Nacht leuchtete wie ein Märchenpalast aus Tausendundeiner Nacht.

Zwei Tage später fuhren Krishne Gowdah und sein Stellvertreter mit uns nach Bangalore, 140 Kilometer indische Landstraße, Ziegen auf den Straßen provozierten Hupkonzerte, die Fahrt dauerte Stunden. Aber die Ausfuhrgenehmigung für Hussein aus dem Bundesstaat Karnataka gab es eben nur in der Hauptstadt Bangalore. Wir kannten inzwischen den Weg, wir machten ihn schon zum drittenmal.

Diesmal führte man uns in einen viele Meter langen Raum. Dort thronte hinter einem langen Tisch ein Beamter. »Dschingis Khan«, schoß es mir durch den Kopf, als wir auf ihn zugingen; die Augen, der Bart, alles paßte. Hinter ihm war die Landesfahne über zwei ungeheuren Stoßzähnen drapiert. Während wir redeten und redeten, dachte ich immerzu: Hussein kriegen wir nie, so ablehnend wie der Mann uns gegenübersitzt. Der Mann ereiferte sich auch regelrecht und wurde immer lauter, was gar nicht zu einem Regierungsbeamten paßte. Er sah uns drohend an und sagte dann: »Außerdem stimmt die Anzahl unserer Forstelefanten nicht mehr, wenn Sie einen mitnehmen.« Na, das war doch wohl das geringste Problem. »Dann tauschen wir eben«, schlug ich vor. »Sie geben uns einen Forstelefanten und bekommen dafür einen Zooelefanten aus Mysore, der untersteht auch der Forstbehörde. Dann stimmt ihre Zahl wieder.« Jetzt schaltete sich auch Staatssekretär Appaya ein, und die beiden hackten in Kannada aufeinander herum. Wir verstanden kein Wort. Endlich schickte »Dschingis Khan« uns zum Essen, und als wir nach einer Stunde wiederkamen, sagte er: »Es ist in Ordnung.«

Wir bekamen die Ausfuhrgenehmigung aus Karnataka. Das war auch dringend nötig, denn all diese Genehmigungen waren befristet. Und die Ausfuhrgenehmigung aus Indien drohte uns bald abzulaufen. Jetzt fehlte nur noch die Cites-Bescheinigung.

Es war längst dunkel, als wir wieder in Mysore ankamen. »Weißt du was«, sagte meine Frau, »wir gehen noch mal schnell zu Hussein.« Wir machten uns auf den Weg. Aber wir fanden Hussein nicht im Palastgarten. Der Platz, an dem er gestanden hatte, war leer. Hussein, unser Prachtbulle, war verschwunden! Es fand sich niemand, den wir fragen konnten.

Im Hotel gab ich ein Telex an Hagenbeck auf: *Bescheinigungen immer noch unvollständig. Hussein verschwunden. Haben Schnauze voll. Kock.* Meine Frau und ich, wir hatten beide eine schlaflose Nacht. Ich weiß nicht, was passiert wäre, wenn meine Frau mich nicht wieder aufgebaut hätte. Am nächsten Morgen fanden wir ein Telex von Hagenbeck vor: *Halt durch, Kalli! Halt durch!* Nach vielem Fragen erfuhren wir, Hussein wäre schon wieder auf dem Weg zurück in sein Arbeits-Camp. Wir jagten mit dem Auto hinterher, fingen ihn ab und brachten ihn zurück auf den Weg nach Mysore. Ob die Cites-Bescheinigung da wäre, fragten wir auf der Fahrt. »Kein Problem«, sagte Krishne Gowdah lächelnd.

Nach ein paar Tagen kam tatsächlich ein greiser Politiker in den Zoo von Mysore, der Mahatma Gandhi noch gekannt hatte, und brachte einen ganzen Trupp von Forstbeamten mit. Hussein wurde zwischen zwei Elefanten in den Zoo hereingeführt, mit Blumenketten behängt und bekam eine Papaya nach der anderen zugesteckt. Wir feierten seinen offiziellen Abschied aus dem Forstdienst. Und dann wurde Hussein gegen einen Zooelefanten ausgetauscht. Uns sackte alles weg, so froh waren wir.

Als nächstes brauchten wir eine Transportkiste. »Kein Problem!« sagte Krishne Gowdah und zeigte uns eine Holzkiste. Sie war so morsch, aus ihr hätte sogar ein Ziegenbock ausbrechen können. »Nein«, sagte ich, »wir wollen damit ins Flugzeug!« Und ich entwarf eine neue Kiste. Durch Holz allein steckt ein erwachsener Elefant die Stoßzähne, und in einer Gitterkonstruktion bricht er sie ab. Was wir brauchten, war eine neue Kiste aus Eisenschienen, mit Eisenplatten beplankt, sonst streckte Hussein womöglich den Rüssel nach draußen und zerpflückte unser Flugzeug.

Wir fanden einen Betrieb, der die Kiste nach unseren Plänen bauen wollte. Er bekam auch nach und nach ein paar U-Schienen, Eisenplatten und Bohlen. Nichts paßte zusammen. Schienen und Eisenplatten mußten geschnitten werden, das erledigten zwölfjährige Jungen mit fingergroßen Stahlmeißeln. Der ganze Betrieb stand und fiel mit der Kinderarbeit. Als es ans Schweißen ging, schützten die Jungen ihre Augen mit einer berußten Glasscheibe. Wir versuchten vergeblich, in Mysore eine Schweißbrille aufzutreiben. Nicht einmal Cola durften wir den Jungen zu trinken geben.

Zehn Tage dauerte der Kistenbau.

Bald liefen unsere ersten Papiere ab, und die Cites-Bescheinigung war immer noch nicht da. Ohne sie durften wir Hussein aber nicht nach Deutschland einführen. »Kein Problem«, sagte Krishne Gowdah, »dann schicken wir die Cites nach.«
»Nein, das geht nicht«, sagte ich, »die müssen wir mitnehmen, sonst kommen wir in Frankfurt nicht durch den Zoll.« Ein paar Tage später hieß es, unsere Cites sei irrtümlich im Madras Zoo angekommen. Sie würde jetzt per Luftpost nach Mysore geschickt. Hoffentlich!
Um Lastwagen mußten wir uns auch kümmern, um zwei Lastwagen. Einen brauchten wir für die Kiste, den anderen für Hussein. Von Mysore nach Bombay sind es 1 300 Kilometer. Es war unmöglich, Hussein so weit in einer Kiste zu transportieren, er hätte bei den indischen Temperaturen einen Hitzschlag bekommen. Der Zookurator schickte uns zwei Lastwagen. Dem stabileren von beiden wagten wir nicht einmal unsere leere Kiste anzuvertrauen, er wäre mit Sicherheit auf halber Strecke zusammengebrochen. Krishne Gowdah trieb dann doch zwei herrlich bunt bemalte, vor allem aber leistungsstarke LKW's auf.
Als wir von Krishne Gowdah hörten, daß eine neue Cites nicht nach Mysore, sondern mit einem Flugkurier direkt nach Bombay geschickt werden sollte, luden wir Hussein und die Kiste auf. Wohl war uns dabei nicht, wir konnten nur noch hoffen. 1 300 Kilometer über indische Straßen mit dem LKW sind übrigens auch keine Kleinigkeit.
In Bombay brachten wir Hussein als erstes in den Zoo zur Aufbewahrung. Der Direktor sagte uns, wir sollten den Elefanten abladen. Aber ein alter Mahout machte uns unter der Hand Zeichen, Hussein ja nicht vom LKW herunterzuholen. Als ich Heu für Hussein kaufen wollte, hieß es: Erst den Elefanten abladen. Da war irgend etwas faul an der Sache, und wir ließen Hussein nun erst recht auf der Ladefläche.
Als wir zum Spediteur kamen, der Hussein verladen sollte,

erfuhren wir, daß die Cites-Bescheinigung nicht mit dem vereinbarten Flugzeug gekommen war.

Und am nächsten Tag sollten wir fliegen.

Wir rannten mehr zur Lufthansa, als daß wir gingen. Herr Preuss von der Air Cargo half uns sehr und bemühte sich, uns zu beruhigen. Aber die Cites! Händeringend erwarteten wir jedes Flugzeug aus Delhi. Die Cites war nicht dabei, und ohne sie brauchten wir gar nicht erst loszufliegen.

Wir fuhren zurück zum Zoo. Als wir dem Zoodirektor von unseren Schwierigkeiten erzählten, sagte er: »Ihr bekommt die Cites nie. Die hab' nicht einmal ich bekommen, als ich Tiere an einen holländischen Tierhändler verkaufen wollte. Alle Tiere hatte ich hier, aber die Cites kam und kam nicht, und ich mußte sämtliche Tiere zurück auf die verschiedenen Zoos verteilen.«

»Wir vertrauen auf den Zoodirektor von Mysore«, sagte ich, »die Cites kommt.«

»Dann beten Sie zu Ihrem Gott«, antwortete der Zoodirektor von Bombay. Wir ließen Hussein auf dem LKW im Zoo stehen. Seine beiden Mahouts waren ja bei ihm, die fütterten und tränkten ihn.

Wir fuhren ins Hotel zurück. Die Leute luden uns ein, am indischen Neujahrsfest teilzunehmen. Wir aber standen um Mitternacht, als die Raketen in den schwarzen Himmel stiegen, in unserem Zimmer verzweifelt am Fenster.

Am nächsten Morgen rief unser Spediteur im Hotel an: »Die Cites ist da!« Wir jubelten und bestellten bei der Lufthansa den Frachtraum für die Nachtmaschine. Dann fuhren wir zum Zoo. Als wir dem Zoodirektor von der Bescheinigung erzählten und von dem reservierten Frachtraum heute abend und daß wir Hussein jetzt abholen wollten, wurde der Mann eisig. »Gute Reise«, sagte er nur und verschwand.

Na, da mußten wir uns eben selber helfen. »Wo ist das nächste Tor?« fragten wir. »Da links und dann immer geradeaus«, hieß es. Wir fuhren hin, aber was fanden wir? Ein schmales Tor für

Fußgänger. Also fragten wir nach dem Haupttor, und man zeigte uns den Weg.

Vor dem Haupttor standen viele Zooangestellte und fragten:»Wo ist Ihr Torpaß?«

»Was für einen Torpaß denn? Wir haben keinen.«

»Ohne Torpaß darf niemand durch das Tor!«

»Und wo kriegen wir einen Torpaß?«

»Sie müssen zum Direktor oder zum Tierarzt.« Natürlich waren weder Tierarzt noch Direktor aufzutreiben, auch wenn wir den ganzen Zoo auf den Kopf stellten. Ein Angestellter begleitete uns bei der Suche und pöbelte herum, wir hätten uns schon nach den örtlichen Gepflogenheiten zu richten, und wenn jetzt gerade niemand da wäre, müßten wir eben warten.

»Das ist mein Elefant«, fuhr ich ihn an, »und mit dem fahre ich jetzt raus.«

»Heute nicht mehr«, sagte der Angestellte.

»Aber heute abend geht unser Flieger«, sagte ich und nahm den Herrn bei der Krawatte. Aber rund um uns hatte sich eine Traube von Zooangestellten drohend aufgebaut, und ich ließ die Krawatte wieder los. Nach ein paar Minuten erschien der zweite Tierarzt, der allerdings, wie er weitschweifig erklärte, keinen Torpaß ausstellen durfte.

Da endlich kam unser indischer Spediteur und sagte:»Fahren Sie lieber zum Flughafen. Ich regele das nach Landessitte.« Schweren Herzens ließen wir Hussein stehen und fuhren los. Ich glaube, ich stand kurz vor dem Herzinfarkt, dachte nur noch: Hussein kriegst du niemals mit! Und meine Frau tischte eine Notlüge nach der anderen auf, nur damit ich mich wieder beruhigte.

Wir warteten vor der Cargo-Halle auf Hussein. Es wurde immer später, und wir standen wie auf Kohlen. Dann kam auch noch Herr Preuss von der Lufthansa und sagte, wir müßten jetzt mit dem Verladen anfangen. Ohne Hussein? Der Herr versuchte uns zu trösten, in drei Tagen ginge ja die nächste Maschine, falls es heute nicht klappte.

»Was brauch' ich Frachtraum in drei Tagen«, sagte ich, »den Hussein kriegen wir sowieso nicht!«

Wir warteten weiter. Es wurde schon schummrig, da kam um die Ecke ein LKW, auf seiner Ladefläche zeichnete sich gegen den Abendhimmel eine bekannte Silhouette ab. »Hussein! Das ist Hussein!« riefen wir, und wir weinten vor Freude.

Für die überdachte Gepäckrampe allerdings war unsere Elefantenkiste zu hoch. Wir mußten also mit unseren LKW's auf das Fluggelände hinaus zum Flugzeug. Den Käfig setzten wir auf eine flache Lufthansa-Palette. Diese Palette ließ sich dann direkt ins Flugzeug rollen. Aber wie sollten wir Hussein vom hohen LKW hinunter in die Kiste kriegen? Der Höhenunterschied betrug mindestens anderthalb Meter.

Inzwischen war es dunkel geworden. Und im Schein einer einzigen müden Funzel, die hoch über uns an ihrem Kabel im Wind pendelte, bauten wir aus Strohballen und Brettern eine schräge Ebene vom LKW zur Palette hinunter. Dann banden wir Hussein an ein Seil, das durch seinen Käfig zu einem Trecker führte.

Die beiden Mahouts holten Hussein Schritt für Schritt vom LKW. Meine Frau stand vorn beim Treckerfahrer, wir verständigten uns alle durch Handzeichen. Hob ich die Hand, dann hob auch meine Frau die Hand, und der Trecker mußte stehenbleiben. Senkte ich die Hand, dann schlug meine Frau auf den Kotflügel des Treckers, und der Treckerfahrer fuhr ein paar Zentimeter vorwärts. Das alles im spärlichen Licht der einen Glühbirne, und hundert Meter entfernt landete auf der Rollbahn Maschine um Maschine. Wenn Hussein uns durchgegangen wäre! Endlich hatten wir ihn in der Kiste. Er war so brav gewesen und machte alles mit. Als die Palette samt Kiste und Hussein langsam im Frachtraum verschwand, fuhr der freundliche Herr Preuss uns schnell ins Hotel. Wir duschten, packten unsere

Sachen, saßen schon wieder im Auto und fuhren zum Flughafen zurück.

Quer durch den Flieger zog sich eine Trennwand, vorn war Passagier-, hinten Frachtraum. Wir saßen in der letzten Reihe. »Sind sie krank?« fragte mich die Stewardeß, ich mußte wohl entsprechend ausgesehen haben. Alle zwei Stunden ging ich in den Frachtraum und sah nach dem Rechten. Hussein war die Ruhe selbst, und von den Passagieren merkte nicht einer, daß in diesem Jumbo ein Jumbo stand

Nach zehn Stunden Flug landeten wir in Frankfurt. Dr. Claus Hagenbeck und unser Sohn erwarteten uns zusammen am Zoll. Der Zöllner blätterte in unseren Papieren vor und zurück. »Das gibt's nicht«, sagte er, während wir um ihn herumstanden, »so was hab' ich selten gesehen.«

»Ja, was ist denn?« fragten wir.

»Komisch«, sagte der Zöllner, »Ihre Papiere sind gültig und komplett. Es ist alles perfekt.«

Dr. Claus Hagenbeck hatte die ganze Zeit mit versteinertem Gesicht neben uns gestanden, wohl auf das Schlimmste gefaßt. Jetzt strahlte er und fragte: »Darf ich die Papiere auch mal sehen?«

»Aber bitte, die gehören Ihnen doch.«

Von Frankfurt aus im LKW nach Stellingen, das war ein Klacks. Noch auf der Fahrt erzählte uns Dr. Hagenbeck, daß viele Zoodirektoren, mit denen er inzwischen gesprochen hatte, einhellig sagten: »Einen Elefantenbullen aus Indien herausholen? Das schaffen die nie.«

Zu Hause stellte ich mich auf die Waage. Ich hatte 21 Kilo in sieben Wochen abgenommen. Auch meine Frau sah mitgenommen aus. Und Caroline Hagenbeck sagte später: »Mein Gott, also wie ihr ausgesehen habt damals, das war uns richtig unangenehm.«

TIERPARK-GESCHICHTEN

Als Hussein in Stellingen aus der Kiste stieg, fror er sehr. Bevor er sich an das herbstliche Hamburger Schmuddelwetter gewöhnt hatte, legten wir ihm eine Decke über, wenn wir ihm das Gehege zeigten. Hussein ging uns nicht von der Hosennaht, er war ziemlich verschüchtert. So selbstsicher war man als fünfzehnjähriger Bengel eben doch nicht, wenn zehn erwachsene Kühe auf einen heruntersahen. Respekt hatten sie keinen vor ihm. Unsere Leitkuh Birka und die alte Kiri schubsten ihn, und Mogli fing auch schon an. Ich sagte: »Vielleicht hätte ich doch eine Nummer größer mitbringen sollen?«

Auch mir fehlte am Anfang das Vertrauen, um mit ihm durch den Park zu gehen. Wer wußte denn, ob Hussein überhaupt mitkam? Nach zwei Wochen band ich ihn an unsere bewährte Tante Birka und setzte meinen Sohn auf Hussein, der sollte ihn ja eines Tages übernehmen. Angebunden an eine Kuh? Das paßte Hussein ja nun gar nicht. Kaum waren wir vom Hof, wurde er immer steifbeiniger und nahm den Kopf hoch. Ich reagierte sofort und ließ kehrtmachen.

Aber Hussein war doch in Indien so brav gewesen! Am nächsten Tag ritt mich der Teufel, ich setzte Carsten wieder auf Hussein, und wir drei gingen ohne Birka friedlich spazieren. So nach und nach zeigten wir ihm den Tierpark, gingen heute hierhin und morgen dorthin, und am Außenpunkt jeder Tour bekam er ein Brot.

Dann marschierten wir gemächlich wieder zurück. Nicht lange, und Hussein konnte seine Spaziergänge kaum mehr erwarten. Aus einem indischen Arbeitscamp nach Stellingen in eine zehnköpfige Weiberherde zu kommen, das war schon eine Umstellung für Hussein. Er brauchte ein Vierteljahr, bis er den Spieß umdrehte. Mogli bekam zuerst eine gelangt. Hussein knallte ihr den linken Stoßzahn so blitzschnell in die Rippen, daß Mogli plötzlich auf dem Hintern saß. Von dem Augenblick an war Hussein der Herr im Haus.

Nur Birka und Kiri, die beiden Seniorinnen, akzeptierten ihn nicht. Und da sie nicht mehr heiß wurden, sah Hussein keinen Grund, sich mit ihnen anzufreunden. Unser Bullengehege wurde im Frühjahr 1988 gerade rechtzeitig fertig, damit die alten Damen und Hussein sich aus dem Weg gehen konnten. Die beiden hatten inzwischen so große Angst vor Hussein, daß sie nicht mehr zusammen in ein Gehege durften. Mit dem Bullengehege verhielt es sich wie in der Freiheit: Hatte der Bulle seine Herde abgeschnüffelt und keine heiße Kuh gefunden, wollte er seine Ruhe haben und verzog sich bei uns in sein eigenes Gehege. Und dieses Verhalten durfte eine Leitkuh auch vom Bullen erwarten. Kein Wunder also, daß Birka den jungen Bullen aus ihrer Herde einerseits heraushaben wollte und daß Hussein andererseits sich mit den Stoßzähnen Respekt verschaffen mußte.

Im selben Jahr wie Hussein kam ein zweiter Mann zum Tierpark, Herr Weinlig-Hagenbeck. Er hatte Caroline Hagenbeck geheiratet und ihren Teil der Geschäftsführung übernommen. Herrn Hagenbeck erklärte ich: »Von unseren Elefantenkühen haben nur Kiri und Benga je ein Baby gehabt. Wir brauchen deshalb einen kleinen Elefanten, als eine Art ›Windelkursus‹. Vier von fünf in Europa geborenen Elefantenbabys wurden von ihren Müttern getötet, weil sie von allein nichts mit Babys anzufangen wußten. Den Umgang mit ihnen müssen sie erst lernen.«

Da wurde Hagenbeck von einem Tierhändler ein Elefantenbaby angeboten. Acht Monate war es alt, seine Mutter hatten Wilderer in Afrika auf dem Gewissen. Wir entschlossen uns gleich, die Kleine zu nehmen. Bei uns konnte das Baby in einer intakten Herde aufwachsen, und unsere Kühe konnten unter unserer Aufsicht ihren »Windelkursus« machen.

Fast alle unsere Kühe hatten vor Sabi große Angst und gingen anfangs kaum in ihre Nähe. Nur Kiri, die auf Ceylon selbst ein Baby gehabt hatte, und unsere Leitkuh Birka kümmerten sich gleich um die Kleine. Erst nach und nach trauten sich auch die anderen an unseren kleinen Zuwachs heran. Sabi entwickelte sich gut, wir gaben sie im Alter von zwei Jahren in den Augsburger Zoo. Dort werden Afrikanische Elefanten gehalten, und Sabi wurde eine stattliche, brave Kuh.

Zur Abwechslung werden unsere Elefanten täglich spazierengeführt; die Elefanten freuen sich sehr darauf und warten, ob es nicht bald soweit ist. Eines Tages, mein Sohn Carsten war mit Kanaudi gerade unterwegs, kam ich am Reitplatz vorbei und hörte einen Wortwechsel.

»Was ist denn los?« fragte ich.

»Der Elefant hat meine Plastiktüte aufgefressen!« erklärte mir ein Herr aufgeregt.

»Ja«, sagte ich, »dann hätten Sie ihm die Tüte nicht so hinhalten dürfen. Büschen aufpassen, nich? Viele Besucher bringen altes Brot, harte Brötchen, Grünkohlstrünke und dergleichen mit, und meistens in Plastiktüten. Das wissen die Elefanten und greifen gern mal zu.«

»Jaja«, sagte der Herr noch aufgeregter, »aber da waren doch alle meine Papiere drin. Und dreitausend Mark.« Leute blieben um uns her stehen.

»Klar«, sagte ich. »Alle Papiere und dreitausend Mark — in der Plastiktüte.« Natürlich glaubte ich dem Mann kein Wort. Aber

mein Sohn Carsten probierte es einfach: »Kanaudi, diri! Kanaudi, gib her!« Kanaudi fummelte sich mit der Rüsselspitze im Maul herum, dann brachte sie eine Plastikkarte mit Äskulapstab hervor und gab sie Carsten nach oben. Der Mann war also Arzt. »Kanaudi, diri!« Kanaudi holte ein paar Kreditkarten und allerhand Papiere hervor und gab Carsten alles hinauf. Und Carsten reichte uns die Sachen herunter. »Kanaudi, diri!« Diesmal brachte sie tatsächlich durchgekautes Geld heraus. »Kanaudi, diri!« Wir sammelten und glätteten und zählten zusammen und, was ich nie für möglich gehalten hätte, es waren mehr als zweitausend Mark. Auch nasses, zerkautes Leder vom Portemonnaie war dabei. Und Kanaudi gab alles oben bei Carsten ab.
»Aber mein Autoschlüssel«, sagte der Mann, »mein Autoschlüssel fehlt immer noch. Wie komm' ich denn hier weg?«
»Kanaudi, diri!« Kanaudi steckte den Rüssel wieder ins Maul, suchte lange herum, holte etwas heraus und drückte es diesmal gleich dem Mann in die Hand. Es war der Autoschlüssel!
Wir gingen zusammen ins Büro, und der Herr ließ sich den Schaden von unserer Versicherung erstatten. Auf die versprochene Torte allerdings warten die Mädchen im Büro heute noch.

Da wir gerade beim Füttern sind, muß ich etwas erklären. Weil unser Publikum die Elefanten füttern darf, bekommen sie von uns kein Kraftfutter, sonst werden sie zu fett. Schilfheu fressen sie lieber als weiches Wiesenheu. Aber auch da heißt es aufpassen. Einmal bekamen wir frisches Gras mit Herkulesstaude darin, da schwoll den Elefanten der Hals sichtbar an.
Besonders gern knacken sie Buschholz, treten es in Stücke und zermahlen es krachend. Dabei werden die Kaumuskeln und Zähne richtig beansprucht, eine angenehme Beschäftigung. Und obwohl die Meinung vorherrscht, Elefanten würden gern Weichhölzer fressen, also Pappeln, Kätzchenweiden oder Linden, ziehen unsere Elefanten Äste von Eiche und Buche, Feldahorn und

Trauerweiden, von Apfel und Hainbuche vor; sogar der wehrhafte Weißdorn ist beliebt.

Schon unsere Kleinen dürfen sich mit ihrem Futter beschäftigen, die Runkelrüben bekommen sie im Stück, nicht etwa kleingeschnitten.

Jeder Zoo sollte seine Elefanten vom Publikum füttern lassen. Auch in Freiheit nimmt die Nahrungssuche den größten Teil des Tages in Anspruch. Ich sah nie einen Elefanten, der nur gelangweilt im Dschungel herumstand; nein, er suchte Futter und fraß. Und wenn ein Zoo nur wenige Elefanten hat und deshalb befürchten muß, seine Elefanten würden fettgefüttert, lassen die Fütterungszeiten sich ja begrenzen. Füttern ist für beide Seiten, für Elefanten und Besucher, eine große Bereicherung und für die Elefanten eine sinnvolle Beschäftigung.

Ja, inzwischen waren ein paar Jahre vergangen. Carsten war vom kleinsten Mahout bei Hagenbeck zum Mitarbeiter im Elefantenhaus geworden. Als er zwölf Jahre alt war, ging er mit Chandra an warmen Sommerabenden im Teich baden, und mit 14 kam sein erstes Elefantenfest. Meine Frau und ich hatten die Idee der Elefantenfeste von unseren Indien- und Thailandreisen mitgebracht. Dietrich Hagenbeck war sofort Feuer und Flamme, als wir ihm davon erzählten, und sagte: »Das machen wir.«

Auf unserer zweiten Indienreise begleitete uns der Tiermaler Wilhelm Eigener und skizzierte die Kulisse. Wir kauften ballenweise Stoff und fertige Kostüme und Requisiten, auch Schallplatten mit indischer Musik. Wir wollten den Hamburgern die Pracht, die Exotik, vor allem aber das Lebensgefühl nahebringen, das bei asiatischen Volksfesten zum Ausdruck kommt – ein bißchen anknüpfen an die schöne Tradition von Hagenbecks Völkerschauen und zeigen, wie ein Maharadscha feiert.

Hagenbecks Handwerker bauten nach Wilhelm Eigeners Entwürfen die große Kulisse auf dem Festplatz, nachempfunden

190

dem Roten Fort in Delhi, die Eigener liebevoll mit indischen Ornamenten bemalte. Ich weiß nicht, wie viele Kostüme meine Frau im Lauf der Jahre entwarf und nähte. Ich weiß nicht, wie viele Nächte wir zusammensaßen und die Show planten. Und immer war meine Frau mein erster Kritiker. Probleme gab es genug und damit auch Zweifel, aber sie bestärkte mich unbeirrt, so daß ich mit ganzer Kraft weitermachen konnte. Meine Frau hat mir in all den Jahren geholfen wie niemand sonst, und ich könnte mir keine bessere wünschen.

Abends, wenn die Tore geschlossen wurden und das Publikum gegangen war, probte ich mit meiner Crew: Horst Brüggmann, Peter Huß, Jens Rüchel, Thomas Moderegger und mein Sohn. Mein Sohn mußte lernen, einen Elefanten so akkurat zu reiten, wie das für eine Vorstellung nötig ist; alles hatte gefällig auszusehen. In Reihe reiten, als Phalanx, hierhin und dorthin in Formation, walzen und was sonst noch dazugehört. Auch unter den Elefanten sollte Carsten sich legen. Wir ließen Mogli zuerst mit einem Teppich üben. Als das klappte, legte Carsten sich mit dem Rücken auf den Teppich, und ich führte Mogli über ihn. Damit er im entscheidenden Moment nicht hochkam und sich verletzte, schnauzte ich ihn an: »Mach mir die Mogli nicht nervös!«. Dann kniete Mogli sich langsam hin, knickte auch die Vorderbeine ein und kam immer tiefer. Carsten tippte ihr im rechten Augenblick mit dem Handrücken ans Bein, da wußte Mogli Bescheid und kam nicht tiefer herunter.
Bei unseren »Indischen Elefantenfesten« und später in den »Dschungelnächten« präsentierten wir die Elefanten so festlich geschmückt, wie sie früher in den Krieg getrieben wurden oder noch heute auf Volksfesten in Indien gezeigt werden. Wir hängten ihnen Brokatdecken über, schmückten sie und malten sie sogar an. Leider hatten die Maler uns dazu einmal wasserfeste Farbe untergeschoben. Es war eine fürchterliche Arbeit, die

Farbe wieder abzuwaschen, die Elefanten allerdings waren von dem vielen Wasser und der endlosen Schrubberei ganz begeistert.

Und wir zeigten die Elefanten auch bei der Arbeit, wie sie mit Leichtigkeit schwere Baumstämme hoben oder eine ganze Pony-Kutsche. Oder wir zeigten, wie vorsichtig sie bei all ihrer Kraft mit Menschen umgehen: Wir legten zehn Männer aus dem Tierpark nebeneinander auf Abstand in die Manege und ließen die Elefanten drübergehen, indem sie jeweils in den Zwischenraum traten.

Diese Folklore-Dressur vorzuführen, wie es früher war, kommt beim Publikum viel besser an als Hochstehen oder irgendwelche Gewaltnummern. Warum sollten wir also nicht dasselbe zeigen, was seit vielen hundert Jahren in Asien gemacht wurde? Es zeigt dem Publikum den Elefanten in seiner Würde. Und es zeigt, wie nahe der Elefant dem Menschen steht.

Am 30. Mai 1992 begann dann unsere Pechsträhne; ich verunglückte zuerst. Mitten in einer Dschungelnacht-Vorstellung brach die Rivalität zwischen Mogli und Mala auf, die sich um die Vorherrschaft in der Herde streiten, seit unsere Leitkuh Birka gestorben ist. Ich ritt während der Vorstellung auf Mogli, und als ich Mala eine Sekunde lang den Rücken zukehrte, biß Mala blitzschnell in Moglis Schwanz. Mogli fuhr herum, und ein fürchterlicher Kampf begann. Ich versuchte, die beiden wütenden Kühe zu trennen. Dabei verlor ich den Halt und stürzte zwischen die Kämpfenden. Mala schob mich beiseite und griff die reiterlose Mogli sofort wieder an. Dann verloren beide den Überblick. Als mein Sohn mit Hussein zwischen die kämpfenden Kühe ritt, um sich mit dem Bullen über mich zu stellen und so meinen Körper zu decken, ließen die beiden voneinander ab. Aber da war mein rechtes Bein schon zertreten. Zu unserem Glück hatte wenigstens mein Sohn die Nerven behalten und richtig reagiert.

Bei der nächsten Dschungelnacht verwechselte unser Feuerschlucker Boujemaa seine Spezialmischung mit dem Waschbenzin zum Sattelreinigen und rannte als lebende Fackel durch die Manege. Glücklicherweise erlitt er nur leichte Verletzungen.

Ein paar Monate später hatte mein Sohn einen sehr schweren Verkehrsunfall. Und dann mußten wir unsere einundsechzigjährige Seniorin Kiri kurz vor Jahresende 1993 einschläfern, Altersschwäche und Arthrose in den Füßen hatten ihr das Leben unerträglich gemacht. 41 Jahre lang hatte sie bei Hagenbeck gelebt, der Abschied fiel uns sehr schwer. Monate vorher war Mala in ihrer Herrschsucht auf Chandra losgegangen, und Chandra hatte sich, sensibel wie sie ist, seitdem nicht mehr zum Schlafen hingelegt. Zu Silvester 1993 kam Herr Weinlig-Hagenbeck zu mir und sagte:»Na, ob unsere Pechsträhne jetzt vorbei ist?«

»Ja, bestimmt«, sagte ich, »seit zwei Nächten legt Chandra sich wieder zum Schlafen hin.«

Ich erzählte schon, daß ich nie einen einzigen Tiger in Freiheit sah. Selbst im Mudumalai Nationalpark im Madras-Distrikt ritten wir morgens auf Tigerpirsch, und als wir abends in unser kleines Rasthaus mitten im Dschungel zurückkamen, hieß es:»Warum seid ihr weggeritten? Vorhin kam eine Tigerin mit zwei Babys vorbei.« Die Fußspuren waren keine 20 Meter vom Haus entfernt.

Dafür bekamen wir einen anderen Tiger hautnah zu spüren. In unserer Tigeranlage in Stellingen kam im Januar 1988 ein kleiner sibirischer Tiger zur Welt. Einzelkinder haben bei Tigern wenig Überlebenschancen. In der Freiheit schlafen zwei oder mehr Tigerbabys ruhig beieinander, während die Mutter auf Jagd geht; ein Einzelkind dagegen will nicht allein sein, fängt an zu schreien und verrät so sein Versteck. Deshalb werden Einzelkinder in Freiheit meistens gefressen. Einer Tigermutter versiegt schnell die Milch, wenn nur ein Baby bei ihr saugt. Bei uns war es nicht anders, nach vier Wochen hatte die Mutter keine Milch mehr, und wir mußten den Kleinen mit der Flasche großziehen.

Ich nahm den kleinen Tiger also mit nach Hause. Don schrie und fauchte fürchterlich und fletschte seinen ersten Zahn, als wir ihn aus der Kiste holten; mit seinen vier Wochen war er schon auf die Mutter geprägt. Unsere Sloughi-Hündin Bahila besah sich den neuen Hausgenossen mit gemischten Gefühlen. Und Don hieb ihr auch gleich die kleine Tatze ans dünne Windhundbein. »Gaaanz lieb sein, Bahila«, ermahnte meine Frau die Hündin, »das ist ein Baby, und das bleibt so lange bei uns, bis es Fleisch verträgt. Also gaaanz lieb sein.« Unsere Hündin sah meine Frau entgeistert an und zog sich beleidigt auf ihr Sofa zurück. Wir ließen Bahila Zeit. Erst am Nachmittag setzte ich Don neben sie hin. Don musterte Bahila lange mit seinen blauen Babyaugen. Dann faßte er sich ein Herz, tapste auf sie zu, stieß sie mit seinem dicken Kopf an und leckte Bahila den Hals. Da konnte Bahila nicht anders, sie nahm den Kleinen an und leckte ihn erst mal liebevoll von vorn bis hinten ab.

Dons Schlafkiste hatten wir im Bad neben der Heizung aufgestellt. Als er in der Nacht zu jammern anfing, holte ich ihn ins Bett. Sauber war er ja, nur überhaupt nicht müde. Er stiefelte mit seinen dicken Tatzen über meine Frau und mich hin, und am Gesicht gab das blutige Schrammen. So kleine Tiger haben ihre Krallen noch nicht unter Kontrolle. Aber wir brauchten unseren Schlaf, und so brachten wir Don nachts in der Küche unter, dort schlief er auch mit seinem kleinen Plüschhund zusammen ruhig ein. Die allmorgendlichen Vorhaltungen, die meine Frau ihm machte, zeigten an, daß Don die Katzentoilette wieder nicht gefunden hatte. Das war für mich das Zeichen zum Aufstehen, ich schnappte mir den Kleinen und steckte ihn ins Waschbecken. Don fand das toll, er spritzte und planschte im warmen Wasser wie verrückt.

Mit einem Zahn war Don angekommen, aber bald bekam er mehr. Die neuen Zähne und seine Krallen setzte er sehr effektiv ein, um an sämtlichen Vorhängen, an Tischen und Stühlen und an unseren Beinen hochzuklettern. Er kroch sogar in den Geschirrspüler. Bald war nichts mehr vor ihm sicher. Wir banden sämtliche Gardinen in der Wohnung hoch, und meine Frau sah so zerschunden und zerkratzt aus, als sei sie Akkordpflückerin bei der Brombeerernte, so eifrig umklammerte Don beim Milchtrinken nicht nur seine Flasche, sondern auch die Hände meiner Frau. Nur unsere Hündin hatte keinen einzigen Kratzer. Wenn Don zu grob wurde, dann grollte sie kurz; Don verstand sie sofort.

Als Don etwa ein Vierteljahr alt war, gewöhnten wir ihn erst an Katzenfutter aus der Dose, bald danach vertrug er auch Fleisch. Ich nahm ihn mit ins Elefantenhaus. Seinen Schlafkäfig stellten wir in unseren Aufenthaltsraum, auf dem Besuchergang durfte er morgens und abends spielen und mit Bahila herumtoben, wenn keine Besucher da waren. Als er größer wurde, hing er morgens beim Elefantenwaschen immer mit den Tatzen über dem Geländer, sah zu den Elefanten hinüber und wartete, bis wir ihm den Kopf duschten. Wasser liebte er über alles. Unsere Elefanten kümmerten sich bald nicht mehr um ihn. Wenn das Außengehege frei war, spielte Don auch draußen mit Bahila. Anschließend lag er im Hof an der Kette und schlief wohlig in der Sonne; nie stolperten uns so wenige Besucher auf den Hof wie damals. Don griff sich manche Taube aus dem Flug. Aber seine Flasche liebte er trotzdem über alles, und Carsten gab sie ihm, bis Don zwei Jahre alt war.

Damit ihm das Leben nicht langweilig wurde, brachten wir Don frühzeitig die ersten Kunststücke bei. Kaum dressierten wir ihn ein bißchen, riefen die Leute: »Jetzt muß der arme Kleine schon arbeiten und in der Show mitmachen.« So denken Laien eben, aber Flaschenkinder haben schnell Langeweile, werden oft nur alle zwei, drei oder später vier Stunden aus der Kiste geholt, gefüttert und dann wieder zurück in die Kiste gesetzt. Flaschenkinder haben keine Geschwister, mit denen sie den ganzen langen Tag herumtoben können, und werden aus Unkenntnis oder Faulheit ihrer Pfleger oft zu verhaltensgestörten Tieren. Don mußte also ran und durfte bei den Elefantenfesten zu seinem großen Vergnügen mitmachen. Er saß vor Carsten auf Malas Rücken, wenn die drei zur Vorstellung hinausritten. Und sein großer Auftritt kam, wenn er wie ein schwarzgelber Blitz aus einem Versteck heraus aufs Podium sprang.

Den Klang von Carstens Motorrad kannte Don ganz genau. Und nur wenn Carsten angefahren kam, hob Don den Kopf und erwartete ihn, hieb ihm mit der Tatze spielerisch über den Sturzhelm und leckte ihm durch das Visier hindurch mit seiner Reibeisenzunge übers Gesicht. Zu allen anderen wurde er im Spiel sehr grob, nur bei Carsten blieb er zärtlich. Bahila mußten wir längst fernhalten, sie wollte ihn immer noch bemuttern, aber das ließ er sich nicht mehr gefallen: Tiger sind Einzelgänger, und Don war Bahila längst über den Kopf gewachsen.

Don wuchs enorm, er hatte bald seine drei Zentner. Und weil er mit uns spielte wie mit seinesgleichen, wurde er für uns zu gefährlich. Don kam zurück in die Tigeranlage. Die alte Tigerin machte ihm gleich klar, wer die älteren Rechte hatte, indem sie ihn fürchterlich verdrosch. Er flüchtete vor ihr sogar in den Wassergraben und kuschte. Als Carsten davon hörte, ging er Don besuchen; kaum hatte er sich außen an den Maschendraht gestellt, kam Don angerannt und wollte schmusen. Aber dicht hinter ihm kam schon wieder die Tigerin, solche Vertraulichkeiten in ihrem Revier waren ihr nicht recht. Mit meinem Sohn im Rücken fühlte Don sich diesmal so stark, daß er den Kampf aufnahm und die Tigerin verprügelte. Er hatte fortan Ruhe. Noch heute kennt Don meinen Sohn aus einer beliebigen Zahl von Besuchern heraus, fixiert ihn, macht »pwwrr« und kommt mit einem Riesensatz in den Tigergraben gesprungen.

Von Krankheiten blieben unsere Elefanten weitgehend verschont, und ich denke, das hat seinen Grund in der richtigen Ernährung und Haltung. Aber einmal erwischte es uns doch, das war 1984. Eines Tages bekam Kanaudi Pusteln auf der Zunge.

Na, ich dachte mir nichts Böses, schließlich hatten wir am Tag zuvor Weißdorn gefüttert, und wenn Kanaudi den geliebten Weißdorn bekam, nahm sie ein paar Löcher in Zunge und Gaumen gern dafür in Kauf. Aber am nächsten Tag heilten die Pusteln nicht etwa ab, sie wurden größer.

Da tippte ich sofort auf Elefantenpocken, ich hatte Fotos von pockeninfizierten Elefanten gesehen. Dr. Magunna, unser Tierarzt, kam sofort und spritzte allen Elefanten Antibiotika. Kanaudi bekam die schlimmsten Beschwerden, Pusteln auf der Zunge und an der Backeninnenseite, dann auch am Rüssel und an den Schenkeln, sogar auf der Stirn und an den Ohren.

Pocken, auch Elefantenpocken, sind meldepflichtig, deshalb kam unser Elefantenhaus unter Quarantäne und wurde abgesperrt. Selbst das Außengehege mußten wir weiträumig durch Gitter sichern. Und unser Pfleger Peter Huß bekam unfreiwillig Urlaub, denn er war gerade Vater geworden und durfte seine Tochter nicht anstecken. Seuchenhygiene nennt man das.

Aber unsere Elefanten waren bald alle so schwach, sie kamen kaum aus ihren Boxen heraus. Eine Kuh hatte die andere angesteckt, wo der Seuchenherd lag, ließ sich nicht feststellen. Ich setzte sie sofort auf Diät und gab nur noch wenig Heu und Weizenkleie mit Leinsamen, über Nacht eingeweicht. Leinsamen mögen Elefanten gern. Alle zwei Stunden mußten wir die Schwächsten, die fest auf dem Boden lagen, mit dem Kettenzug hochheben und auf die andere Seite legen, sonst bildeten sich Druckstellen, die nur schwer verheilten. Nach einer Woche fanden wir Pockenkrusten in Malas Kot, die Pocken in ihrem Maul heilten ab. Dafür löste sich die Haut von den Zehen, und wir konnten aus dem Spalt Eiter herausdrücken. Selbst an den Füßen hatten die Elefanten Pocken, ganze Fußsohlen lösten sich ab. Das Elefantenhaus stank nach Verwesung. Nach etwa einem Monat war alles abgeheilt, nur ein paar Narben blieben zurück, bei Mogli und auch bei den anderen. Allein Kiri blieb von den Pocken scheinbar verschont. Erst als sie 1993 an Altersschwäche starb und wir sie obduzierten, fanden wir unzählige Pockennarben in ihrer Speiseröhre.

Jeden Morgen berichtete die Hamburger Presse von der »Pockenfront«. Aber sie hatte nur Gutes zu berichten, uns starb nicht ein einziger Elefant. Die Hamburger nahmen großen Anteil.

In allen Elefantenhäusern sind die Pocken gefürchtet. Wer nicht sofort die richtige Diagnose stellt und schnell handelt, steht häufig vor leeren Boxen. Inzwischen gibt es zum Glück auch einen wirksamen Impfstoff gegen Elefantenpocken.

Wie schnell ein Elefant fürs Reiten zu verderben ist, erfuhr ich schon vor vielen Jahren! Damals kam ich aus dem Urlaub zurück und wollte Punchi wie immer durch den Park reiten. Es war Winter, aber Elefanten lassen sich nicht den Winter über im Keller einmotten wie ein Motorrad und im Frühjahr herausholen, Elefanten müssen, so wie Pferde, täglich bewegt werden.

Punchi war immer ein schwieriger Elefant gewesen und ging nur mit mir unter dem Sattel oder zur Arbeit. Aber kaum hatte ich sie diesmal vom Hof gebracht, da wurde sie nervös. Und je weiter wir vom Elefantenhaus fortritten, desto mehr Angst bekam sie. Plötzlich drehte sie um und rannte zurück zum Stall. Ich konnte machen, was ich wollte, Punchi war nicht zu halten!

Eines wußte ich: Die Tür vom Elefantenhaus war zu. Und ich wußte genauso: Punchi würde das nicht stören. Ich mußte also von ihrem Rücken herunter, bevor sie mich am Türbalken abstreifte. Von einem durchgehenden Elefanten abzuspringen ist schwieriger, als man sich das vorstellt. Beim Elefantenhaus hechtete ich in die Runkelrüben. Punchi erwischte mich nur mit dem Hinterbein, da hörte ich es auch schon prasseln. Ich bekam ein paar blaue Flecke, und meine Uhr war kaputt; und natürlich die große Stalltür.

Ich konnte mir nicht erklären, was mit Punchi während meines Urlaubs geschehen war. Meine Leute mußten also Farbe bekennen: »Na ja, die Gärtner waren da und wollten einen abgestorbenen Baum ausgraben. Da haben wir gesagt, wir ziehen ihn mit Punchi raus. Punchi hat das ja schon oft gemacht. Aber wir haben nur die kurze Kette genommen, und als Punchi anzog, fiel ihr die alte Eibe ins Kreuz.« Soweit die Beichte. Einen anderen Elefanten hätte so ein Zwischenfall nicht weiter gestört, aber Punchi war eben sensibel und ging mit dem Baum im Schlepp in Richtung Elefantenhaus durch. Obendrein, und das hatte ich meinen Leuten oft genug gezeigt, läßt man einen Stamm zuerst vom Elefanten mit dem Rüsselansatz umdrücken, danach die Wurzeln abdrehen und erst dann herausziehen. So sieht der Elefant immer, was passiert.

Das alles geschah im Jahr 1970, aber bis heute kann ich Punchi nicht mehr aus dem Gehege nehmen, zum Reiten nicht und zur Holzarbeit erst recht nicht.

Außer den vielen Elefanten dressierte ich Guanakos, Ziegen, Rinder, Dromedare und neben anderen auch ein Schwein. Dieses Schwein darf morgens ins Elefantengehege, sucht den Graben ab nach heruntergefallenen Leckerbissen, wühlt im Herbst Eicheln aus dem Boden und gräbt dabei das Gehege um. Eines Morgens ließ ich Saida aus dem Bullenhaus ins Gemeinschaftsgehege. Als ich ins Elefantenhaus zurückging, vergaß ich das Schwein ganz und gar. Nach ein paar Minuten hörte ich ein fürchterliches Gequieke aus dem Gehege. Siedendheiß fiel mir das Schwein ein, und ich glaubte schon, Saida hätte unser Schwein umgebracht. Ich rannte hinaus.

Da standen sich die riesige Saida und das Schwein gegenüber, Abstand höchstens 15 Meter. Ging das Schwein einen Schritt vor, machte Saida einen Schritt rückwärts. Als unser Schwein das merkte, wurde es frech und griff an. Saida machte auf dem Absatz kehrt und gab Fersengeld. Und das Schwein verfolgte Saida mit gellendem Triumphgeschrei. Saida verschwand hinter der

Insel in unserem Gehege. Aber darauf fiel das Schwein nicht herein, es nahm gleich den anderen Weg um die Insel und schnitt Saida den Weg ab. Als Saida das Schwein in vollem Galopp auf sich zurennen sah, machte sie wieder kehrt. Und sofort nahm das Schwein die andere Richtung um die Insel.

Da endlich hatte ich mich vom Lachen erholt und rief das Schwein zurück. Es gehorchte besser als jeder Hund und kam sofort. Zum Glück war nicht mehr passiert.

Über wenige Tiere werden so viele Lügengeschichten erzählt wie über Elefanten. Und wenn ich nicht selbst dabeigewesen wäre, das Folgende hätte ich nicht geglaubt.

Als ich die zehnjährige Afrikanerkuh Sabi aus dem Safaripark auf Mallorca zum Dressieren nach Stellingen holte, bevor sie weiter zum Augsburger Zoo gehen sollte, hatten wir, ungewöhnlich für Hamburg, ein paar heiße Tage. Wir banden Sabi also draußen im Gehege fest, da hatte sie ihre gewohnte Sonne und konnte sich das Gehege ansehen. Punchi freundete sich gleich mit ihr an. In der Mittagspause kam mein Sohn, der draußen im Gehege gerade Aufsicht hatte, in unsere Kaffeeküche und sagte: »Du, Papa, Punchi bringt der Sabi Wasser.«

»Du tüdelst«, sagte ich, »das glaub' ich nicht.«

»Doch. Komm raus und sieh dir das an.« Wir gingen zusammen ins Gehege hinaus und warteten. Nach einer Weile passierte das Unglaubliche: Punchi ging zum Teich, holte einen Rüssel voll Wasser, ging zur angebundenen Sabi hinüber und ließ vor ihr das Wasser aus dem Rüssel laufen; das sind etwa zehn Liter. Und Sabi rührte Wasser und Erde zu Schlamm auf und bewarf sich damit den Rücken. Das war kein Zufall, denn Punchi machte noch ein paarmal für die Afrikanerin den Wasserträger. Ein Elefant denkt mit. Ich hatte wieder etwas dazugelernt.

Mit den Jahren wurde Hussein größer und selbstbewußter. Und auch er mußte bewegt werden. Morgens ritt er unter meinem

Sohn durch den Park, die beiden kamen zum Kiosk, Carsten gab Hussein eine Mark in den Rüssel, Hussein kaufte am Kiosk eine Tafel Schokolade und reichte sie Carsten hinauf. Carsten packte die Tafel aus und gab Hussein die Hälfte ab. Seitdem kommen die beiden nicht mehr ohne Schokolade am Kiosk vorbei.

Hussein deckte bald regelmäßig unsere Kühe. Und wenn eine Kuh heiß ist, will er sie bei sich behalten, dann ist ja die Liebe groß. Er kennt sogar die Namen unserer Kühe und stellt sich gleich dazwischen, wenn wir eine zum Reiten herausrufen wollen, die kurz vor der Hitze ist.

Und auch nachts will er bei der heißen Kuh sein. Anfangs guckte er uns schief an, ob wir die heiße Kuh auch bei ihm ließen. Aber wir schafften bald Vertrauen. Heute darf er seine Geliebte ins Bullenhaus treiben, wir geben der Kuh keine Kommandos mehr, sprechen sie nicht einmal an. Dafür geben wir Hussein etwas Brot. Würden wir ihn nur einmal von einer heißen Kuh trennen, dann wäre Hussein sehr verärgert, denke ich, und er könnte böse auf uns werden. Auch in der Freiheit ließe kein Bulle sich eine heiße Kuh ohne weiteres abjagen.

Punchi hatte anfangs so große Angst vor Hussein, sie wollte sich nicht decken lassen, obwohl sie heiß war. Das erboste Hussein nun wieder, er stellte sie sich mit seinen Stoßzähnen passend auf, denn eine heiße Kuh hat sich seiner Ansicht nach decken zu lassen. Punchi bekam immer mehr Angst und suchte bei uns Schutz. Und während Hussein hinten deckte, trösteten wir Punchi vorn, nahmen ihren Rüssel in den Arm, gaben ihr Brot und streichelten sie. Seitdem kommt Punchi immer und sucht Trost, wenn Hussein sie decken will.

Der Elefanten-Forscher Fred Kurt meinte zu mir: »Eure Kühe müssen den Bullen erst lieben lernen.« Vielleicht hat er damit recht. Jedenfalls werden die Hitzen unserer Kühe, seit Hussein bei uns ist, immer intensiver, und auch die Zärtlichkeit zwischen Hussein und den Kühen nimmt zu.

DIE BABYS

Als Hussein sich in der Herde erst einmal Respekt verschafft hatte, begutachtete er seinen Harem. Nach ein paar Monaten war deutlich zu merken, daß Tura ihm von unseren zehn Kühen die liebste war. Bei ihr machte Hussein auch seine ersten Deckversuche. Nun waren aber Tura und Saida eng befreundet, und wenn Hussein mit Tura herumschäkerte, störte es ihn sehr, wenn Saida danebenstand. Mehr als einmal jagte unser kleiner Hussein die riesige Saida durchs Gehege, aber sie war auf ihren langen Beinen allemal schneller. Hussein erwischte sie nie.

Er deckte Tura also, aber sie nahm nicht auf. In vier Monaten, dachten wir, wird Tura wieder heiß, vielleicht klappt es dann. Aber weder nach vier Monaten noch nach acht Monaten zeigten Turas Blutwerte eine Schwangerschaft an.

»Deckt er denn auch?« fragten die Ärzte.

»Wie ein Ziehhund«, sagte ich. Wir zweifelten schon an Husseins Fähigkeiten, aber daran war nach Ansicht der Ärzte nicht zu deuteln. Da fiel mir ein, wie ein uralter Mahout in Nagahole mir eines Abends erzählt hatte, als wir beim Essen zusammensaßen: »Elefantenkühe werden zwar alle drei bis vier Monate heiß«, hatte er gesagt, »aber sie können nur einmal im Jahr aufnehmen.« So hofften wir im Tierpark weiter auf Nachwuchs. Die viele Mühe und Arbeit all die Jahre hindurch, das durfte nicht umsonst gewesen sein.

Wenn Tura aber demnächst schwanger wurde, brauchten wir dringend ein Baby für den »Windelkursus«. Da fiel mir mein alter Freund Krishne Gowdah ein, der Direktor vom Mysore-Zoo. Als ich Hussein holte, hatte ich mit ihm darüber gesprochen, ob Hagenbeck nicht eine Elefantenkuh aus seinem Zoo haben könnte, die schon gedeckt sei. Und Krishne Gowdah hatte gesagt: »Kein Problem.« Ich hatte nämlich im Mysore-Zoo eine wunderhübsche junge Kuh gesehen, langbeinig und stolz und mit ganz glatter Haut. Sie war als wenige Tage alter Säugling schreiend und völlig verlassen im Dschungel herumgeirrt. Nun war im Mysore-Zoo seinerzeit gerade ein Elefantenbaby geboren worden, man setzte das kleine Findelkind dazu, und die Mutter nahm es als Amme an und ließ beide Babys trinken. Diese kleine Yashoda hatte ich als einjähriges Baby auf meiner ersten Indienreise kennengelernt, und sie stach mir gleich ins Auge.

Also schlug ich Dr. Hagenbeck und Herrn Weinlig-Hagenbeck vor: »Wir lassen Yashoda in Indien decken und holen sie in den Tierpark. Yashoda hat viele Geburten in Indien gesehen, und frisches Blut bringt sie außerdem in die Herde.«

»Na, ob wir die kriegen?« fragte Dr. Hagenbeck. Er dachte noch mit gemischten Gefühlen an unsere Odyssee mit Hussein. Aber er schrieb nach Mysore. Krishne Gowdah antwortete, er habe Yashoda sofort decken lassen und kümmere sich um die Ausfuhrgenehmigungen, das sei alles kein Problem. Dr. Hagenbeck und ich schmunzelten süßsauer.

Dann kam der Mai 1990, Tura wurde zum viertenmal bei uns heiß. Tura und Hussein waren ständig beisammen, standen Kopf an Kopf zusammen im Gehege, betasteten sich zärtlich mit dem Rüssel, gingen miteinander an den Graben und ließen sich vom Publikum füttern. Dann drehten beide sich wie auf Kommando um, gingen ein Stück vom Graben fort, wollten wohl für sich sein und kopulierten. Hinterher standen beide noch etwas zusammen und gingen wieder an den Graben zurück. Natürlich ließen wir sie auch nachts beieinander. Dann standen sie in der Box und bewachten abwechselnd einer den Schlaf des anderen. Wir sprachen in diesen vier Tagen nur ganz leise mit Hussein, aber kein Wort zu Tura. Nur bestes Futter gaben wir ihnen und ließen die beiden ansonsten für sich sein. Es war ihnen direkt anzusehen: Sie waren sich einig und wollten ein Kind haben. Und tatsächlich, während dieser Hitze wurde Tura schwanger. Als die Testwerte von der Tierärztlichen Hochschule Hannover kamen, feierten wir im Elefantenhaus ein Fest. Und ich denke mir, daß der alte Mahout wohl recht hatte mit seiner Meinung. Die Blutuntersuchungen zeigten jedenfalls, daß unsere Kühe einmal im Jahr intensiver heiß waren als sonst. Und während dieser »fruchtbaren« Hitzen war auch Husseins Hormonspiegel höher als bei den »normalen« Hitzen der Kühe.

Die Ausfuhrpapiere für Yashoda kamen unerwartet schnell. Mein Sohn und ich flogen also nach Mysore, um sie abzuholen. Und Krishne Gowdah zeigte uns den riesigen alten Maharadscha-Bullen Ganesh, der Yashoda gedeckt hatte. Er trug die größten Stoßzähne, die ich je bei einem Asiaten gesehen habe, sie waren wegen ihrer Überlänge dicht über dem Boden abgesägt und selbst an der Schnittstelle noch armdick. Ganesh war fast weiß und 66 Jahre alt. In früheren Jahren hatte er den Maharadscha von Mysore den Berg Chamundi hinauf zum Sommerpalast getragen; und am Fuß dieses Berges Chamundi hatte Ganesh auch Yashoda gedeckt. Er war damit ein schlagendes Gegenbeispiel für die landläufige Meinung, Elefantenbullen würden in Menschenhand mit 40 Jahren senil.
Wir gingen viel mit Yashoda und ihrer Milchschwester im Park spazieren. Aber war sie nun wirklich schwanger? Immer wieder betasteten wir ihre Brust, und ganz tief drinnen konnten wir so etwas fühlen wie einen Tennisball. Sie mußte schwanger sein.

204

»Stell dir mal vor, das wird ein Junge«, sagte ich zu meinem Sohn, »dann kriegen wir einen zweiten Bullen in den Tierpark.«

»Dann soll er Chamundi heißen.«

Wir waren uns einig.

Während die Transportkiste für Yashoda gebaut wurde, fuhren wir in den Dschungel. Der zweite Direktor des Zoos begleitete uns und der Ingenieur Siddiqi, der im Dschungel für befahrbare Straßen sorgte und Staudämme baute für Wasserreservoirs. Nun brauchten die Elefanten in Trockenzeiten nicht mehr aus dem Dschungel heraus, und so ließen sich Zusammenstöße mit den Bauern der Umgebung vermeiden.

Siddiqi kannte den Dschungel wie seine Westentasche und zeigte uns viele wilde Elefantenherden. Einmal trafen wir auf zehn Kühe mit sechs Babys; die Babys standen unter den Bäuchen ihrer Mütter, und die vier Tanten griffen uns an. Auf Dschungelpfaden mit Höchstgeschwindigkeit im Rückwärtsgang zu fahren ist nicht so einfach, wirklich nicht.

Abends saßen wir im Rangercamp zusammen auf der Terrasse, nahmen unseren »Sundowner« und hörten dem Dschungel zu. Wie jeden Abend schwieg der Dschungel plötzlich. Und in die Stille hinein sagte Siddiqi: »Jetzt sehen wir uns Tiger an.« Wir stiegen also in den Geländewagen und fuhren hinaus in die stockdunkle Nacht. Axishirsche sahen wir im Scheinwerferlicht und Muntjaks. Plötzlich tauchte vor uns ein großer Leopard auf. Siddiqi bremste. Der Leopard wanderte ruhig um unseren Wagen herum, machte kehrt und ging noch einmal die Runde. Dann verschwand er gelangweilt im Dickicht.

Wir fuhren weiter. Mit einem Mal krachte es fürchterlich im Unterholz. Siddiqi gab Vollgas, der Motor heulte auf, und wir jagten über die Piste hinein in die Nacht. Als das Krachen hinter uns verstummte, fuhr Siddiqi wieder im Schrittempo. Das mußte ein Elefantenbulle gewesen sein, den wir geweckt hatten und der uns wütend annahm.

Nach ein paar Minuten sagte Siddiqi: »Die Benzinuhr steht auf Null. Da muß was kaputt sein.« Und wirklich, nach ein paar Metern hustete der Motor auch schon. Dann blieb er ganz weg. Wir stiegen aus und sahen unter die Motorhaube. Die Benzinleitung war weg. Im Schein der Taschenlampe fanden wir sie endlich, sie schleifte abgerissen hinter dem Wagen her. Kein Wunder also, daß unser Vergaser trocken lag. »Flicken«, sagte mein Sohn, »mit etwas Blech und Isolierband flicken wir die Leitung wieder an den Vergaser.«

Siddiqi und der Direktor sahen sich an. Flickzeug? Nein, das hatten sie nicht im Wagen. Also bauten wir den Benzintank aus und steckten die lose Benzinleitung von außen durch den Kühlerschlitz unter die Motorhaube und weiter in den Vergaser. Mein Sohn setzte sich mit dem Benzintank auf der Schulter vorn neben den Fahrer, und so fuhren wir auf dem kürzesten Weg zurück. Wenn nur das Benzin reichte. Im Camp wußte ja keiner, wohin wir gefahren waren. Wo sollten sie uns suchen? Obwohl Siddiqi so schnell wie möglich fuhr, kam es mir wie eine Ewigkeit vor. Es ging hinauf und hinunter. Um uns war nur tiefe Nacht. Als wir wieder einen Hang hinauffuhren, hustete der Motor. Siddiqi brachte den Wagen noch stotternd über die Kuppe und bremste. Der Motor schwieg. Mein Sohn schüttelte den Tank, nichts schwappte mehr. Der Tank war leer!

Siddiqi lachte laut und nahm den Fuß von der Bremse. Wir rollten den Hang hinunter und − standen im Camp. Er mußte den Weg auch im Dunkeln erkannt haben.

Am nächsten Tag machte ich mit meinem Sohn einen kurzen Abstecher nach Bandipur. Vor Jahren waren wir schon einmal in diesem riesigen Urwaldgebiet 50 Kilometer südlich von Mysore gewesen, meine Frau und ich. Wir wohnten damals in einem

Selbstversorgercamp und aßen für ein paar Rupien bei den Wildhütern in der Personalküche mit.

Na, wir Norddeutschen wochenlang in Indien! Der Reis hing uns zum Hals heraus. Kartoffeln gab es zwar, sehr gute Kartoffeln sogar, aber die wurden wie Currygemüse gekocht. Also kauften wir einen Sack Kartoffeln und einen Sack Zwiebeln. Und dann machte meine Frau in einer riesigen eisernen Pfanne Bratkartoffeln aus rohen Kartoffeln. Den Mahouts und Wildhütern schmeckte das so gut, wir selbst bekamen wenig ab. Und am nächsten Tag fragten die Mahouts meine Frau: »Reni, Bratkartoffeln?« Als ich jetzt, fünf Jahre später, mit meinem Sohn ins Camp kam, was brachten die Mahouts uns aus der Küche? Eine große Portion Bratkartoffeln. Meine Frau hatte in Bandipur die Bratkartoffeln eingeführt.

Als wir nach Mysore zurückkamen, war die Transportkiste fertig, und wir verluden Yashoda. So eine Kiste muß ja beschriftet werden, deshalb stand darauf: HAGENBECKS TIERPARK – WEST GERMANY. Wir verluden am 4. Oktober 1990, genau einen Tag nach der deutschen Wiedervereinigung. Und die hatte sich auch bis Mysore herumgesprochen. Zooangestellte übertünchten mit einem dicken Pinsel das WEST, übrig blieb: GERMANY.

Mit dem LKW kamen wir abends in Stellingen an und luden Yashoda noch im Dunkeln aus. Lange standen wir im Elefantenhaus vor ihrer Box. Yashoda war wirklich eine wunderhübsche Kuh und dazu auch noch trächtig.

Yashoda verstand sich gut mit unserer ganzen Herde. Nur Hussein machte Schwierigkeiten. Die beiden kannten sich ja schon aus dem Mysore-Zoo, aber als Yashoda bei uns ankam, wurde Hussein sehr schroff zu ihr. Ob er wußte, daß ein fremder Bulle Yashoda gedeckt hatte? Oder störte ihn nur, daß sie nicht mehr in Hitze kam?

Elefantenzucht

Wer Asiatische Elefanten züchten will, braucht neben der Bullenanlage mit Gehege, Kral und Bullenhaus ein weiteres Haus für die Kühe. Denn Elefantenkühe legen sich nachts nicht mehr zum Schlafen hin, wenn im gleichen Haus ein Musthbulle untergebracht ist; sie »stehen« dann vor Angst im Dauerstreß.

Wer Asiatische Elefanten züchten will, braucht ein eigenes Bullengehege mit einer Verbindungstür zum Gemeinschaftsgehege. Zwar macht der Bulle jeden Morgen seine Runde bei den Kühen, um sie zu beriechen; ist jedoch keine heiß, will er zurück in sein Gehege. Prüft er dagegen ihren Urin mit dem Jacobsonschen Organ, indem er den Rüssel in den Urin taucht und sich den Geruch in den Rachen bläst, wird diese Kuh mit großer Sicherheit in den nächsten Tagen heiß. Die Hitze löst beim Bullen ein Ansteigen des Testosteron- (männl. Geschlechtshormon)-Spiegels aus, und seine Schläfendrüsen beginnen Sekret abzusondern.

Der Bulle trennt eine heiße Kuh von der Herde ab und treibt sie in sein Bullengehege. Er behandelt sie sehr zärtlich, beide schmusen und stecken die Köpfe zusammen. Zum Decken müssen Kuh und Bulle unbedingt allein sein, denn im Gemeinschaftsgehege kommt es regelmäßig zu Eifersuchtsszenen; eine unserer Kühe zieht dem Bullen sogar den Penis aus der fremden Scheide. Wenn der Bulle daraufhin den eifersüchtigen Kühen seine Stoßzähne zwischen die Rippen haut, kommt es zu der irrigen Annahme, ein so aggressiver Bulle mit laufenden Schläfendrüsen könne nur ein Musthbulle sein. Aber das ist falsch.

Der Deckakt dauert von 45 Sekunden bis zu zwei Minuten und erfolgt bis zu alle anderthalb Stunden über drei bis fünf Tage hinweg. Auch nachts will der Bulle seine Kuh nicht hergeben und nimmt sie mit in seine Box. Wenn die Kuh schläft, steht der Bulle über ihr, schläft der Bulle, steht die Kuh über ihm.

Wer Asiatische Elefanten züchten will, braucht ein Mutter-und-Kind-Gehege, in dem die Beziehung zwischen Mutter und Kind sich festigen kann und in dem die anderen Herdenmitglieder später mit dem Kind bekanntgemacht werden. Bei Afrikanischen Elefanten ist der Herdentrieb offenbar stärker ausgebildet, unter Asiaten gibt es dagegen viel Streit. Deshalb sondern sich Mütter auch in Freiheit ab und bilden Kleinstherden mit zwei, drei Müttern, ihren Kindern und ein paar Tanten. Erst wenn die Babys älter sind, schließen ihre Mütter sich wieder größeren Herden an.

Asiatische Elefanten zu züchten und zu halten erfordert gutes Personal und Geld. Allein Hagenbecks Bullenhaus, Kral und Bullengehege kostete 1991 drei Millionen Mark. Aber die Zucht ist eine große Aufgabe, denn von Jahr zu Jahr gibt es weniger Asiatische Elefanten, im Augenblick etwa 35 000 gegenüber etwa 600 000 Afrikanischen Elefanten. Asiatische Elefanten zu züchten, statt sie weiter zu verbrauchen, sollte deshalb oberstes Gebot für einen Tierpark sein.

Obendrein fing damals unser Rätselraten an: Wann war Yashoda eigentlich gedeckt worden? Ein paar Wochen mehr oder weniger spielten im Mysore-Zoo nicht die Rolle wie für Hagenbecks Tierpark, denn wir brauchten unbedingt ein Baby von einer erfahrenen Kuh, eben von Yashoda, die in Indien genügend Babys gesehen hatte. Ein genaues Datum, zu dem wir die Tragzeit von 22 Monaten hätten dazurechnen können, hatte Krishne Gowdah mir nicht genannt.

Im zehnten Monat tasteten wir auch bei Thura eine Art Tennisball tief in der Brust. Mit zwölf Monaten ging sie noch unter dem Sattel, danach ritten wir sie nur mehr spazieren. Wenn eine Kuh keinen muskulösen Bauch hat, hängt ein Baby schnell durch. Unsere Elefanten sind muskulös, und das muß auch so sein; in der Freiheit 150 Kilogramm Futter am Tag zu suchen ist schließlich keine Kleinigkeit. Thura dagegen war erst im letzten halben Jahr vor der Geburt die Schwangerschaft anzusehen, sie wurde schwerfällig und spielte weniger. Nur ihr Euter entwickelte sich nicht. Yashoda dagegen hatte seit Mitte 1991 so viel Euter, daß wir beinahe täglich mit der Geburt rechneten.

Ich rief den Elefantenfachmann Roman Schmitt in Florida an und beriet mich mit ihm. Er hat dort eine Zuchtanlage aufgebaut und schon eine ganze Reihe von Babys erfolgreich aufgezogen.
»Elefantenmütter sind bei der Geburt sehr aufgeregt, wollen ihr Neugeborenes sofort aufrichten und beruhigen sich erst, wenn das Baby auf den Beinen ist. Stehen Elefantenmütter bei der Geburt aber nicht im Dschungel, sondern in einer Box, dann schieben sie ihr Baby, wenn sie nicht angebunden sind, gegen die nächste Wand und können es schnell verletzen«, sagte Roman Schmitt und riet mir deshalb, die Mutter vor der Geburt an einem Vorderbein und einem Hinterbein anzubinden und das Baby sofort nach der Geburt von der Mutter wegzuziehen. Anschließend sollten wir der Mutter ein Beruhigungsmittel spritzen. Gerade bei Erstgeburten sind die Kühe besonders nervös und treten in ihrer Aufregung sogar nach Menschen. Das Baby muß so

lange unter Aufsicht bleiben, bis es steht, dann beruhigt sich die Mutter sehr schnell.

Eines Abends klingelte das Telefon. Hagenbecks Nachtwächter war am Apparat: »Karl, komm schnell. Ich glaube, es geht los.« »Yashoda?« fragte ich.

»Nein«, sagte der Nachtwächter, »Thura kriegt ihr Baby.«

Ausgerechnet Thura! dachte ich, während meine Frau mich um halb elf Uhr zum Tierpark fuhr. »Hätte es nicht Yashoda sein können? So wie wir uns das ausgedacht hatten? Aber nein, ausgerechnet Thura!« Wir waren sehr aufgeregt, meine Frau und ich.

Ich blieb die ganze Nacht bei Thura. Sie mistete sehr viel und ließ auch viel Wasser. Erst gegen Morgen beruhigte sie sich, stand still in einer Ecke ihrer Box und stützte sich mit dem Hintern ab. Sie aß und trank nicht und nahm nur ein paar Leckerbissen. Nachmittags ging sie im Gehege mit mir auf und ab, ganz langsam und vorsichtig und bewarf sich mit Lehm. Nach einer Dreiviertelstunde wollte sie in den Stall zurück und stellte sich gleich wieder mit dem Hintern in die Ecke. Die Stunden vergingen.

Um 22 Uhr 40 riß Thura plötzlich den Kopf hoch und stellte die Hinterbeine auseinander. Unter ihrem Schwanz schwoll es dick an, rutschte immer tiefer und tiefer, dann kam die Fruchtblase zum Vorschein, platzte auf, und das Baby rutschte aus der Scheide auf den Boden. Das alles dauerte kaum zwei Minuten. Fast atemlos und schweigend hatten wir zugesehen.

Das Baby lag noch nicht richtig in der Box, da versuchte Thura auch schon, nach ihm zu treten. Mein Sohn zog es schnell hinter ihr aus der Ecke vor und sagte: »Sie nimmt es nicht an.« Nur gut, daß Thura angebunden war. Sie war sehr aufgeregt, und weil sie sich nicht beruhigen wollte, spritzte Dr. Claus Hagenbeck ihr ein Beruhigungsmittel.

Nach einer halben Stunde stellten wir das Baby auf die Beine. Es war ein gesundes Mädchen von etwa 85 Kilogramm. Es machte ungelenke Schritte, und wir mußten es immer wieder stützen.

Nach einer Stunde setzten wir das Kleine an Thuras Brust. Und während es zum erstenmal trank, mußten wir Thura davon abhalten, ihr Kind zu treten.

Zehn Stunden lang legte sich das Baby nicht zum Schlafen hin, lief immer nur um die Vorderbeine der Mutter herum. Und wenn es auch nur fünfzehn, zwanzig Sekunden nuckelte, versuchte Thura jedesmal, nach ihm zu treten. Gegen Morgen wurde Thura immer bösartiger, sie griff das Kleine sogar an, wenn es nicht trinken wollte. Als wir einen Augenblick nicht aufpaßten, drückte Thura ihr Baby gegen das Boxengitter. Zum Glück kam gerade ein Gärtner ins Elefantenhaus, der hieb Thura seinen Rechenstiel über den Schädel und rettete damit dem Baby das Leben. Sonst hätte Thura es totgequetscht. Dr. Hagenbeck spritzte wieder ein Beruhigungsmittel, und Thura beruhigte sich. »Thura! Thura, zurück!« Das wurde für die nächste Zeit der häufigste Ruf im Elefantenhaus. Keine Sekunde mehr ließen wir das Baby aus den Augen. Jetzt saß Tag und Nacht einer von uns in Thuras Box und bewachte das Leben des Babys. Solange es im Stroh lag, war keine Gefahr, erst wenn es aufstand und herumlief, wurde es lebensgefährlich. Und wenn das Baby trinken wollte, baute die Stallwache sich drohend vor der Mutter auf: »Thura! Thura, lift!« Thura hob nur gezwungenermaßen das Vorderbein, um das Kleine an ihre Brust zu lassen.

Wir führten genau Buch: Tragzeit 626 Tage. Die Nachgeburt wog 16,5 Kilogramm. Zwölf Stunden lang nach der Geburt hatte Thura ein stark geschwollenes Geschlecht und vier Wochen lang blutigen Ausfluß. Nach sechs Wochen fanden wir zwei Tage lang schwarze Blutklumpen in ihrem Urin. Danach war alles wieder normal.

Elefantenbabys werden mit weißen Augenringen geboren, nach zwei Tagen färben sich die Ringe rosa, nach zwei Wochen sind sie verschwunden.

Am vierten Tag fing die Lütte an, wie verrückt ihre Fußsohlen am Boden zu scheuern. Das weiche Schutzpolster löste sich unter Juckreiz von den Sohlen, es hatte die Fruchtblase geschützt, wenn das Baby im Mutterleib strampelte.

Nach ein paar Tagen brachten wir Thura und das Baby in der Mittagssonne hinaus ins Gehege. Kaum hatte Thura die Box verlassen, war sie sehr besorgt um ihr Baby und achtete darauf, daß es auch ordentlich unter ihrem Bauch mitlief. Das hinderte sie aber nicht, das durstige Baby so schwer zu treten, daß es durch die Luft wirbelte und auf den Boden knallte.

Am zehnten Tag nach der Geburt brachten wir deshalb die neunundfünfzigjährige Kiri mit ins Gehege. Kiri hatte selbst einmal ein Baby gehabt und kümmerte sich sofort rührend um das Neugeborene. Sie nahm der Mutter das Kind völlig ab und umsorgte es, half ihm mit Fuß und Rüssel vorsichtig auf, wenn es hinfiel, scharrte ihm Sand zum Spielen auf und ließ es keine Sekunde mehr aus den Augen. War das Baby durstig, führte sie es zur Mutter und beruhigte Thura, solange das Baby trank.

Weil es mit den dreien so gut klappte, bauten wir nach acht Wochen zwischen zwei Boxen im Elefantenhaus einen Balken ein, unter dem nur das Baby durchlaufen konnte. Links stand Thura, rechts stand Kiri, und das Baby lief, wohin es wollte. Meistens lief es zur Tante, dort schlief es auch und ging nur zum Trinken hinüber zu seiner Mutter. Wurde Thura vom Nuckeln nervös, dann streckte Kiri Kopf und Rüssel herüber und drohte der Mutter. Kiri war eine vorbildliche Tante, wer weiß, was ohne sie aus dem Baby geworden wäre.

Inzwischen war es wärmer geworden, und wir ließen das Baby jeden Tag ins Freie. Es wurde die große Attraktion, die Leute strömten zu Tausenden und wollten unser Elefantenbaby sehen. Es war aber auch zu niedlich, wenn es mit seinem dünnen Rüssel versuchte, einen Strohhalm aufzuheben, zehnmal daneben griff und, wenn es ihn endlich hatte, doch nicht festhalten konnte. Oder wenn es unter Kiris Bauch im Zickzack den Vorderbeinen seiner Tante hinterherlief. Kurz, das Baby konnte machen, was immer es wollte, die Besucher jubelten.

In der vierten Woche kaute das Baby schon auf Heu, eine Woche später lief es im Gehege nicht mehr unter Mutters oder Kiris Bauch, es entfernte sich schon ein paar Schritte. In der sechsten Woche fanden wir Heuhalme in Babys Kot, und wir beobachteten, wie es immer wieder den Rüssel in Mutters Kot steckte und ihn ablutschte. Dadurch nahm es vorverdaute Nahrung zu sich und impfte sich mit Darmflora.

Ab der siebten Woche duschten wir das Baby morgens mit warmem Wasser, es spielte mit dem Wasserschlauch und planschte im Wasserstrahl herum. Danach tobte es in Mutters Futterheu, schlief von morgens acht bis um halb elf, spielte wieder bis zum Nachmittag und schlief dann bis abends um neun Uhr. Später ging es zur Mutter hinüber trinken und schlief bei seiner Tante durch bis zum frühen Morgen.

Eine Hamburger Zeitung suchte in einem Leser-Wettbewerb für unser Baby einen Namen. Waschkörbeweise kamen die Vorschläge. Unsere Mala zog die Siegerpostkarte. »Das Baby soll Ratna heißen«, stand darauf; Ratna hieß einmal eine indische Prinzessin. Und Wochen später kam mit einem riesigen Presseaufgebot der damalige Außenminister Hans-Dietrich Genscher und taufte unsere Kleine auf den Namen Ratna.

Zwei Monate nach Ratnas Geburt, am 25. Mai, bekam Yashoda ihr Baby. Es war ein kleiner Bulle, 1,05 Meter groß, langhaarig und gesund. Er war größer und schwerer als Ratna, kein Wunder bei dem Riesenbullen als Vater. Auch Yashoda banden wir vor der Geburt an und gaben ihr gleich danach ein Beruhigungsmittel. Aber Yashoda war eine patente Mutter, sie nahm ihr Baby sofort an und ließ es trinken. Wir sahen auf den ersten Blick, hier war keine Tante nötig. Schon in der zweiten Nacht stand Yashoda nicht mehr auf, wenn der Kleine Durst bekam, sie hob nur lässig das Vorderbein und ließ ihn trinken. Hinterher krabbelte der Kleine schon unternehmungslustig auf Yashodas Kopf herum. Der kleine Bulle war 1,05 Meter groß und wog bei der Geburt etwa 100 Kilogramm. Die Nachgeburt wog 16 Kilogramm, auch Yashoda hatte vier Wochen lang nach der Geburt noch blutigen Ausfluß, so wie Thura.

Auch er wurde mit weißen Augenringen geboren, die sich nach ein paar Tagen rosa färbten und nach zwei Wochen verschwanden. Daß Elefantenbabys allerdings blind geboren werden und in den ersten Wochen von der Mutter geführt werden müssen, ist wieder einmal Forscherlatein. Ebenso wie die »Beobachtung«, Babys würden bei der Geburt von der Tante mit den Stoßzähnen aufgefangen; wo nähme denn eine Asiatische Elefantenkuh dazu die Stoßzähne her?

Weil der Vater so groß und die Mutter noch so zierlich war, hatte der Kleine auf jedem Oberschenkel eine Druckstelle, die nach und nach zur Beule wurde. Wir schmierten sie morgens und abends mit Schweineschmalz ein. Das half nach kurzer Zeit, inzwischen ist von den Beulen nichts mehr zu sehen.

Der kleine Bulle war von Anfang an aktiver als Ratna. Er rannte zur Freude der Besucher durchs Gehege und schubste Ratna, sooft er sie erwischte. Die beiden wälzten sich und krabbelten den ganzen Tag aufeinander herum. Da mußten wir wieder auf die alte Tante Kiri aufpassen, die es in ihrer Angst um Ratnas Leben nicht leiden konnte, wenn »ihrem« Baby jemand zu nahe kam. Sie trennte den kleinen Bullen mehr als einmal ziemlich unsanft von Ratna.

Meine Frau sah sich den Kleinen ein paar Tage an und sagte: »Ich weiß einen passenden Namen für den kleinen, frechen Bengel: Butschi Meier.« Von dem Tag an hieß er Butschi Meier. Und er machte seinem Namen alle Ehre. Als er etwas älter wurde, gingen wir mit Ratna und Butschi Meier im Tierpark spazieren. Ratna war anfangs noch ängstlich und blieb bei unserer täglichen

Runde dicht bei der Mutter. Butschi Meier dagegen rannte schon bald die ersten Papierkörbe um, verfolgte auch unseren radelnden Handwerksmeister Kahlke, und wenn Besucher mit Kinderwagen kamen, hatten drei, vier Pfleger alle Hände voll mit ihm zu tun. So niedlich ein Elefantenbaby auch aussieht, unter seinen kleinen Füßen zersprang bald eine Runkelrübe. Probieren Sie das mal aus, lieber Leser, eine Runkelrübe zu zertreten.

Und ich kann jedem Elefantenpfleger nur raten, mit Babys zwar viel zu schmusen, aber niemals mit ihnen zu spielen, sich nicht auf Kraftspiele, auf Schieben und Rangeln einzulassen. Da sind Verletzungen vorprogrammiert.

Wir fingen frühzeitig mit der Erziehung unserer Babys an. Nach einem halben Jahr legte ich ihnen ein Lederhalsband um. Natürlich versuchten sie, es mit ihrem kleinen Rüssel abzureißen oder an der nächsten Wand abzuscheuern. Aber beim Umlegen und Abnehmen bekamen sie jedesmal einen Leckerbissen, und nach einer Woche standen sie morgens schon eifrig da und hielten den Kopf still, nur damit sie außer dem Halsband auch ihren Leckerbissen bekamen. Dann gingen wir hinaus in den Park; und dabei führten wir sie vor der Mutter her, nicht neben ihr; die Elefantenmutter muß ihr Kind im Auge haben, sonst wird sie nervös. Zwei Mann mußten in den Halsriemen fassen, denn vier Zentner Lebendgewicht mit Allradantrieb sind nicht so einfach zu bändigen. Ratna machte zwei Tage lang Schwierigkeiten, Butschi Meier wollte am dritten und vierten Tag nicht mehr mitgehen und warf sich trotzig auf den Boden, bis Yashoda uns half und ihn mit dem Rüssel vorwärtsschob. Natürlich blieben wir auf unseren Spaziergängen erst einmal alle 20 Meter stehen, sagten »Hooo!« und gaben den Kleinen einen Leckerbissen. Als Butschi Meier das begriffen hatte, blieb er bereits alle zwei Meter artig stehen und erwartete seinen Leckerbissen.

Nach einem Jahr legte ich den beiden statt des Lederhalsbands

216

eine kleine Halskette um und band sie am Boxengitter fest. Natürlich zogen und zerrten die beiden an der ungewohnten Kette. Aber sie waren ja gewohnt, etwas um den Hals zu tragen. Als ich nach 14 Tagen mit der Kette kam, flitzte Ratna schon an den Platz, wo ich sie immer anband, und wartete auf Kette und Leckerbissen. Da konnte ich die Anbindezeit langsam verlängern.

Das nächste war: »Lift! Füße hoch!« Bald lauerten die beiden morgens schon, wenn ich kam, standen ganz aufmerksam still, guckten mit großen Augen, wenn ich sagte: »Lift!«, und hoben die Füße. Dafür gab es Bananen oder Brot. Brot fressen sie am allerliebsten.

Dann machte ich die beiden rüsselzahm. Ich legte ihnen einen kleinen Stock in die Rüsselbiegung und sagte: »Halt fest! Halt fest!« Nach ein paar Tagen hielten sie den Stock fest. Und wenn sie heute hinaus ins Gehege kommen und unseren Pflegern hängt der Elefantenhaken am Gürtel, dann greifen sie von allein zu, reißen dabei schnell mal eine Hose kaputt und erwarten fürs freiwillige Festhalten ihren Leckerbissen.

Voll Spannung warten sie auf ihren täglichen Spaziergang, bei dem sie die bunte Welt des Tierparks von klein auf kennenlernen. Die Treckerfahrer im Park mußten anfangs ihren Motor abstellen, wenn wir auf unserem Spaziergang an ihnen vorbeikamen. Wir machten halt, die Treckerfahrer reichten den Babys einen Leckerbissen aus dem Führerhaus, und nach ein, zwei Wochen ließen sie probehalber ihren Motor weiterlaufen. Das störte unsere beiden Kleinen nicht mehr. Nur auf ihren Leckerbissen legten sie weiterhin großen Wert.

Im Elefantenhaus lasse ich wie eh und je unsere Sloughis laufen und meine Ko-Gunkei-Hühner, eine alte Kampfhuhnrasse, die in Japan ein staatlich gefördertes Kulturgut ist.

Dann kam das Fußanbinden. Dazu nahm ich ein weiches Tau, knüpfte eine Schlinge hinein, ließ die Kleinen ein Bein heben, legte die Schlinge für ein, zwei Minuten darum und gab ihnen gleich ein Stück Brot. Erst schlugen sie aus und zerrten und zogen, aber nach zwei, drei Tagen war die Sache erledigt. Inzwischen kann ich die beiden halbstundenweise anbinden, zum Saubermachen oder Blutabnehmen ist das ja notwendig.

Kein kleiner Elefant muß »eingebrochen« werden, so wie es in Indien und Thailand gang und gäbe ist. Immer wieder hatte ich auf meinen Reisen erschüttert vor den gefesselten und übel geschundenen Elefantenkindern gestanden und mir bei diesem Anblick geschworen, es besser zu machen. Warum mußte dieses »Einbrechen« überhaupt sein, hatte ich mich immer wieder gefragt. Doch nur, weil die kleinen Elefanten entweder Wildfänge waren oder in den Camps die ersten zwei Jahre lang absolute Narrenfreiheit hatten. Um zweijährigen Elefanten aber in vierzehn Tagen Manieren beizubringen, dazu bedarf es dann allerdings brutaler Mittel.

Ich bin jeden Tag erstaunt, wie schnell die beiden begreifen, wie gern sie mitarbeiten und sich freuen, wenn jemand kommt und sich um sie kümmert. Sie wollen unbedingt beschäftigt werden.

Nach einem Jahr bekam Butschi Meier seinen ersten Stoßzahn. Der Zahn war anfangs nur zu sehen, wenn er den Kopf hob; der Zahn kam daumendick durch die Haut, und wir waren alle sehr stolz. Butschi Meier wußte sofort damit umzugehen: Er lief zu Ratna, reckte den Rüssel hoch und hieb ihr sein Stoßzähnchen in die Seite wie ein alter Bulle.

Nach einem Jahr bekam er auch einen neuen Namen. Für eine bekannte Eisfirma trägt er seitdem den Künstlernamen Magnum. Wir rufen ihn bei der Arbeit Chamundi, und sein Spitzname Butschi Meier ist ihm natürlich geblieben.

Und Butschi Meier bekam Warzen. Schon früher, zur Zeit der Elefantenschwemme, hatten viele junge Elefanten ein paar Warzen an Rüssel und Lippen. Zuerst dachten wir, es seien Elefan-

218

tenpocken, aber die Warzen blühten auf und wurden groß wie Fünfmarkstücke. Damals dokterten wir lange mit Höllenstein herum, bis mir der alte Elefantenmann Seppl Hack den Rat gab: »Bindet die Warzen ab.« Das machen wir bis heute, auch bei Butschi Meier. Ich legte einen Faden um die Warze, zog ihn stramm und knotete zu. Jeden Tag nahm ich einen neuen Faden und zog ein bißchen fester. Nach fünf, sechs Tagen fiel die Warze ab, und die Wunde verheilte schnell zu einer winzigen Narbe.

Anfangs hatten wir Mütter und Kinder und die gute Tante Kiri in einem Extragehege von der Herde getrennt. Das war schon aus Sicherheitsgründen nötig, denn der Graben um unser großes Gehege war damals noch zu steil und tief für die Babys; das wurde geändert. Außerdem sondern sich Asiatische Mütter mit ihren Babys und Tanten auch in Freiheit von der Herde ab und kehren erst zurück, wenn die Babys aus dem Gröbsten heraus sind.

Nach eindreiviertel Jahren brachten wir die Kleinen ins große Gehege und nahmen reihum ein paar andere Kühe mit dazu. Unsere gute Tante Kiri war ja inzwischen gestorben, und wir wollten für die beiden eine neue Tante aussuchen. Mogli nahm einen großen Anlauf, kaum daß sie die Babys sah, und stürzte auf die beiden zu. Wir sprangen gerade noch rechtzeitig dazwischen, sonst wäre ein Unglück geschehen. Hinterher maßen wir Moglis Bremsspur, sie war sieben Meter lang. Mogli haßte alle Babys, das war uns klargeworden. Erst als sie merkte, daß Magnum ein kleiner Bulle war, fand er vor ihren Augen Gnade; seitdem tritt sie nur noch nach Ratna. Mogli ist eben ein mannstolles Weib. Seit Butschi Meier in der großen Herde mitläuft, kehrt er immer mehr den Bullen heraus. Bei einer Kuh nach der anderen probiert er seine kleinen Stoßzähne aus. Tima langte ihm dafür eine mit dem Rüssel, so daß der Kleine der Länge nach auf den Boden fiel. Wütend rappelte er sich auf, umkreiste Tima in weitem

Bogen, und als sie gerade nicht aufpaßte, rammte er ihr den Kopf gegen das Hinterbein. Tima schickte ihn wieder in den Staub. Seitdem probierte Butschi Meier systematisch aus, wen er am besten ärgern konnte, und dort ließ er nicht locker. Nur Benga ist sehr geduldig mit ihm, sie hatte ja schon ein Baby gehabt, und ist den beiden Kleinen seitdem eine geduldige Tante. Wer es nicht besser weiß, könnte glauben, Benga hat Zwillinge.

Butschi Meier wurde schneller selbständig als Ratna. Eines Morgens, als wir auf dem Weg zum Spazierengehen durch die Futterkammer kamen, klaute Butschi Meier das große Brot, das für seine Mutter bereitlag. Er schnappte es sich, rannte nach draußen und war damit auch schon um die Ecke hinter dem Bullenhaus verschwunden. Erst als er das Brot verschlungen hatte, tauchte er zufrieden wieder auf. Ratna wäre niemals allein so weit fortgelaufen. Sie hat gern die ganze Herde um sich. Dazu stellt sie sich mitten ins Gehege und schreit, und gleich kommen alle gerannt.

Wenn wir beim Spazierengehen über den Hof kommen, jagen Ratna und Butschi Meier mit lautem Trompeten meine Hühner vor sich her. Hühnerjagen macht den beiden Kleinen großen Spaß. Und wenn sie keine Hühner jagen, dann ersteigen sie begeistert den großen Haufen Runkelrüben.

In vielen Elefantenbüchern wird gern erzählt, wie selbstlos Elefantenmütter ihren Babys Leckerbissen zustecken. Ich habe so etwas niemals erlebt, aber vor ein paar Wochen das Gegenteil beobachtet.

Wir gingen mit Butschi Meier und seiner Mutter Yashoda im Park spazieren. Yashoda bekam eine Runkelrübe mit auf den Weg, Butschi Meier eine große Mohrrübe. Wie er so vor Yashoda herlief, ließ er aus Schusseligkeit die Mohrrübe fallen. Seine Mutter langte sie sich und zerkaute sie auf der Stelle. Da erst fiel Butschi Meier die Mohrrübe wieder ein, er machte kehrt, suchte vergeblich und dachte wohl, unser Pfleger Ralf hätte ihm die Rübe weggenommen. Er lief auf Ralf zu und trat ihm so wütend vors Schienbein, daß die Haut platzte. Da bezog Butschi Meier allerdings Senge. Er wog damals 850 Kilogramm, und ein halbes Jahr später wäre wohl das Schienbein zu Bruch gegangen.

Einmal bekam aber auch unser Butschi Meier Angst. Er räkelte sich eines Tages beim schönsten Landregen in unserem Lehmloch, als Hussein herzukam. Als er das Loch besetzt fand, nahm er Butschi Meier kurzerhand auf die Stoßzähne, hob ihn aus dem Loch heraus und setzte ihn aufs Trockene. Butschi Meier erschrak fürchterlich, er raste davon, so weit wie möglich, während Hussein sich suhlte.

Unsere Babys waren für ihr Alter sehr gewachsen. Alle Elefantenleute und Zoodirektoren, die uns inzwischen besucht haben, konnten kaum glauben, daß die beiden erst 18 beziehungsweise 20 Monate alt waren. Die beiden tranken ja immer noch Milch bei ihren Müttern. Es stimmt übrigens nicht, daß Elefantenkühe zu wachsen aufhören, wenn sie Nachwuchs bekommen, bevor sie ausgewachsen sind. Yashoda wuchs in dieser Zeit zehn Zentimeter.

Gerade stehe ich im großen Gehege. Es hat geschneit, und ich sehe den beiden Kleinen zu. Sie haben sich im abgelassenen Badeteich eine Rutschbahn gemacht und glitschen begeistert durch den Schnee. Immer mit dem Hintern voran geht es abwechselnd die Rutschbahn hinunter, die immer glatter und länger wird. Dann rennen die beiden wieder den Abhang hinauf, drehen sich um und rutschen wieder los. Unten steht ihre Tante Benga und fängt sie mit dem Rüssel auf. Rumms, da fällt Butschi Meier auf halber Strecke hin.

Ich wünschte mir, daß so vergnügte Elefanten öfter zu sehen wären. Dazu sind gute Elefantenleute nötig, die ihr Handwerk verstehen, von ihren Direktoren unterstützt werden und ihre

Erfahrungen weitergeben. Damit uns solche Bilder, wie die kleinen Elefanten im Schnee, noch lange erhalten bleiben. Nur sie werden das Verständnis für diese zärtlichen, sanften Riesen wecken, die kurz vor dem Aussterben stehen.